国家新闻出版署出版融合发展（北师大出版社）重点实验室
重点课题"教育出版融合发展的理论与实践研究"优秀成果
教育类专业"岗课赛证融通"配套教材

岗课赛证 GKSZ

理实一体
入眼·入脑·入手
易教·乐学

学前教育学

（第2版）

XUEQIAN JIAOYUXUE

U0659733

主　编：朱宗顺　陈文华
副主编：甘剑梅　郑庆文　宋淑阳
　　　　王华军　秦　莉　陈福江

北京师范大学出版集团
BEIJING NORMAL UNIVERSITY PUBLISHING GROUP
北京师范大学出版社

图书在版编目(CIP)数据

学前教育学 / 朱宗顺,陈文华主编 . —2 版 . —北京:北京师范大学
出版社,2022.8(2025.8 重印)
  ISBN 978-7-303-24710-3

Ⅰ . ①学… Ⅱ . ①朱… ②陈… Ⅲ . ①学前教育—教育理论—幼
儿师范院校—教材 Ⅳ . ①G610

中国版本图书馆 CIP 数据核字(2019)第 090802 号

出版发行:北京师范大学出版社 https://www.bnupg.com
       北京市西城区新街口外大街 12-3 号
       邮政编码:100088
印   刷:鸿博睿特(天津)印刷科技有限公司
经   销:全国新华书店
开   本:889 mm×1194 mm 1/16
印   张:13.75
插   页:1
字   数:323 千字
版   次:2022 年 8 月第 2 版
印   次:2025 月 8 月第 31 次印刷
定   价:32.80 元

策划编辑:姚贵平   责任编辑:康 悦
美术编辑:焦 丽   装帧设计:焦 丽
责任校对:陈 荟   责任印制:赵 龙

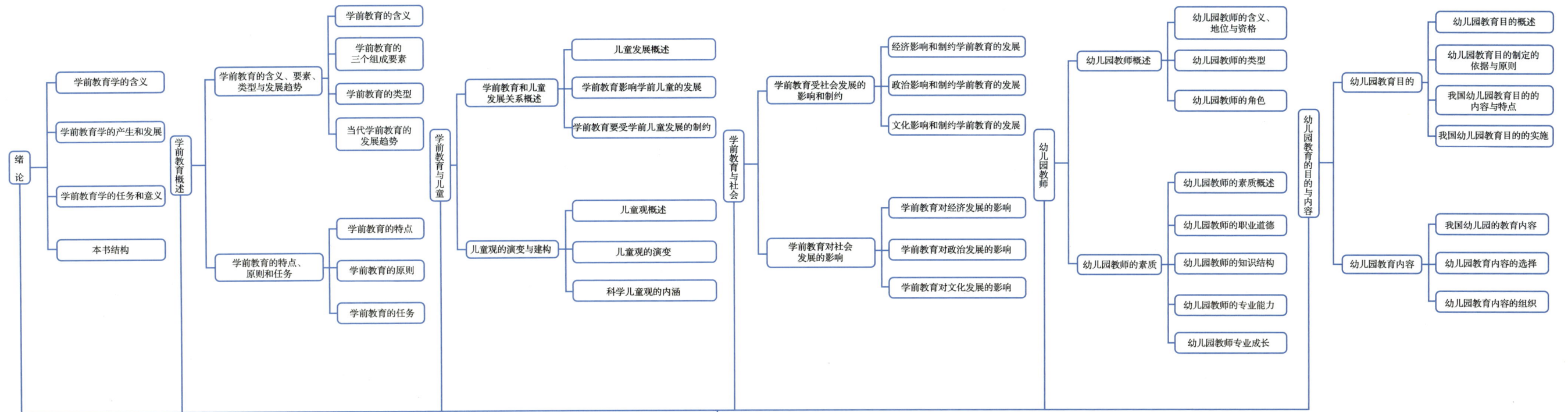

学前教育学（思维导图）

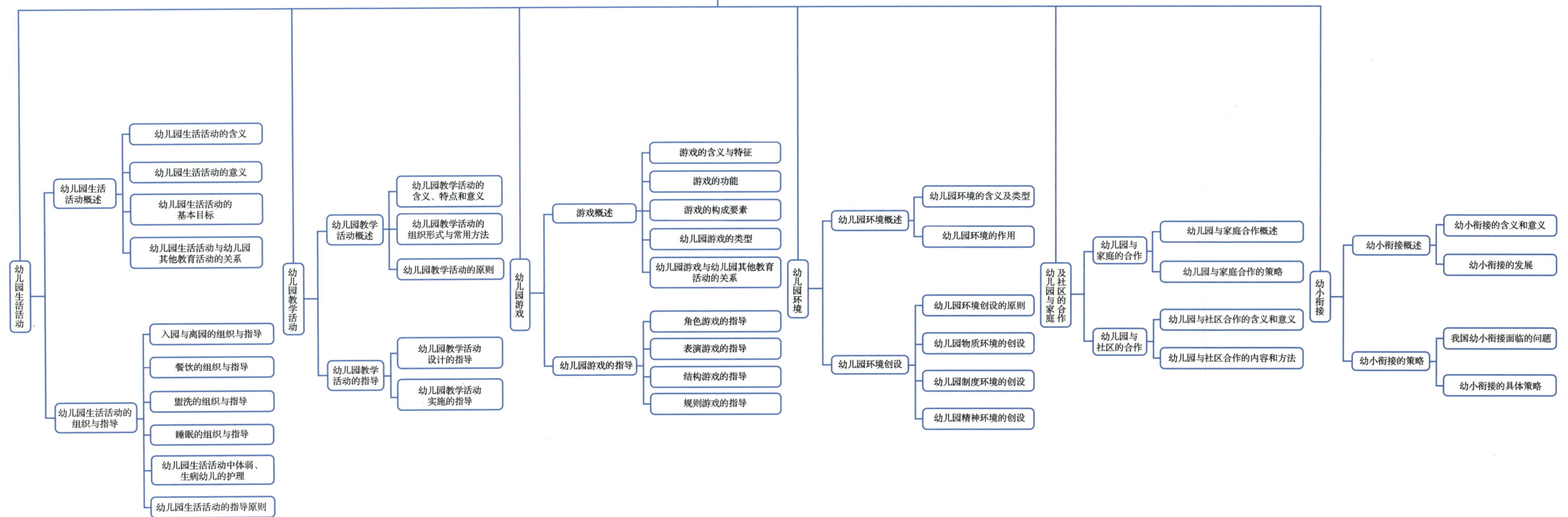

绪论
- 学前教育学的含义
- 学前教育学的产生和发展
- 学前教育学的任务和意义
- 本书结构

学前教育概述
- 学前教育的含义、要素、类型与发展趋势
  - 学前教育的含义
  - 学前教育的三个组成要素
  - 学前教育的类型
  - 当代学前教育的发展趋势
- 学前教育的特点、原则和任务
  - 学前教育的特点
  - 学前教育的原则
  - 学前教育的任务

学前教育与儿童
- 学前教育和儿童发展关系概述
  - 儿童发展概述
  - 学前教育影响学前儿童的发展
  - 学前教育要受学前儿童发展的制约
- 儿童观的演变与建构
  - 儿童观概述
  - 儿童观的演变
  - 科学儿童观的内涵

学前教育与社会
- 学前教育受社会发展的影响和制约
  - 经济影响和制约学前教育的发展
  - 政治影响和制约学前教育的发展
  - 文化影响和制约学前教育的发展
- 学前教育对社会发展的影响
  - 学前教育对经济发展的影响
  - 学前教育对政治发展的影响
  - 学前教育对文化发展的影响

幼儿园教师
- 幼儿园教师概述
  - 幼儿园教师的含义、地位与资格
  - 幼儿园教师的类型
  - 幼儿园教师的角色
- 幼儿园教师的素质
  - 幼儿园教师的素质概述
  - 幼儿园教师的职业道德
  - 幼儿园教师的知识结构
  - 幼儿园教师的专业能力
  - 幼儿园教师专业成长

幼儿园教育的目的与内容
- 幼儿园教育目的
  - 幼儿园教育目的的概述
  - 幼儿园教育目的的制定的依据与原则
  - 我国幼儿园教育目的的内容与特点
  - 我国幼儿园教育目的的实施
- 幼儿园教育内容
  - 我国幼儿园的教育内容
  - 幼儿园教育内容的选择
  - 幼儿园教育内容的组织

幼儿园生活活动
- 幼儿园生活活动概述
  - 幼儿园生活活动的含义
  - 幼儿园生活活动的意义
  - 幼儿园生活活动的基本目标
  - 幼儿园生活活动与幼儿园其他教育活动的关系
- 幼儿园生活活动的组织与指导
  - 入园与离园的组织与指导
  - 餐饮的组织与指导
  - 盥洗的组织与指导
  - 睡眠的组织与指导
  - 幼儿园生活活动中体弱、生病幼儿的护理
  - 幼儿园生活活动的指导原则

幼儿园教学活动
- 幼儿园教学活动概述
  - 幼儿园教学活动的含义、特点和意义
  - 幼儿园教学活动的组织形式与常用方法
  - 幼儿园教学活动的原则
- 幼儿园教学活动的指导
  - 幼儿园教学活动设计的指导
  - 幼儿园教学活动实施的指导

幼儿园游戏
- 游戏概述
  - 游戏的含义与特征
  - 游戏的功能
  - 游戏的构成要素
  - 幼儿园游戏的类型
  - 幼儿园游戏与幼儿园其他教育活动的关系
- 幼儿园游戏的指导
  - 角色游戏的指导
  - 表演游戏的指导
  - 结构游戏的指导
  - 规则游戏的指导

幼儿园环境
- 幼儿园环境概述
  - 幼儿园环境的含义及类型
  - 幼儿园环境的作用
- 幼儿园环境创设
  - 幼儿园环境创设的原则
  - 幼儿园物质环境的创设
  - 幼儿园制度环境的创设
  - 幼儿园精神环境的创设

幼儿园与家庭及社区的合作
- 幼儿园与家庭的合作
  - 幼儿园与家庭合作概述
  - 幼儿园与家庭合作的策略
- 幼儿园与社区的合作
  - 幼儿园与社区合作的含义和意义
  - 幼儿园与社区合作的内容和方法

幼小衔接
- 幼小衔接概述
  - 幼小衔接的含义和意义
  - 幼小衔接的发展
- 幼小衔接的策略
  - 我国幼小衔接面临的问题
  - 幼小衔接的具体策略

学前教育学是学前教育专业的核心课程，旨在向读者阐释有关学前教育理论和实践的基本观点、原则、方法、政策等，为相关读者继续专业学习和从事学前教育工作奠定基础。本书修订以习近平新时代中国特色社会主义思想为指导，全面落实立德树人的根本任务，强化学生综合素质的培养，充分体现"岗课赛证融通"的要求。

本书由浙江师范大学(朱宗顺、甘剑梅、王俏华)、山东外国语职业技术大学(陈文华)、金华职业技术大学(宋淑阳)、南京晓庄学院(王华军)、宁波幼儿师范高等专科学校(郑庆文)、四川幼儿师范高等专科学校(秦莉)、运城幼儿师范高等专科学校(陈福红、张英琴)、广西幼儿师范高等专科学校(刘揖建)、江苏师范大学(卢新伟)、齐鲁师范学院(鲍亚)十所学校从事学前教育理论教学和研究工作的教师共同编写，由朱宗顺、陈文华统稿。各模块编写分工如下。

绪论由朱宗顺编写。

模块一"学前教育概述"由朱宗顺、陈福红编写。

模块二"学前教育与儿童"由鲍亚、陈文华编写。

模块三"学前教育与社会"由鲍亚、陈文华编写。

模块四"幼儿园教师"由郑庆文编写。

模块五"幼儿园教育的目的与内容"由甘剑梅编写。

模块六"幼儿园生活活动"由王华军编写。

模块七"幼儿园教学活动"由张英琴编写。

模块八"幼儿园游戏"由秦莉编写。

模块九"幼儿园环境"由宋淑阳编写。

模块十"幼儿园与家庭及社区的合作"由卢新伟、王俏华编写。

模块十一"幼小衔接"由刘揖建编写。

本书在之前版本的基础上，融入习近平总书记关于教育重要论述和党的二十大报告、二十届二中全会、二十届三中全会的精神，结合学前教育专业的教学标准和我国学前教育实践的最新发展动态，对相关模块的内容进行了更新、修订、补充和完善。

我们在研究和编写本书的过程中，借鉴了国内外专家的研究成果，虽然做了严格的注释，但仍恐挂一漏万，特此表达感谢。

由于各校学前教育专业的培养方案不尽相同，"学前教育概论"或"学前教育学"的课时安排也不尽一致，再加上当今学前教育学学科蔚为兴旺，许多原属本课程的内容已独立成课。因此，我们建议读者在使用本教材时，可以视实际需要，确定要选学的模块，务破一体僵化之格局。

编者

目　录
CONTENTS

绪 论

我国近代最早出版的《保育法》的内容

中国图书公司于 1909 年出版并发行了《保育法》，这是此类书籍在我国编辑出版的开端。该书是张景良、吴家振两人为上海公立幼稚舍保姆传习所编写的教材，目的在于使保姆知晓幼儿保育方法，以免她们简单套用小学教法而贻害幼儿。根据同年出版的《教育杂志》对该书主要内容的介绍，《保育法》全书共分十六章，依次为绪论、幼稚园之主旨、幼稚园之必要、幼稚园之教育、幼稚园与家庭之联络、保姆之资格、保育事项、论游戏、论唱歌、谈话、手技、恩物之种类、恩物之理、保育时间、入园年龄与分组法、看护术。[①]

分析：清朝末年，蒙养院、幼稚舍、幼稚园等现代学前教育机构开始在我国出现，但合格的幼教师资——当时称"保姆"——十分缺乏。诸如上海公立幼稚舍那样有影响的学前教育机构便附设保姆传习所，开设"保育法""儿童心理学""教育学""修身学""谈话""乐歌""图画""手工"等课程，开始培训师资。在这些培训幼儿师资的课程中，"保育法"所讲内容十分接近今天高校学前教育专业的"学前教育学"。我们从上述引介材料中可以看到，出版于一百多年前的《保育法》一书，主要分析了当时的幼稚园这类学前教育机构开设的必要性、目的，讨论了幼稚园的师资、幼稚园和家庭的合作问题，介绍了保育工作、游戏、玩具等，涉及幼稚园保育和教育方方面面的内容。有趣的是，这些内容在我们当代学前教育专业的课程中，依然是学生必须学习和研究的对象，只不过不再叫"保育法"，而归到"学前教育学"或有类似名称的课程名下了。当然，发生变化的绝不仅仅是名称。无论从学前教育研究进展的角度看，还是从学前教育专业发展的需要看，我们今天所称的"学前教育学"已远不是当年的"保育法"所能涵盖和替代的了。本部分即对学前教育学的含义、产生和发展、任务和意义等做简要分析，为读者后面的学习做准备。

[①] 中国学前教育史编写组.中国学前教育史资料选[M].北京：人民教育出版社，1996：114－116.（有改动，题目为编者所加）

了解学前教育学的发展简史。

理解学前教育学的含义、任务。

领会学习和研究学前教育学的意义。

📖 **思维导图**

```
                            ┌─────────────────┐
                            │  学前教育学的含义  │
                            └─────────────────┘

                            ┌──────────────────┐
                            │ 学前教育学的产生和发展 │
                            └──────────────────┘
        ┌──────┐
        │ 绪　论 │
        └──────┘
                            ┌──────────────────┐
                            │ 学前教育学的任务和意义 │
                            └──────────────────┘


                            ┌──────────┐
                            │  本书结构  │
                            └──────────┘
```

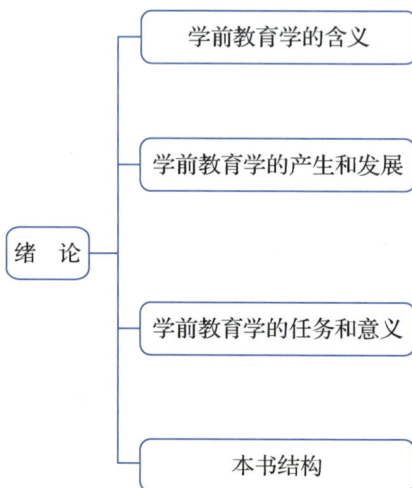

视频：认识学前教育学

🖋 学习笔记

▶▶ 一、 学前教育学的含义 ⟩⟩⟩⟩⟩⟩⟩⟩

学前教育学有两层含义：一是作为一个学科或学术研究领域的学前教育学；二是作为一门课程的学前教育学。

（一）作为学科的学前教育学

作为学科的学前教育学是教育学科的分支之一，指的是以学前教育现象和学前教育问题为对象的一个研究领域，目的在于总结学前教育的原理、原则与方法，揭示学前教育活动的规律。

在这个意义上，学前教育学的研究对象有两个方面：①学前教育现象，即构成学前教育活动的诸要素及要素的组合；②学前教育问题，即学前教育活动在不同时代、不同情境下所面临的矛盾。

从这两个方面的研究对象出发，学前教育学的研究内容可以说是十分广泛的。学前教育学既可以研究学前教育活动诸要素的特征、诸要素之间的关系，也可以分析因时而变、因境而异的各类学前教育问题的成因和解决之道，目的是构建解释和描述学前教育现象与问题的理论，阐述学前教育的原理、原则与方法，不断丰富人们对学前教育活动规律的认识。

由于学前教育学的研究内容十分广泛，因此，学前教育学科可以进一步细分为学前教育原理、学前儿童发展、幼儿园课程、学前教育史、学前比较教育、学前教育管理等分支领域。各个领域既有自己独特的研究对象和研究任务，又相互联系。例如，学前教育原理研究学前教育领域的基本问题；学前儿童发展研究学前儿童发展的规律；幼儿园课程研究幼儿园的课程设置和教学问题；学前教育史研究学前教育的发展历史；学前比较教育要比较各国学前教育发展的异同及规律；学前教育管理研究学前教育宏观和微观的管理问题。每一个领域都从不同角度，对学前教育的现象和问题展开研究，不断丰富学前教育学的知识体系。同教育学的其他分支学科相比，学前教育学还比较年轻，其学科体系、理论水平、学术规范等都还有待完善。

📎 资料卡片 ▶▶▶▶▶

教育学科的分支

教育学发展到现在，已形成许多分支，有普通教育学、婴儿教育学、学前教育学、高等教育学、职业教育学、特殊教育学、成人教育学、教学论、德育论，并与其他学科交叉，形成了教育心理学、教育哲学、教育统计学、教育经济学、教育社会学、教育管理学以及学科教育学，还出现了教育工艺学、教育人类学和教育未来学等。[①]

(二)作为课程的学前教育学

作为课程的学前教育学，也称幼儿教育学、学前教育概论、幼儿教育概论，是根据学前教育专业人才培养的要求，对学前教育学科知识进行选择、重组而建构起来的以介绍或阐述有关学前教育的理论、原则与方法为核心的专业学习领域。作为课程的学前教育学和作为学科的学前教育学相比，存在如下差异和联系。

首先是对象不同。作为课程的学前教育学不同于作为学科的学前教育学，它要以学前教育学科所积累的知识以及实践经验为对象。其次是目的不同。作为学科的学前教育学以揭示学前教育的规律、建构学前教育的知识体系为最终目的；而作为课程的学前教育学的目的在于教学而非理论体系的建构，做法是将学前教育学科各分支领域的研究成果进行概括、重组，以便向学前教育专业的初学者介绍学前教育领域的基本原理、原则和方法，为其今后的专业学习和研究做准备。当然，二者也有联系。没有作为学科的学前教育学，就不可能有作为课程的学前教育学；反之，没有作为课程的学前教育学，则学前教育学科的研究结果只能停

---

① 王道俊，王汉澜. 教育学[M]. 北京：人民教育出版社，1999：12.(题目为编者所加)

学习笔记

学习笔记

留于书斋之中，而不能变为推动学前教育实践变革的现实力量。

▶▶ 二、 学前教育学的产生和发展 >>>>>>>

从学科或学术研究的发展来看，学前教育学源于古代哲人们对学前儿童教育和养育问题的思考，具有悠久的历史。但是，学前教育学到 17 世纪以后才逐步成为一个独立的研究领域，而成为培养幼儿教师的一门专业课程则是在 19 世纪下半叶现代学前教育制度广泛建立以后了。

世界上第一本"系统论述学前教育的专著"①是捷克教育家夸美纽斯（J. A. Comenius，1592—1670）于 1632 年出版的《母育学校》。该书讨论了胎教以及幼儿身体、智力和道德等方面的教育问题，为西方近代学前教育理论的发展奠定了基础，在学前教育理论形成的过程中产生了重要影响。但由于该书阐述的是家庭学前教育问题，还不是现代的社会学前教育问题，因此，我们不能将其视为学前教育学科独立的标志。

学前教育学作为一个独立研究领域的最终确立，是由德国教育家福禄贝尔（F. Froebel，1782—1852）在 19 世纪三四十年代创建幼儿园的过程中完成的。福禄贝尔基于对"上帝统一体"、人性即神性以及人的发展的理解，阐述了幼儿期教育的重要性，讨论了幼儿园教育的意义与任务，论述了"自我活动"的教育原则，设计了由"恩物"、游戏和作业组成的幼儿园课程体系，从而建立起比较完整的、系统的学前教育理论，完成了学前教育学科的独立使命。1861 年，兰格（W. Lange）将福禄贝尔生前发表的 15 篇有关幼儿园教育的论文汇集出版，取名《幼儿园教育学》（*Pedagogics of the Kindergarten*），这是世界上第一本以"幼儿园教育学"命名的著作，成为学前教育学独立的标志。

进入 20 世纪，学前教育学在实践的推动下得到初步发展。一是多种学前教育理论登台。1907 年，意大利教育家蒙台梭利（M. Montessori，1870—1952）在罗马创办"儿童之家"。1909 年，她写成了《运用于"儿童之家"幼儿教育的科学教育方法》（《蒙台梭利方法》），总结了她在"儿童之家"的幼儿教育方法，提出了一套学前教育理论。她主张以自由和工作为学前教育的基本原则，为幼儿创设"有准备的环境"；利用教具和游戏，供幼儿开展肌肉、感官、日常生活技能以及读、写、算等方面的练习。蒙台梭利的理论在各国广泛传播，推动了学前教育学的发展。在美国，以杜威（J. Dewey，1859—1952）实用主义教育思想为指导的进步主义学前教育理论对福禄贝尔和蒙台梭利的学前教育理论展开反思；在苏联，以克鲁普斯卡娅（1869—1939）为代表的学者，在马克思主义理论指导下，建构了社会主义的学前教育理论；在中国，陶行知、张雪门、陈鹤琴等人于 20 世纪 20—40 年代，学习与借鉴国外学前教育理论，探索中国化的学前教育理论，推动了中国

视频：蒙台梭利课程模式

---

① 吴式颖. 外国教育史教程[M]. 北京：人民教育出版社，1999：198.

近代学前教育学的发展。二是学前教育专业组织形成。例如20世纪20年代，英、美等国建立了幼儿教育协会；1948年，世界学前教育组织成立。

20世纪下半叶以来，随着当代心理学、脑科学等的发展，学前教育学呈现快速发展之势。一是学前教育理论呈多样化的发展态势，受哲学、心理学发展的影响，出现了新行为主义、人本主义、结构主义、多元智力等多样化的学前教育理论，如意大利的瑞吉欧教育、美国发展适宜性学前教育实践，就是当代学前教育理论多元化发展的代表。二是学前教育学的研究向深入、细化的方向发展。例如，当代脑科学、经济学的发展促进了多学科领域专家共同研究学前教育价值，使学前教育评价领域的研究取得了实质性进展。

从课程发展的角度看，福禄贝尔创建幼儿园以后，为了培养幼儿园所需的教师，于1849年举办了幼儿园教师训练所，开始用其学前教育理论培养幼儿园教师，这应是学前教育学作为课程的滥觞。1907年成立的上海公立幼稚舍开设保姆传习所，设有保育法等课程，标志着我国出现了类似学前教育学的课程。进入20世纪，随着幼儿园教师教育制度逐步建立，学前教育学作为一门课程成为定制，只不过各国所使用的课程名称并不相同。我国目前比较多地使用"学前教育学"作为课程的名称。

▶▶ 三、 学前教育学的任务和意义 ＞＞＞＞＞＞＞

(一)学前教育学的任务

科学研究的任务是透过现象，认识事物的本质。学前教育学要实现建构理论，解释和描述学前教育现象与问题，揭示学前教育规律的目的，必须完成以下任务。

1. 研究学前教育活动的要素构成

整体是由部分构成的。学前教育活动由哪些要素构成？各个要素有何生成与发展的特点？各要素内部有何关系？这是学前教育学需要研究和回答的问题。比如，学前教育学应该研究作为学前教育活动基本要素之一的学前儿童，研究他们具有的一般性发展规律以及支持其发展的方法等。

2. 研究学前教育活动各要素之间的相互关系

构成学前教育活动的各要素并不是孤立的，而是互相联系的。因此，研究各要素之间的相互关系是学前教育学要完成的任务之一。比如，研究学前儿童和环境、学前儿童和教师之间相互联系的方式、作用、特点等。

3. 研究学前教育活动同其他活动之间的关系

学前教育是人类的活动之一，同其他社会活动存在不可割裂的联系。因此，认识这类关系无疑也是学前教育学的任务之一。比如，研究学前教育同社会的经济、政治、文化等活动之间的关系等。

4. 研究不同时空条件下学前教育活动的实践经验和理论进展

从时间维度来看，学前教育活动具有古今不同的历史轨迹与经验；从空间维度来看，学前教育活动具有中外不同的路径与模式。研究学前教育在不同时空条件下发展的轨迹、面临的问题、积累的经验以及理论的进展，也是学前教育学的基本任务之一。

(二)学习和研究学前教育学的意义

1. 认识学前教育，涵养适宜的学前教育理念

学前教育作为教育事业的组成部分，有着不同于其他教育事业的独特的特点。通过学前教育学的学习和研究，了解学前教育具有怎样的特点、教师需要具备怎样的素质、幼儿园课程设计与实施应遵循怎样的规律等，将有助于准备成为学前教育工作者和已经成为学前教育工作者的人们澄清观念，从而形成合理的儿童观、教师观、教育观，进而增强他们从事学前教育工作的自觉性和科学性。

2. 指导学前教育实践，培养实践能力

理论来自实践，又指导实践。学前教育学通过对学前教育现象、学前教育问题的研究，揭示学前教育规律，提出并验证解决问题的原则和基本方法。对初学者而言，掌握了学前教育的基本理论、基本观点，就可以培养初步的实践能力。对在职的学前教育工作者而言，学习和研究学前教育学也能增强他们分析和解决具体问题的能力，并提升实践能力。当然，学前教育学指导作用的大小，取决于学前教育学研究水平的高低。只有那些真正关注学前教育实践、能够反映学前教育本质、清楚揭示学前教育问题成因的研究成果，才能有效地指导学前教育实践。

📎 **资料卡片** ▶▶▶▶▶

关注学前教育学的"实践"品性

学前教育学具有何种品性，是关涉学前教育学学科建设的重要问题。教育学诞生之际，正是笛卡儿理性主义范式的兴盛时期，"理论"取向几乎成为所有学科的典范，学前教育学也深受其影响。在此背景下，"理论"品性成为学前教育学的当然选择。在学前教育学追求"理论"品性的同时，我们也看到了片面的"理论"化导致学前教育学对鲜活的教育实践生活的忽视。学前教育学原本是一门实践性很强的学科，关注的是真实、丰富、多元的教育生活。在过度追求"理论"品性的过程中，学前教育学渐渐遗忘了学前教育所发生的那个生活世界。为此，我们呼吁关注学前教育学的"实践"品性，使学前教育学回归生活世界。[1]

---

① 姜勇. 理论困境与学前教育学的实践转向[J]. 学前教育研究，2008(1).

▶▶ 四、 本书结构 >>>>>>>

本书作为专科学前教育专业入门的必修课程，遵循学前教育的学科发展和实践需要的双重逻辑，既要吸收学前教育学科各领域的研究成果，也要满足学前教育专业工作者以及专科毕业生在后续学习中对学前教育的原理、原则与方法的需求。为此，本书结构除绪论外，设十一个模块，分别介绍学前教育的一般原理、原则与方法。主要内容如下。

模块一"学前教育概述"，介绍学前教育的含义、类型、特点与任务等。

模块二"学前教育与儿童"，讨论儿童发展和学前教育的关系，介绍儿童观及其内容。

模块三"学前教育与社会"，主要分析学前教育和经济、政治、文化各因素之间的关系。

模块四"幼儿园教师"，分析幼儿园教师的含义、特点、角色以及素质要求。

模块五"幼儿园教育的目的与内容"，分析幼儿园教育的目的与内容的一般原理，介绍我国幼儿园教育的目的与内容体系。

模块六"幼儿园生活活动"，介绍幼儿园生活活动的含义、意义及指导方法。

模块七"幼儿园教学活动"，讨论幼儿园教学活动的一般理论，介绍幼儿园教学活动设计与实施的基本方法。

模块八"幼儿园游戏"，讨论幼儿园游戏的一般原理，介绍幼儿园各类游戏的指导策略。

模块九"幼儿园环境"，分析幼儿园环境的一般原理以及各类环境创设的基本策略。

模块十"幼儿园与家庭及社区的合作"，介绍幼儿园与家庭及社区合作的含义、意义和基本方法。

模块十一"幼小衔接"，分析幼小衔接的含义、意义，讨论我国幼小衔接面临的问题和一般策略。

📖 小　结

• 作为学科的学前教育学是教育学科的分支之一，指的是以学前教育现象和学前教育问题为对象的一个研究领域，目的在于总结学前教育的原理、原则与方法，揭示学前教育的规律。

• 作为课程的学前教育学，也称幼儿教育学、学前教育概论、幼儿教育概论，是根据学前教育专业人才培养的要求，对学前教育学科知识进行选择、重组而建构起来的以介绍或阐述有关学前教育的理论、原则与方法为核心的专业学习领域。

• 学前教育学到 17 世纪以后才逐步成为一个独立的研究领域，成为培养幼儿教师的一门专业课程则是在 19 世纪下半叶现代学前教育制度广泛建立以后了。

• 世界上第一本"系统论述学前教育的专著"是夸美纽斯的《母育学校》；学前教育学作为一个独立研究领域的最终确立是由福禄贝尔在 19 世纪三四十年代完成的。

• 学前教育学的任务：研究学前教育活动各要素的组成和发展规律；研究学前教育活动各要素之间的相互关系；研究学前教育活动同其他活动之间的关系；研究不同时空条件下学前教育活动的实践经验和理论进展。

• 学习和研究学前教育学的意义：认识学前教育，涵养适宜的学前教育理念；指导学前教育实践，培养实践能力。

思考与练习

1. 作为学科的学前教育学的含义及研究的目的、任务是什么？
2. 梳理学前教育学科的发展轨迹及特征。
3. 结合实际，讨论学习和研究学前教育学的意义。
4. 实践调查：设计问卷，调查幼儿园教师学习学前教育理论的现状。

学习反思

"大"上学和"狠"上学的怪现象

学前教育界存在着"怪"现象：一些人在宣传学前教育的重要性，宣传早期教育、早期潜能开发的名义下，将小学的学习内容和学习方式提前到学龄前，致使学龄前儿童已经开始提前上学，有时不只是提前"小"上学，而且是正正经经地"大"上学、"狠"上学。一些家长甚至让两三岁的幼儿背诵"经典"，甚至背诵圆周率。如果哪个幼儿能够背诵"经典"、能够背诵圆周率小数点后多少位数，有人便认为此乃祥瑞之兆，而且报刊、电视也会大肆报道。然而很少有人出来批评这类现象，也很少有人来分析和批评这类现象的荒谬之处。[①]

分析：上述这段文字所描述的让幼儿"大"上学、"狠"上学之所以被称为怪现象，那是因为它们明显不符合学前教育这一概念的题中应有之义。更为严重的是，学前教育领域存在的类似怪现象，绝非夸张，也并不孤立。有的幼儿园可以堂而皇之地开展识字"大比拼"，电视台大张旗鼓地热播幼儿"选秀"节目，全社会似乎合力将学前教育推向一条"疯狂"之路。这些怪现象出现的原因是多方面的，既有各种利益的驱动，也有糊涂观念的误导。就观念而言，家长和商业公司，甚至幼儿园的专业工作者，缺乏对学前教育含义的正确把握，稀里糊涂地将这些做法等同于学前教育。教育是有目的地培养人的社会活动，但人类社会的教育活动并非只有一种模式。学前教育作为教育链条的第一环节，有着自己独特的含义，不可替代，更不能简单复制其他教育阶段的做法。本模块主要介绍学前教育的含义、要素、类型、特点、原则和任务，为读者正确理解学前教育提供最基础的观念资源。

学习目标

了解学前教育的类型、发展趋势。

理解学前教育的含义、特点和任务。

运用学前教育的原则。

[①] 刘晓东.中国学前教育需要革命性变革[J].教育导刊，2005(7).(题目为编者所加)

思维导图

```
                                        ┌─────────────────────┐
                                        │   学前教育的含义      │
                                        └─────────────────────┘
                                        ┌─────────────────────┐
                    ┌──────────────┐    │  学前教育的三个组成要素 │
                    │ 学前教育的含义、│    └─────────────────────┘
                    │ 要素、类型与  │    ┌─────────────────────┐
                    │ 发展趋势      │    │   学前教育的类型      │
                    └──────────────┘    └─────────────────────┘
                                        ┌─────────────────────┐
    ┌──────────┐                        │  当代学前教育的发展趋势 │
    │ 学前教育概述│                        └─────────────────────┘
    └──────────┘
                                        ┌─────────────────────┐
                                        │   学前教育的特点      │
                                        └─────────────────────┘
                    ┌──────────────┐    ┌─────────────────────┐
                    │ 学前教育的特点、│    │   学前教育的原则      │
                    │ 原则和任务    │    └─────────────────────┘
                    └──────────────┘    ┌─────────────────────┐
                                        │   学前教育的任务      │
                                        └─────────────────────┘
```

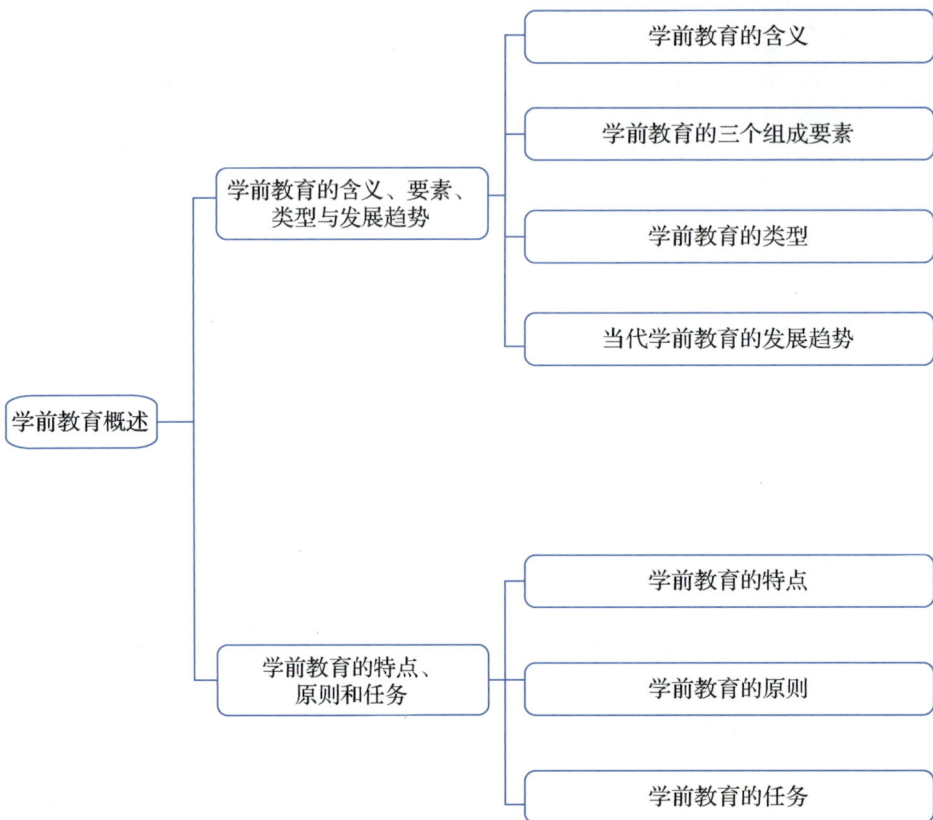

单元 1　学前教育的含义、要素、类型与发展趋势

▶▶ 一、学前教育的含义 ≫≫≫≫≫≫≫

学前教育是对学龄前儿童所实施的保育和教育活动的总称。对学前教育这一概念的理解要抓住以下两个要件。

首先，学前教育的对象是学龄前儿童或称学前儿童。顾名思义，"学前"即入学之前，但何时才算入学、学前的起点在哪里，却有着不同的标准。我国儿童年满 6 岁进入小学才算入学，而美国的儿童 5 岁入幼儿园就算入学了[①]；就学前的起点而言，有的国家从迈入幼儿阶段的 3 岁开始算，有的国家从婴儿期、学步期甚至胎儿期就开始算。所以从对象来看，我们在广义上可以把出生到入小学之前的儿童都视为学前教育的对象，但也必须记住，学前教育存在因入学标准、学前起点的差异而带来的多样性。比如，因为人们对学前儿童的年龄范围有不同理解，学前教育有时又被称为"幼儿教育""早期教育"等，这些概念一般情况下可以通用，但必须注意特定语境下各概念的特殊含义及其区别。

其次，学前教育的基本内容是保育和教育活动。保育即对儿童日常生活的看

---

①　在美国，kindergarten 是国民教育学制的起点，从 kindergarten 至 12 年级高中毕业的国民教育一般简称为"K-12"。

护、照料。儿童在成年以前，其生活需要得到成人的照料，这是人类发展的通例。同其他年龄段的儿童相比，学前儿童处于身体发展的关键时期，更缺乏自我照料的能力，尤其离不开成人对其日常生活的适当看护与照顾。在某种程度上，我们甚至可以说，对学前儿童的保育比教育更重要。所以从活动的内容来看，学前教育除了一般意义上的教育外，还需特别注重保育。正因为如此，学前教育在当今国际上普遍被称为"早期儿童保育和教育"（Early Childhood Care and Education，ECCE）。

►► 二、 学前教育的三个组成要素 >>>>>>>>

人类社会的教育活动作为一个整体，是由参与活动的各要素及其有机联系构成的。学前教育作为人类教育活动的一部分，是由学前儿童、学前教育者、学前教育措施三个基本要素及其有机联系构成的。

（一）学前儿童

学前儿童是指学前教育活动中参与保育和教育活动并直接承受其影响的学龄前儿童，是组成学前教育活动的核心要素。

学前教育活动围绕学前儿童而展开，因学前儿童的存在而存在。人类的发展经验表明，每位儿童从出生开始，甚至在出生前的胎儿期，就需要得到适宜的保育和教育支持，这决定了学前教育活动的存在是客观的、必然的。一般而言，孩子从出生后到进入社会化的学前教育机构前，是在家中接受保育和教育的学前儿童；他们进入各类学前教育机构以后，就成为机构中接受保育和教育的学前儿童。由于学前儿童跨越了胎儿期、新生儿期、婴儿期、幼儿期等不同时期，在每一时期有不同的发展特点和学习需要，因此，能否准确认识、把握和尊重不同年龄段学前儿童的特点与需要，是学前教育活动适宜与否的关键。

（二）学前教育者

学前教育者是指学前教育活动中直接或间接承担设计、组织、实施保育和教育工作的人，是构成学前教育活动的组织性和主导性要素。

学前教育活动因学前儿童这个核心要素而存在，并不意味着有了学前儿童，学前教育活动就可以自为、自然地出现。学前儿童的保育和教育总是由和他们相关的成人，诸如父母和其他年长的家庭成员，学前教育机构中的教师、保育员、医疗保健人员、管理人员等来负责设计、主导和实施的。没有作为学前教育者的这些成年人的组织，就不可能有学前教育活动。从这个意义上讲，学前教育者是学前教育活动的组织性和主导性要素。

从承担学前教育责任的角度看，学前教育者的存在是广泛的。但是，不同场景中的成人所承担的学前教育职责是不同的。学前教育机构中的专职教师、保育员，孩子的父母及其他长辈等，因为直接承担保育和教育的责任，是学前教育者

学习笔记

的主体。他们的素质和能力，决定了他们设计、组织、实施保育和教育活动的质量，最终影响学前儿童的发展水平。

（三）学前教育措施

学前教育措施是学前教育活动中支持、联结学前儿童和学前教育者开展保育和教育工作的一切中介，是构成学前教育活动的支持性要素。

学前教育活动只有核心要素和组织性要素，仍然不可能运转。学前儿童和学前教育者之间通过一定的保教内容，借助一定的保教形式与手段，才能使学前教育活动变为现实。没有作为支持性要素的学前教育措施，学前教育活动同样不能产生。

学前教育措施的范围广泛，可粗略分为内容和手段两个方面。一方面，学前教育内容是学前教育活动中选择实施的"保"和"教"的内容，是学前教育者和学前儿童共同运用的资源与对象，如进餐、睡眠、盥洗等日常生活活动，学前儿童发展所需的德、智、体、美、劳等领域的经验、知识。由于学前受教育者的特殊性，学前教育内容的选择、组织和实施，必然有其独特的规律与要求。另一方面，学前教育手段是指学前教育活动开展的保障条件、途径与方法等，如各类法律与法规等制度保障，设施设备等物质条件，游戏、区角活动、集体教学的途径与方法。

在学前教育的基本要素中，学前儿童是核心要素，学前教育者和学前教育措施要围绕核心要素展开，二者的影响只有通过学前儿童的主动选择和吸收才能产生作用。学前教育者一般居于主导地位，起着组织、领导的作用，但是这种地位和作用能否发挥，取决于他们能否尊重并发挥居于核心地位的学前儿童的主动性。学前教育措施的支持性作用处于被选择、被运用、被接受的地位。

▶▶ 三、 学前教育的类型 >>>>>>>>

学前教育可以根据各种标准，划分为不同的类型。从学前儿童的年龄来分，学前教育可分为胎教、婴儿和学步儿教育、幼儿教育；从学前教育的内容来分，可分为学前儿童健康教育、学前儿童语言教育、学前儿童科学教育、学前儿童社会教育、学前儿童艺术教育，或学前儿童的体育、德育、智育、美育等；从学前教育实施的场所来分，可分为家庭学前教育和社会学前教育。下面重点介绍最后两种形式的学前教育。

（一）家庭学前教育

家庭学前教育是父母或其他家庭成员在家中对学前儿童实施的保育和教育活动的总称。家庭是学前教育实施的场所，父母和其他家庭成员是学前教育者。学前儿童同父母及其他家庭成员之间具有血缘亲情关系，所以家庭学前教育具有自己独特的优势。

就个人而言，家庭学前教育是每一个人成长过程中必经的一种学前教育形式。从学前教育的发展历史来看，近代社会学前教育机构建立以前，家庭学前教育一直是学前教育的主要形式；机构化的社会学前教育产生后，家庭学前教育仍然具有不可替代的作用，依然是当代学前教育的重要形式之一。因此，研究家庭学前教育的原理、原则和方法，充分发挥家庭学前教育的作用，是学前教育工作者的重要职责。

（二）社会学前教育

社会学前教育是在家庭以外的社会场所由专职人员对学前儿童所实施的保育和教育活动的总称。它可分为两种形式：一是专门化的社会学前教育机构所实施的学前教育，如幼儿园、托儿所、学前班、日托中心等开展的保教活动；二是其他社会组织、机构所实施的学前教育，如大众媒介、其他文化及教育机构等开展的与学前教育相关的活动。在这两种形式中，前者是社会学前教育的主要形式，后者则是社会学前教育的重要辅助形式。

专门化的社会学前教育机构有经过训练的专业人员，有设计得当的设施设备，有精心设计与组织的保教内容，具有家庭学前教育和其他形式的社会学前教育所没有的专业化优势。专门化的社会学前教育产生于 19 世纪。罗伯特·欧文（Robert Owen，1771—1858）于 1816 年创办了"幼儿学校"，标志着专门化社会学前教育的正式形成。1840 年，福禄贝尔正式将其建立的幼儿教育机构命名为"幼儿园"，将社会学前教育推向新的阶段。到了当代，这种专门化的社会学前教育机构形式多样，日益成为学前教育的主要形式，承担着学前教育的重要责任。在我国，专门化的社会学前教育机构主要有幼儿园、托儿所、学前班等。

1. 幼儿园

我国创办幼儿园始于 1903 年的湖北幼稚园。到 2017 年年底，全国有幼儿园 25.5 万所，幼儿园成为我国专门化社会学前教育机构最主要的形式。根据 2016 年《幼儿园工作规程》的规定，幼儿园是对 3 岁以上学龄前幼儿实施保育和教育的机构。幼儿园教育是基础教育的重要组成部分，是学校教育制度的基础阶段。幼儿园一般为 3 年制，可分为全日制、半日制、定时制、季节制和寄宿制等。我国幼儿园有公办、民办之分。公办幼儿园主要是由政府相关部门和其他公营事业单位创办的，发挥着主导的作用。根据《国务院关于当前发展学前教育的若干意见》的规定，当前我国幼儿园发展的方针是大力发展公办幼儿园，鼓励社会力量以多种形式举办幼儿园。另外，2018 年，我国颁布的《中共中央 国务院关于学前教育深化改革规范发展的若干意见》进一步强调，大力发展公办园，到 2020 年全国公办园原则上达到 50%，同时积极扶持民办园提供普惠性服务。2022 年，教育部印发《幼儿园保育教育质量评估指南》，聚焦推动我国幼儿园办园质量高水平发展。随着社会对学前教育需求的增加，3 岁前儿童的保育和教育越来越受到人们的重视，幼儿园中出现了招收 3 岁前儿童的早教班，我国幼儿园的服务范围得以扩大。

学习笔记

2. 托儿所

托儿所是为低龄幼儿提供保育和教育服务的机构。中华人民共和国成立初期，为解决妇女参加劳动带来的孩子寄托问题，各地厂矿企业、事业单位创办了托儿所。教育部等部门于1956年发布的《关于托儿所幼儿园几个问题的联合通知》规定，招收4岁以下的儿童者入托儿所。到20世纪80年代，托儿所主要招收3岁以下的婴幼儿。随着幼儿园服务范围的扩大，社会上出现了将托儿所和幼儿园的职能合并的"托幼一体化"的趋势。① 但从3岁前甚至更低龄儿童的特点来看，托儿所这类服务低龄儿童的学前教育机构仍将长期存在。

3. 学前班

学前班是我国20世纪70年代末出现的一种招收5～6岁或7岁儿童的学前教育机构；开始出现在农村，由乡镇、村或私人开办，可单独设立，也可附设在小学里；到20世纪90年代，进一步扩展到城市。1991年我国颁布的《关于改进和加强学前班管理的意见》规定："学前班是对学龄前儿童进行教育的一种组织形式。在现阶段，它是农村发展学前教育的一种重要形式；在城市，则是幼儿园数量不足的一种辅助形式。"② 近年来，因为学前班出现了"小学化"等问题，一些地方提出取消学前班或者将学前班改为幼儿园。学前班总体上处于收缩状态了。

📎 **资料卡片** ▶▶▶▶▶

各国学前教育机构名目繁多

为了推动学前教育的普遍发展，世界各国不论是发达国家还是发展中国家，都运用适当的策略，积极创造条件，兴办各种各样的学前教育机构。美国主要有托儿所、儿童保育中心、幼儿园、学前班、蒙台梭利学校、早期补偿教育中心等；英国主要有幼儿学校、幼儿班、日托中心、游戏小组、幼儿保育学校等；瑞典主要有日托中心、托管中心、学前教育中心、家庭日托、儿童护理中心、公园游戏场所、玩具图书馆等；澳大利亚主要有学前教育中心、儿童保育中心、家庭日托、游戏小组等；南非主要有保育中心、游戏小组、小学预备学校、母亲日托等。多样化的学前教育机构满足了社会不同层次的需要，也促进了学前教育的不断发展。③

▶▶ 四、 当代学前教育的发展趋势 ＞＞＞＞＞＞＞＞

学前教育先是经历了原始社会儿童公育、古代社会家庭学前教育的发展阶段。到了近代，欧文的幼儿学校和福禄贝尔的幼儿园等专门化的社会学前教育机构产生并得到逐步推广。19世纪末，专门化的社会学前教育逐步制度化，成为学前教育的

---

① 丁昀.托幼一体化的关键是教育一体化[J].上海教育科研，1999(6).

② 中国学前教育研究会.中华人民共和国幼儿教育重要文献汇编[G].北京：北京师范大学出版社，1999：319.

③ 黄静潇.国外学前教育发展策略概览[J].教育导刊，2005(2).(题目为编者所加)

主要形式，同家庭学前教育一起共同承担了学前儿童保育和教育的任务。20 世纪中期以来，在社会变革背景下，学前教育受到各国重视，得到迅速发展。纵观当代学前教育的发展态势，我们可以看到如下发展趋势。①

（一）保障儿童权利、促进教育民主成为学前教育发展的指导思想

20 世纪以来，尤其是第二次世界大战以后，保障儿童权利、促进教育民主成为当代学前教育发展的指导思想。首先，从儿童权利保障来看，1989 年，联合国通过了《儿童权利公约》，使保护儿童的各种权利变成各国政府的法律承诺。在儿童的各种权利中，儿童的生存权、教育权是其重要内容。1990 年，联合国教科文组织通过了《世界全民教育宣言》，将学前教育列为全民教育发展目标之一，扩大儿童的看护和发展活动，包括家庭和社区的参与，尤其要针对贫困儿童、处境不利儿童和残疾儿童的看护和发展活动。② 可见，包括学前儿童在内的儿童生活、生存、教育的权利，已经成为国际法的重要内容。其次，从教育民主化的角度来看，20 世纪 60 年代以来，教育民主化成为全球教育改革的基本目标，其核心指标是人人有受教育的权利、教育机会均等。

在上述指导思想的影响下，20 世纪 60 年代以来，各国采取多种措施，大力发展学前教育，扩大学前教育的规模，尤其强调保障处境不利的学前儿童特别是那些身体残疾的学前特殊儿童的保育和教育权利的实现。欧美发达国家不仅重视学前特殊儿童的教育，而且提倡实施学前全纳教育（Inclusive Early Childhood Education）或学前融合教育（Integrated Early Childhood Education），主张将学前特殊儿童和健康的学前儿童安置在同样的机构中接受平等的保育和教育服务，这充分体现了尊重儿童权利和教育民主化的要求。

（二）政府加大干预学前教育的力度

从保障儿童受教育的权利、促进教育民主的宗旨出发，第二次世界大战后，各国加大了对学前教育的干预、调整力度，出台了相应政策，提供专项经费，支持和促进学前教育的发展。美国在 1965 年颁布了《经济机会法》，推出了"开端计划"（Head Start），帮助处境不利家庭 3～5 岁儿童接受学前保育和教育；1994 年推出了"早期开端计划"（Early Head Start），将服务对象扩大到 3 岁以前的儿童。日本文部省从 1964 年到 2001 年先后四次推出了幼儿园教育振兴计划，大力发展学前教育。我国自 20 世纪 80 年代以来，制定颁布了《幼儿园管理条例》《幼儿园教育指导纲要（试行）》《幼儿园工作规程》等，规范学前教育行为，推动学前教育改革和发展。2010 年 11 月 21 日，国务院发布了《国务院关于当前发展学前教育的若干意见》，明确了我国学前教育未来的发展方向与原则，即"发展学前教育，必须坚持公益性和

---

① 朱宗顺. 学前教育原理[M]. 北京：中国广播电视大学出版社，2011：37—40.
② 赵中建. 教育的使命：面向二十一世纪的教育宣言和行动纲领[M]. 北京：教育科学出版社，1996：28.

学习笔记

普惠性，努力构建覆盖城乡、布局合理的学前教育公共服务体系，保障适龄儿童接受基本的、有质量的学前教育；必须坚持政府主导，社会参与，公办民办并举，落实各级政府责任，充分调动各方面积极性；必须坚持改革创新，着力破除制约学前教育科学发展的体制机制障碍；必须坚持因地制宜，从实际出发，为幼儿和家长提供方便就近、灵活多样、多种层次的学前教育服务；必须坚持科学育儿，遵循幼儿身心发展规律，促进幼儿健康快乐成长"。从 2011 年开始，教育部门逐步扩大学前教育的规模，提高学前教育的质量。《中共中央 国务院关于学前教育深化改革规范发展的若干意见》提出，坚持政府主导，落实各级政府在学前教育方面的责任，牢牢把握公益普惠基本方向，坚持公办民办并举，加大公共财政投入，着力扩大普惠性学前教育资源供给。习近平总书记在党的二十大报告中提出"强化学前教育、特殊教育普惠发展"。二十届三中全会通过的《中共中央关于进一步全面深化改革 推进中国式现代化的决定》要求健全学前教育保障机制。2024 年全国人大通过的《中华人民共和国学前教育法》进一步明确，发展学前教育坚持政府主导，以政府举办为主，大力发展普惠性学前教育，鼓励、引导和规范社会力量参与，为我国未来学前教育高质量发展指明了方向。

（三）学前教育的发展水平不断提高

当代各国学前教育的发展水平不断提高，表现如下。

第一，学前教育的普及水平显著提高。2006 年，由联合国教科文组织、联合国儿童基金会等国际组织发布的《全民教育全球监测报告》显示：各国政府在为 3 岁以上的幼儿提供保教计划方面扮演了积极的角色；70％的国家将 3 岁作为幼儿接受教育的起始年龄；在发达国家，大多数幼儿在入小学前能接受至少两年免费的保育和教育。[①] 发达国家的学前教育已着重关注 3 岁前的婴幼儿以及处境不利的学龄前儿童的保育和教育问题。

第二，学前教育制度灵活多样，能够适应社会各方面发展的要求。从形式上看，学前教育机构包括了幼儿园、托儿所、日托中心、家庭日托、小学学前班等多种形式；从体制上看，既有私立学前教育机构，又有公办学前教育机构，如我国就确立了"政府主导，社会参与，公办民办并举"的体制；从职能上看，强调保育和教育两种功能的"一体化"成为各国学前教育改革的共同趋势。

第三，托幼机构教师的专业化水平提高。教师的学历普遍得到显著提升，而且各国逐步建立了托幼机构教师的专业资格制度。

第四，现代科学技术成果在学前教育中得到广泛应用。比如，各种心理学、脑科学等的研究成果能够得到及时应用，指导学前教育理论研究和实践改革；信息技术应用促进了学前教育内容、方式、手段的发展等。

云测试：模块一单元1

---

① 朱宗顺. 全民教育视野中的全球幼儿教育：全民教育全球监测报告(2007 年)对全球幼儿教育的关注[J]. 幼儿教育，2007(1).

单元 2 学前教育的特点、原则和任务

►► 一、 学前教育的特点 >>>>>>>>

学前教育是教育的组成部分，具有教育的一般特点。教育所具有的历史性、民族性、迟效性、育人为本等特点，也体现在学前教育领域。学前教育在不同的历史时期、不同的民族地区，都有不同的表现形式和要求，呈现出历史性、民族性的特点；学前教育对个人和社会发展的效果，要等到学前儿童长大成人、参与社会活动以后才会充分体现，具有迟效性特点；学前教育从本质上讲也是一种培养人的社会活动，因此，育人是学前教育的本质特征。除了这些特点以外，由于组成学前教育活动各要素的独特性，学前教育还彰显出以下重要特征。

（一）基础性

学前教育的基础性指的是学前教育所具有的区别于其他教育活动的奠基性特征。总体来讲，教育承担着育人的任务，是人类社会发展的基石，因而，基础性也是教育的特性之一。但在各种类型的教育活动中，学前教育的基础性更加突出，实践中也更易被人忽视。

首先，学前教育是个人发展的基础。从个人发展来看，学前期是个人成长的必经阶段，任何人都不能超越；学前儿童要生长发育，增长知识和经验，就离不开适宜的保育和教育。因此，如果说教育是个人发展的基础，那么，学前教育就可以说是个人健康成长的基础之基础。其次，学前教育是整个教育体系的基础。教育为人的发展服务，从胎儿、婴幼儿、儿童、少年、成人到老年，形成一个完整的终身教育体系。在这一体系中，学前教育位于教育链条的起点，是整个教育体系的基石。

基础之于大厦不可须臾而离，离开基础的楼阁是建不起来的，即使建起来也是不稳固的。对个人成长和教育体系而言，学前教育就是这样一种不可替代也无法超越的基础。家庭、社会尤其是政府部门，只有充分认识学前教育的基础地位，真正把学前教育当作基础来建设，发挥其奠基性作用，才能为全社会的教育大厦和人生旅程打下坚实的根基，最终为社会的发展奠定稳固的深层基础。

（二）启蒙性

学前教育的启蒙性指的是学前教育对学前儿童具有启蒙作用的特性。从字面上看，启蒙的含义是开启蒙稚。启蒙之于个人发展，强调的是开启蒙稚、开端良好，而非发展的终极结果与成品。学前儿童处于人生初始阶段，对自身以及周边的人事和自然环境懵懂无识或少识，其身体发展、行为养成、经验积累等成长之门还有待开启。成长之门一旦被打开，学前儿童的未来发展就不可限量。学前教育发挥的就是这种启蒙与发动的作用，呈现启蒙的特征。

首先，学前教育的作用是启蒙性的。学前教育的主要功用是开启个人发展之门，而非将学前儿童培养成"神童"或某种专才。新生儿的第一张笑脸，婴儿在母亲引导下的第一次抓握、第一次呀呀发声、第一次爬行、第一次站立，幼儿在户外认识的第一枝花朵、叫出的第一声"老师"等，都需要家庭学前教育和社会学前教育给予适当引导、启动。学前教育要做的就是为学前儿童的身体、习惯、经验等方面的发展奠定良好的基础。超过启蒙、发动的限度，学前教育就会变为戕害儿童的暴力工具。其次，学前教育的内容是启蒙性的。不论身体锻炼，还是经验濡染、知识教学、习惯养成，或者是美术、音乐等艺术教育，首要的都是注重学前儿童各方面兴趣的培养、关键经验的积累，而非严格的知识和技能的教授与训练。即使要教给学前儿童粗浅的知识和技能，也应是那些与他们生活紧密相关的内容，这是由学前儿童的心理发展特点所决定的。所以，学前教育的内容只能是生活化的、经验性的、初步的，这些内容从个人知识与智慧的增长水平看，还只是启蒙性的。最后，学前教育方法是启蒙性的。学前教育主要通过日常生活和游戏来实施，类似学龄儿童课堂集体教学的做法是不适合学前儿童的。

启蒙着眼于长远发展，而不是只顾眼前的利益。在实践中，学前教育领域出现的"小学化""成人化"倾向，产生的"大"上学、"狠"上学现象，说到底就是相关人员缺乏对学前教育启蒙性的充分认识。学前教育的启蒙性，要求社会必须从启蒙的角度出发，立足儿童一生幸福、快乐的长远目标，恰当把握学前教育的作用，选择适宜的内容和方法，只有如此，学前教育的发展才是正当的、有价值的。

（三）公益性

学前教育的公益性指的是学前教育能造福公众、让社会获益的特性。公益就是公共利益、公众福利，它与私利、个人利益相对。公益性体现为某物具有为社会大众带来福利的性质。学前教育作为社会活动，无疑能给参与活动的各方带来利益。学前儿童及其家庭能从学前教育中获益，人们可以不计代价地为学前儿童的保育和教育进行投入就从侧面说明了这一点。社会作为一个整体，也是学前教育活动的重要参与方。学前教育为学前儿童及其家庭带来利益之时，也会给整个社会带来效益，这就是学前教育公益性的体现。

在人类社会相当长的时期内，学前教育常常被认为是家庭的事，其公益性没有得到充分的认识与肯定，后果是公权部门以此为借口不重视学前教育。学前教育具有公益性，原因如下。首先，学前教育的利益不为学前儿童及其家庭所独享。就学前教育而言，通过学前教育机构的保育和教育活动，学前儿童的身心得到了良好的照料，行为习惯得到了培养。学前教育的效用首先直接为每个接受学前教育服务的学前儿童及其所在家庭享有，这一点确定无疑。身心得到健康发展的学前儿童，最终会通过后续教育走向社会、服务社会，所以社会最终会享受到良好学前教育的效益。比如，学前儿童得到良好发展，会为后续发展提供基础，提高儿童入学后教育的效率，至少会减少入学以后的教育、管理投入，这就为社会带来了利益。可见，社会也能享受学前教育的效益。其次，学前教育服务的供给具有公益性。从理论上来讲，社会学前教育机构是面向所有学前儿童的，没有正当理由，不能排斥某个学前儿童接受该机构提供的学前教育。学前教育也不宜像其他消费品那样，通过市场竞争的方式选择消费者。因此，从专门化的社会学前教育机构的供给来看，学前教育是一种公共物品而非私人物品，而公共物品当然具有公益性。

在我国，学前教育曾在一定时期内不为政府所重视，这是学前教育的公益性没有得到彰显造成的。学前教育的公益性意味着，发展学前教育不只是父母、家庭和社会的责任，公共部门更应该为学前教育所带来的社会效益付费，承担发展学前教育的责任。

▶▶ 二、　学前教育的原则 >>>>>>>>

从学前教育活动的组成要素和学前教育具有的显著特征出发，学前教育的实施应遵循以下基本原则。

（一）普惠性原则

学前教育的普惠性原则是指学前教育必须面向所有学前儿童，确保所有学前儿童都能从中获益，而不能仅仅满足少数特殊群体的学前教育需要。学前教育普惠性原则的提出基于两点考虑。①学前儿童的教育权利是平等的。学前儿童具有民族、性别、健康、智力、性格等各种差异，但是，教育权利是平等的，这是由现代社会教育的基本原则所决定的。②学前教育具有公益性。公益性意味着学前教育应为所有学前儿童平等享有，而不能成为少数人的私人产品。

理论上，学前教育的运作应遵循普惠性原则，但在某些国家或地区，由于种种因素，普惠性原则往往没有得到很好的贯彻。那些优质的学前教育资源只能让少部分学前儿童获益，而处境不利的学前儿童往往被排斥在优质学前教育资源之外，甚至连接受低质学前教育的机会也没有。为此，强调学前教育的普惠性原则具有十分重要的意义，有助于确保每个学前儿童都能从学前教育中受益，从而实现教育的公平与正义，为社会的和谐发展奠定基础。

贯彻这一原则必须做到以下几点。①确保学前儿童接受学前教育的机会均等。落实学前儿童享有均等的机会接受学前教育的主要障碍有：一是专门化的社会学前教育机构数量不够，特别是农村、偏远山村等欠发达地区，由于不能创办数量足够的学前教育机构，不能保障每个儿童都有接受学前教育的机会；二是具有身心障碍的有特殊需要的学前儿童的教育机会没有保障。为此，要通过扩大学前教育机构的规模，创办学前特殊教育机构，保障处境不利的学前儿童有机会接受

学习笔记

学前教育。②扩大优质学前教育资源的覆盖范围。学前教育的普惠性原则不仅仅意味着每个学前儿童都有机会接受学前教育，而且要求每个学前儿童都接受高质量的学前教育。为此，必须逐步扩大优质学前教育资源的覆盖范围，逐步实现优质学前教育资源惠及每个学前儿童的目标。

（二）全面性原则

学前教育的全面性原则是指学前教育应注重家庭和社会等各方面的作用，促进学前儿童身心全面和谐发展。学前教育全面性原则的提出有两个理由：①学前教育包括家庭学前教育和社会学前教育等多种形式，是一个整体；②学前儿童的发展包括身心各个方面的发展，是全面的，不能割裂，更不能零碎化。

在实践中，学前教育常常被简单地等同于幼儿园教育，被等同于促进幼儿智力发展的教育，或者被等同于教学前儿童识字、练钢琴等。这些片面的做法不仅误解了学前教育，而且会阻碍学前儿童的发展。为此，必须认识并坚持学前教育的全面性原则，充分利用和发挥家庭学前教育和社会学前教育的影响，实现促进学前儿童德、智、体、美、劳全面和谐发展的目标。

贯彻这一原则必须做到以下几点。①整合并发挥各种类型学前教育的作用。家庭学前教育拥有血缘亲情的力量，对学前儿童的影响广泛、持久、细密；专门化的社会学前教育机构所实施的学前教育拥有专业性优势，对学前儿童的影响科学、合理、全面而高效；其他社会组织和机构提供的社会学前教育也因其灵活的活动方式，带给学前儿童有益、潜移默化的影响。各类学前教育均有自己影响学前儿童发展的独特方式和优势，必须加以整合，充分发挥各自的作用。②以学前儿童身心全面和谐发展为目标。从个人发展的角度看，学前儿童身心各方面是相互联系的有机和谐的整体，不可机械割裂、片面发展。这就要求学前教育必须以促进学前儿童全面和谐发展为目标。

（三）保教结合原则

学前教育的保教结合原则是指学前教育必须将学前儿童的保育和教育两项工作相结合，保教并重。保教结合是由学前儿童发展的特点决定的。①学前儿童处于身体发展的关键时期，缺乏生活自理能力，所以成人适宜的保育就成为学前儿童健康发展的前提。②学前儿童的全面发展不会自然完成，只有对他们实施初步的德、智、体、美、劳的教育，才能实现全面和谐发展的目标。可以说，对学前儿童的教育须坚持保教结合的原则。

日常工作中，不少学前教育工作者容易出现重教轻保的倾向。他们乐于教育学前儿童，不重视甚至忽视保育工作，误以为教育工作是自己的本业，而保育工作只是保育员的事。这种倾向是不对的，不仅违背保教结合原则，而且不利于学前儿童的发展。忽视保育工作，必然会给学前儿童的健康带来损害。

视频：保教结合原则的含义与要求

贯彻这一原则必须做到以下几点。①保育和教育并重。学前教育必须首先承担对学前儿童日常生活的看护与照料的工作，确保他们生活安全、身体健康、习惯良好，为他们的健康成长提供良好的前提条件，在此基础上，再给以启蒙性的经验、初步知识与能力的教育。②保育和教育结合。保育工作不仅是学前儿童日常生活的需要，也是实施教育活动的有效途径，要寓教育于保育之中；反之，对学前儿童的初步知识、经验与能力的教育，也能提升保育工作质量。

✑ 资料卡片 ▶▶▶▶▶

英国学前教育中"照看"与"教育"的分裂

由于历史和体制，英国学前教育存在"照看"与"教育"的分裂。

属于"照看"体系的机构，为家长提供的托儿服务时间比较长，但往往只解决幼儿的生活问题而不能为幼儿提供适宜的教育。而属于"教育"体系的机构，为家长提供的服务时间往往较短，大都是非全日制的，而且通常在学校假期内不提供服务。

两种功能不同的服务体系在管理上也有不同归属。传统上，为从出生到 3 岁的幼儿提供托儿服务的机构由社会保障部门管理，招收 3～5 岁幼儿的托幼机构则由教育部门管理。地方当局为托幼机构提供资金，并决定由健康部门还是教育部门具体管理这些机构。

"照看"和"教育"在体制上的分裂，造成了英国学前教育服务内容和标准的复杂性和多变性：英国学前教育服务不仅在不同的地区之间存在着差异，而且在不同的托幼机构或提供者之间也存在着差异，形成了英国学前教育服务缺乏统一的质量标准的状况。

"照看"和"教育"之间的鸿沟不仅存在于不同的地区和机构之间，而且存在于托幼机构内部的从业人员之间。一个人要进入"教育"体系，成为一个合格教师，必须拥有一个 3 年制的学位，并经过 1 年的继续学习获得教师资格证书或 4 年制的高等教育学位；要成为托儿所的保育员或合格的助教，则必须接受 2 年时间、16 种内容的培训。而作为英国托管服务队伍"主力军"的保姆、奶妈则一直没有培训方面的限制。①

（四）以游戏为主要途径的原则

学前教育的以游戏为主要途径的原则是指学前教育必须以学前儿童的游戏活动为最重要的实施途径与方法。游戏是学前儿童对社会生活的模仿和想象，往往伴有愉悦的情绪体验。游戏能让学前儿童模仿成人世界，满足他们的探究欲望、好奇心，成为学前儿童最喜欢的活动方式。在游戏中，他们不仅体验愉悦，形成活动兴趣，而且通过游戏模仿生活、积累经验、丰富知识、锻炼能力、形塑习惯，因此游戏成为学前儿童认识世界、促进发展的基本活动方式。所以说，游戏可以成为对学前儿童实施教育的重要方式，学前教育可以而且应当坚持以游戏为主要途径的原则，发挥游戏在学前儿童成长中的作用，依靠和利用游戏活动来进

学习笔记

① 刘焱 . 英国学前教育的现行国家政策与改革[J]. 比较教育研究，2003(9).

行教育。

贯彻这一原则必须做到以下几点。①以游戏为实施学前教育的主要方式。判断学前教育是否以游戏为主要方式，要观察幼儿在一日生活中是否有足够的游戏机会和时间，是否有足够的游戏空间，是否有足够的开展游戏的资源，是否能积极参与游戏。②将游戏和其他方式相结合。游戏是学前教育的主要途径和方式，但不是学前教育的唯一途径。生活活动、课堂集体教学活动等，也是实施学前教育的方式。在实践中，幼儿园教师应将游戏与其他途径和方式相结合，例如，在精心设计与组织的课堂集体教学中，将教学和游戏相结合，提高学前儿童参与集体教学活动的兴趣，增强课堂教学的效果。

▶▶ 三、 学前教育的任务 ⟩⟩⟩⟩⟩⟩⟩⟩

《幼儿园工作规程》规定，幼儿园具有促进幼儿身心和谐发展和为家长育儿提供指导的双重任务。为此，学前教育的任务可以概括为以下两个方面。

(一)对学前儿童实施德、智、体、美、劳全面发展的教育，促进其身心和谐发展

学前教育之所以存在，就是因为要满足学前儿童身心全面和谐发展的需要。因此，学前教育的首要任务是实施德、智、体、美、劳全面发展的教育，促进学前儿童身心的和谐发展。首先，要做好对学前儿童的保育工作。根据保教结合原则，要将对学前儿童身体健康的保护、日常生活的照料放在重要位置。其次，对学前儿童开展初步的德、智、体、美、劳方面的教育。学前儿童的发展包括身体发展、品德培养、知识和智力增进等，其各方面和谐发展才是健康的标志。要达到这个目的，就必须通过实施德、智、体、美、劳方面全面发展的教育，培养学前儿童良好的身体素质、行为习惯、学习兴趣、生活知识和初步技能。从学前教育的基础性和启蒙性来看，对学前儿童所实施的德、智、体、美、劳教育只能是初步的、启蒙式的，目的是为学前儿童今后更好的发展奠定基础。当然，问题的关键是要研究什么样的教育对学前儿童才是恰当的、初步的。本书的目的就在于通过对学前儿童、学前教育目的、幼儿园环境等方面的分析，帮助初学者建立起恰当的、合理的学前教育理念。

(二)为家长参加工作、学习提供便利条件，也为家长科学育儿提供指导

学前教育还承担着服务家庭，为家长参加工作、学习提供便利条件的任务。首先，家长作为学前教育活动的深入参与方，也是学前教育的服务对象。其次，学前教育通过提供保教服务，分担家长的责任，为家长参加工作、学习提供方便。养育子女、从事生产劳动可以说是家庭的两个基本职能，但这两个职能又相互冲突。学前儿童在离开家庭进入社会学前教育机构之前，主要是在家庭中生活的，要得到家长或其他家人的照料。在几世同堂的大家庭时代，幼年子女可以得到众多长辈和同辈人的照料、看护，但当今家庭结构是以核心家庭为主的，年轻

的夫妇尤其是母亲往往独自承担养育孩子的责任，而无法分身从事工作和学习，这在一定程度上会给家庭带来不小的负担。当孩子进入社会学前教育机构以后，保育、教育孩子的部分责任转移到托幼机构，使家长至少能够在白天从看护孩子的负担中解放出来，有了工作和学习的时间和精力。特别要关注的是，幼儿园作为专业化的学前教育的主要形式，还需为家长实施适宜的学前教育提供引导，故《幼儿园工作规程》要求幼儿园同时面向幼儿家长提供科学育儿指导。

云测试：模块一单元 2

学习笔记

小　结

- 学前教育是对学龄前儿童所实施的保育和教育活动的总称。学前教育的对象是学龄前儿童或称学前儿童，基本内容是保育和教育活动。

- 学前教育由学前儿童、学前教育者、学前教育措施三个基本要素及其有机联系构成。学前儿童是指学前教育活动中参与保育和教育活动并直接承受其影响的学龄前儿童，是组成学前教育活动的核心要素。学前教育者是指学前教育活动中直接或间接承担设计、组织、实施保育和教育工作的人，是构成学前教育活动的组织性和主导性要素。学前教育措施是学前教育活动中支持、联结学前儿童和学前教育者开展保育和教育工作的一切中介，是构成学前教育活动的支持性要素。学前教育措施分为内容和手段两个方面。

- 家庭学前教育是父母或其他家庭成员在家中对学前儿童实施的保育和教育活动的总称。社会学前教育是在家庭以外的社会场所由专职人员对学前儿童所实施的保育和教育活动的总称。它可分为两种形式：一是专门化的社会学前教育机构所实施的学前教育；二是其他社会组织、机构所实施的学前教育。我国专门化的社会学前教育机构主要有幼儿园、托儿所、学前班等。

- 当代学前教育的发展趋势有三个：保障儿童权利、促进教育民主成为学前教育发展的指导思想；政府加大干预学前教育的力度；学前教育的发展水平不断提高。

- 学前教育有三个显著特点，即基础性、启蒙性、公益性。学前教育的基础性指的是学前教育所具有的区别于其他教育活动的奠基性特征。学前教育的启蒙性指的是学前教育对学前儿童具有启蒙作用的特性。学前教育的公益性指的是学前教育能造福公众、让社会获益的特性。

- 学前教育必须坚持的原则：普惠性原则、全面性原则、保教结合原则、以游戏为主要途径的原则。学前教育的普惠性原则是指学前教育必须面向所有学前儿童，确保所有学前儿童都能从中获益，而不能仅仅满足少数特殊群体的学前教育需要。学前教育的全面性原则是指学前教育应注重家庭和社会等各方面的作用，促进学前儿童身心全面和谐发展。学前教育的保教结合原则是指学前教育必须将学前儿童的保育和教育两项工作相结合，保教并重。学前教育的以游戏为主要途径的原则是指学前教育必须以学前儿童的游戏活动为最重要的实施途径与方法。

• 学前教育的任务有两个：一是对学前儿童实施德、智、体、美、劳全面发展的教育，促进其身心和谐发展；二是为家长参加工作、学习提供便利条件，也为家长科学育儿提供指导。

思考与练习

1. 名词解释：学前教育、家庭学前教育、社会学前教育、幼儿园、学前班、学前教育措施。

2. 简述我国社会学前教育机构的主要类型与含义。

3. 简述学前教育活动的组成要素及其作用。

4. 简述当代学前教育的发展趋势。

5. 简述我国学前教育未来的发展方向与原则。

6. 简述学前教育的特点及其含义。

7. 简述学前教育的原则及其含义。

8. 简述学前教育的任务，并同《幼儿园工作规程》规定的幼儿园的任务做比较。

9. 分析贯彻学前教育各原则的要点。

10. 理解《中华人民共和国学前教育法》"总则"如何给我国学前教育发展定位及其意义。

云测试：模块一
学前教育概述

学习反思

立立变自信了

立立聪明好学、思维敏捷、惹人喜爱，本该是个快乐的孩子。但因为有睡着后尿湿衣裤的问题，他在幼儿园慢慢地变得爱哭了，变得胆怯、敏感。家长为此带他上医院做了检查，可并没有发现什么器质性疾病。带班的陶老师最初判断：立立可能是由于偶尔一次尿床后精神紧张，后来频频尿床。于是，为了帮助他减少尿床现象，陶老师让他在睡前少喝水，并解尽小便，午睡中叫他起床一次，但效果并不明显。每次尿床后，他都不愿告诉老师。渐渐地，陶老师发现立立在集体活动中不爱表现了，与小伙伴的关系也疏远了，遇到小事也爱生气了。立立妈妈告诉老师，立立觉得告诉老师自己尿湿了裤子是一件很难为情的事。陶老师理解孩子的想法——小小的孩子和大人一样，有很强的自尊心。陶老师调整策略：把原来午睡中叫醒一次改为两次，同时将立立备用的换洗衣裤放到生活区一个既隐蔽又便于他自己取放的位置。在餐后的自由活动时间，老师特意坐在立立身旁，跟他一起玩他最拿手的拼图。他很快完成了一幅拼图。老师开心地表扬道："立立真会动脑筋，小手也灵巧，真厉害！下次老师找你帮忙好吗？"立立爽快地答应了。此后，在立立每次尿床后，陶老师总是悄悄观察，悄悄帮他换好床单，不让他发现。渐渐地，立立话多起来了，有时还很主动地走到老师身边。有一天，在陶老师给立立系裤子带时，立立突然在陶老师耳边轻声说道："老师，妈妈现在给我吃中药，我尿床的次数少起来了。"陶老师表扬了立立，并鼓励说："其实尿床也不是什么大不了的事，很多人小的时候都会尿床。告诉你个秘密，老师小的时候也尿过床呢。""陶老师，你也尿过床？""对呀，那时老师还很小，有时不小心也会尿床的。"听陶老师这么一说，立立脸上露出了笑容。渐渐地，立立变得自信了，集体活动中举手发言的次数多了，声音也响亮了，跟小朋友的关系也融洽多了。为进一步巩固效果，保证午睡质量，陶老师悄悄地只叫醒立立一次。后来立立就做得很好了。①

分析：上述材料记录的是老师如何巧妙地帮助儿童解决尿床问题的案例。案例中，老师能够根据自己的观察和家长提供的资料，分析儿童尿床的原因，在尊重儿童的基础上，调整保育和教育的措施，增强儿童的信心，达到解决尿床问题的目的，确保儿童快乐成长。这正是学前教育和儿童发展关系的

---

① 红缨学前教育集团.快乐生活：孩子和我的 100 个小故事[M].杭州：浙江大学出版社，2008：108-109.（有改动）

一个缩影。在面临诸如尿床这类幼儿成长过程中普遍会出现的问题时，教育者能否有效地帮助解决，取决于他们是否懂得儿童的发展特点，是否理解儿童成长的规律，是否理解教育和儿童发展的关系，是否具备恰当的儿童观。学前教育者只有理解儿童的发展规律，才能给他们以恰当的帮助，否则只能适得其反。学前儿童有哪些发展规律？哪些因素会影响他们的发展？幼儿园教师应该具备怎样的儿童观？本模块将详细阐述这些问题。

学习目标

了解儿童发展的特点、影响儿童发展的因素及儿童观的演变过程。

理解儿童发展和科学儿童观的内涵。

分析学前教育在儿童发展中的作用。

思维导图

```
                                          ┌─ 儿童发展概述
                    ┌─ 学前教育和儿童 ─────┼─ 学前教育影响学前儿童的发展
                    │   发展关系概述        │
                    │                      └─ 学前教育要受学前儿童发展的制约
学前教育与儿童 ─────┤
                    │                      ┌─ 儿童观概述
                    └─ 儿童观的演变与建构 ─┼─ 儿童观的演变
                                          │
                                          └─ 科学儿童观的内涵
```

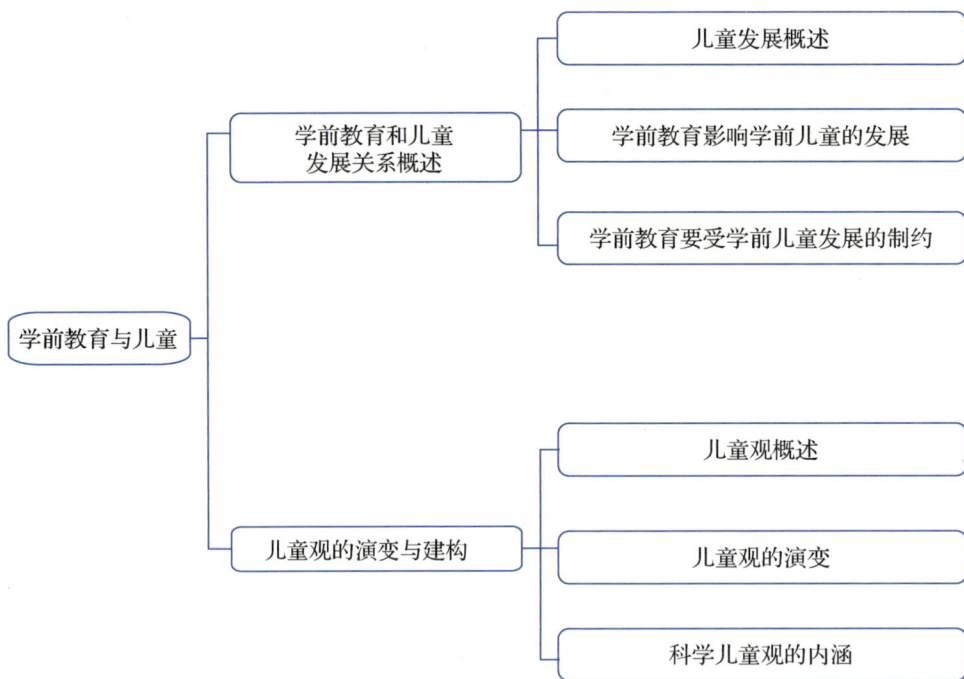

单元 1　学前教育和儿童发展关系概述

学前教育要以促进学前儿童身心全面和谐发展为目的，但学前教育要发挥这一作用，必须以理解并尊重学前儿童身心发展的特点为前提。学前教育和学前儿童发展之间的基本关系，是学前教育工作者必须厘清的基本问题之一。

▶▶ 一、 儿童发展概述 >>>>>>>>

儿童的发展是多方面的，包括身体、认知、社会性和人格等方面的发展。儿童的身心发展具有一定的规律性，不同程度地受到遗传、环境和教育的影响，其中，学前教育对儿童发展起着特殊的作用。

（一）儿童发展的含义和特征

1. 儿童发展的含义

儿童发展是指在生长过程中儿童生理和心理方面有规律地进行的量变与质变的过程。

生理的发展包括身体形态、结构和功能方面的生长、发育和成熟。一方面，整个身体和各器官在体积和质量上发生变化，如身高与体重的增长、骨骼与肌肉的生长、牙齿的生长等。另一方面，生理的发展还包括细胞、组织、器官和系统的功能分化和成熟，如神经系统的发育、感觉器官的发育以及各种运动机能的发展。心理的发展包括心理过程，如感知觉、记忆、注意、思维、想象、情感、意志的发展及个性心理特征，如能力、性格、个性品质的形成和发展。儿童的生理发展和心理发展是同时进行的，两者相互联系、相互影响、相互制约、共同发展。正常的生理发展是正常心理发展的生物基础和前提，而正常的心理发展又会进一步促进生理的发展。相反，无论哪一方面发展的欠缺都会影响到另一方面的发展。

2. 儿童发展的特征

（1）顺序性

儿童发展的顺序性是指儿童的生理和心理发展都表现出一种相对稳定的次序、序列。例如，就身体整体结构的发展而言，头颅最先发育，而后是躯干，最后才是四肢。在骨骼与肌肉的协调发展中，首先得到发展的是大骨骼与大肌肉群，而后才是小骨骼与小肌肉群的发展与协调。所以在学前儿童行动能力的发展中，翻身、坐、站、走、跑在先，然后才可能有写字、绘画等精细动作的出现。

（2）不平衡性

儿童发展的不平衡性是指儿童身心各个方面呈现出不匀速、不均衡的发展状态，表现为：①儿童身心发展不是匀速运动，在不同的年龄阶段，其发展的速度和水平是有明显差异的。比如，儿童出生第一年是儿童身心发展的一个高速期。②在儿童发展过程中，身体和心理发展并不完全协调和统一。就整体而言，生理成熟是先于心理成熟的。但就某个具体方面而言，也有可能出现心理能力不受生理成熟条件控制的情况。例如，3～5岁幼儿的语言掌握能力和记忆能力往往优于成年人。③儿童身体各系统的发展也存在不均衡的现象。比如，在各个系统的发育中，神经系统的发育在胎儿期和出生后是迅速的。

（3）阶段性

儿童发展的阶段性又称儿童发展的年龄特征，是指在儿童身心发展的连续性过程中，不同年龄阶段会表现出某些稳定的、共同的典型特点。这些特点在表现方式、发展速度及发展结构方面，与其他阶段相比，都具有相当不同的特征。在学前期，儿童的发展一般经历以下四个阶段，依次是新生儿期（0～1个月）、乳儿期（1个月～1岁）、婴儿期（1～3岁）、幼儿期（3～6岁或7岁）。比如，婴儿期这个阶段主要是身体的生长发育阶段，而思维发展处于直观行动阶段；幼儿期则是智力发展与个性形成的启蒙时期，思维的明显特点是从直观行动思维向具体形象思维过渡。

（4）个别差异性

儿童发展的个别差异性指的是在儿童发展具有整体共同特征的前提下，个体发展的表现形式、内容和水平等方面存在独特之处。这种表现在个体发展方面的差异性，来源于个体遗传素质和生活环境的差别。例如，同样年龄的儿童，在身高方面有明显的高矮之分；同样年龄的儿童，也会有各自神经系统灵活性的差别，在学习中表现出注意力的持久性、知觉的广度等方面的差异。

（二）影响儿童发展的因素

儿童的发展是多种因素相互作用的结果，片面强调或夸大某一方面而否认、贬低其他方面都不能科学地解释儿童的身心发展。

1. 遗传

遗传是一种生物现象，指经由基因的传递，使后代获得亲代的特征，主要是指那些与生俱来的解剖生理特征，如机体的构造、形态、感官和神经系统的特征等。遗传在儿童发展中具有重要作用。

①遗传因素为儿童的身心发展提供了物质条件，是儿童发展的生物基础和物质前提。比如，无脑畸形儿生来就不具有正常脑髓，因而不能产生思维；一个生来就是全色盲的儿童，无法辨别颜色，更无法成为画家。②遗传素质的成熟程度影响着儿童的身心发展程度，儿童的身心发展水平以遗传素质的特点及成熟程度为基础。比如，儿童的绘画能力以手的精细动作发展水平、手眼协调能力的发展为基础。③遗传素质的差异是构成儿童身心发展差异的重要因素。儿童的智力、个性、兴趣等具有个体差异性，这在很大程度上受了遗传的影响。比如，儿童自出生时起，其高级神经活动类型就表现出差别：有的儿童安静些，容易入睡；有的则手脚乱动，不易入睡。总之，遗传在儿童发展中起着一定的作用，但它本身并不能代表儿童最终的发展水平，它只提供发展的可能性，而不能预定或决定儿童发展。

2. 环境和教育

环境是指个体赖以生存和发展的外在条件，包括胎儿先天的母体环境和个体出生后的家庭、社会环境。教育作为有目的地影响人的社会活动，是一种特殊的社会环境。环境和教育对儿童发展的影响表现在以下两个方面。

（1）母体环境影响胎儿的发育

20世纪50年代以来，科学研究表明，母亲的健康、营养、情绪、疾病、药物等对胎儿的发育有着至关重要和深远的影响。

研究证实，胎儿通过胎盘从母体中获取营养，因此，母亲孕期营养不良会使胎儿发育迟缓，还影响胎儿出生后智力的发展，甚至严重影响孩子一生的发展。研究表明，由于母亲营养不良或出生后的第一年营养不良，婴儿的脑细胞数量会低于正常数，甚至只能达到预期数的60％。[①] 另有一项对孕妇营养状况与胎儿发育迟缓的关系研究表明：胎儿发展迟缓的孕妇对富含维生素 A、铁与锌营养素的食物的摄入量明显偏低；偏食造成孕妇饮食结构异常，使胎儿生长发育所需营养素水平下降，导致胎儿发育迟缓。[②] 另外，疾病、放射线、药物、酒精等不良因素都会给即将出世的宝宝造成不良影响。可见，出生之前的环境对于胎儿来说，和基因一样重要。

（2）环境和教育影响学前儿童的发展

心理学的研究表明，丰富的刺激有利于新生儿的生长发育。美国的一项研究证实，新生儿听母亲的心跳声有利于增加体重。另有一项针对体重不足 3 磅（1 磅≈450 克）的新生儿的实验表明，在丰富的环境刺激下，这些新生儿 1 岁时的体重接近正常水平，而没有被提供环境刺激的一组新生儿 1 岁时的体重则较轻。

国外研究者对教育在学前儿童智力发展中的作用进行了很多研究，结果表明教育对儿童智力的启蒙和发展有重大作用。美国心理学家布卢姆（B. S. Bloom，1913—1999）早在 1964 年就提出了早期经验与智力发展的科学假设：儿童 4 岁时其智力发展已经完成了 50％，8 岁时达到 80％，剩下的 20％在 17 岁以前获得；在智力发展极为迅速的时期，环境对智力发展的影响最大；儿童入学后的学业成败在很大程度上取决于早期经验。另外，有研究者对孤儿院智力较差的儿童进行了一项长达 4 年的追踪研究，结果表明，改变抚养方式、提供丰富刺激能够使平均智商 64 的实验组儿童的智商提高，并且他们成年后都能自立谋生，而留在孤儿院的儿童的智商都下降了。最近的研究也表明，儿童早期经验对认知能力的影响比遗传的影响要强有力得多。比如，习惯性压抑会对大脑产生负面冲击，并导致发展延误。[③]

———————————

① 黛安·E. 帕普利，萨莉·W. 奥尔兹. 儿童世界：从婴儿期到青春期[M]. 北京：人民教育出版社，1981：71—72.

② 应小燕，陈沿东，乐海燕，等. 孕妇营养状况与胎儿发育迟缓及新生儿视力发育障碍的关系[J]. 中华妇产科杂志，2001，36(9).

③ 王德林，王春丽，王艳芝. 脑科学的新进展带给学前教育的启示[J]. 学前教育研究，2003(2).

学习笔记

生物学的研究表明早期经验能改变脑的结构。过去人们一直认为大脑的组织和结构是不可改变的，然而，近几十年对动物和对人的研究证明，早期经验不但能改变动物和人的行为，还能改变他们大脑的组织和结构。18世纪末，意大利的解剖学家发现，受过训练的动物的脑皱襞比没有受过训练的动物的复杂。20世纪60年代，美国研究者罗森威格（M. R. Rosenzweig，1922—2009）将同窝雏白鼠分组采用不同的喂养方式喂养，发现接受训练的雏白鼠的大脑皮质较厚、较重，脑细胞体积较大，几种重要的酶的活动总量也大。最近的研究表明，经验在婴儿神经网络的形成和发展中起着重要的作用，它们可以改变和调整正在发展中的神经系统。另外，早期经验在神经键的去留问题上起着决定性的作用。[1]

早期教养经验为学前儿童个性的形成打下了基础，并对其以后的发展产生了深远影响。有的心理学家对第二次世界大战期间失去父母的数千名儿童进行了研究，发现早年丧失父母和正常的家庭环境相比，对儿童行为和个性的发展极为不利。人类学家的一些研究也证明，从小受成人关心的儿童，长大后个性温和，能处理好人与人之间的关系，而从小成人就对他们不关心，只是提供食物，就会有相反的结果。我国的一些调查研究也证明了环境和教育在学前儿童个性发展中的作用。一项对405名幼儿人格及其家庭教养环境的调查发现，家庭教养环境中的主观因素如家长教养方式、家庭成员的情感交流、家庭成员之间的对话质量等，会对幼儿人格产生显著影响。[2]

3. 个体的主观能动性

主观能动性又称自觉能动性、意识的能动性，是指个体在认识世界和改造世界中有目的、有计划、积极主动的有意识的活动能力。儿童发展除了受遗传、环境和教育的制约以外，还受个体的主观能动性的影响。心理是大脑对外界事物能动的反映。儿童有自己独特的心理结构和特点，他们不是消极被动地接受外部环境的刺激的，而是积极主动的学习者。正如瑞士心理学家皮亚杰（J. Piaget，1896—1980）所指出的，儿童是有目的的学习者；意大利教育学家蒙台梭利也强调儿童具有吸收性心智，能够积极地从外部世界获取各种影响和文化模式，并有一定选择性地进行吸收，使之成为他们心理的一部分。对婴儿的感觉研究发现，即便是初生儿也知道转动他们的头以适应视觉动感。

（三）影响儿童发展诸因素的不同理论

1. 遗传决定论

遗传决定论认为个人的发展由先天的遗传基因所决定，人的发展过程只不过是这些内在的遗传因素自我展开的过程，而环境的作用仅在于引发、促进或延缓

---

[1] 王德林，王春丽，王艳芝. 脑科学的新进展带给学前教育的启示[J]. 学前教育研究，2003(2).
[2] 张庭辉. 家庭教养环境与幼儿人格形成和发展关系的研究[D]. 重庆：西南大学，2009.

这一过程的实现。该理论的创始人是英国人类学家、生物统计学家高尔顿（F. Galton，1822—1911），他关于体力和智力均由遗传决定的主张在当时是独树一帜的。遗传决定论的代表人物还有格塞尔（A. L. Gesell，1880—1961）等人。格塞尔依据他的双生子爬梯实验提出了"成熟势力说"，他认为支配儿童心理发展的两个因素中成熟是起决定作用的，而学习只对成熟起一种促进作用。

2. 环境决定论

环境决定论否定生物遗传素质在人的发展中所起的作用，认为个体的心理发展是环境影响或塑造的结果，有什么样的环境就有什么样的心理和行为，代表人物是英国教育家洛克（J. Locke，1632—1704）和美国心理学家华生（J. B. Watson，1878—1958）。洛克提出了"白板说"，认为儿童的心灵开始时就像一张白纸，其观念和知识都来自后天。[1] 华生提出了"教育万能论"。他提出："给我一打健全的婴儿，在我所设计的环境中抚养长大，不论他的天赋、才能、志趣及家庭背景如何，我保证能够任选其一，把他训练成为我所选定的行业专家：医生、律师、艺术家、大亨，甚至是乞丐或小偷。"[2]

3. 相互作用论

美国心理学家安娜斯塔西（A. Anastasi，1908—2001）走出了二元对立的困境，提出了遗传—环境相互作用论。她认为，儿童的发展是遗传和环境相互作用的结果，两者不是彼此独立的，也不是简单相加的关系，而是相乘的关系，它们完全交织在一起，不可分离。至于两者是如何相互作用的，安娜斯塔西并没有解释清楚，这也是她的理论的最大不足。我们只能推测出遗传作用表现的几种可能性：相同的遗传素质在不同的环境条件下可能导致不同的发展结果；不同的遗传素质在不同的环境条件下可能导致相同的发展结果；在相同的环境条件下，不同的遗传素质可能导致相同的发展结果；在相同的环境条件下，不同的遗传素质可能导致不同的发展结果。

4. 皮亚杰的理论

无论是遗传决定论、环境决定论，还是相互作用论，都没有对这些影响因素如何转化为儿童发展的机制做出科学的解释，当然也就不能说明作为发展主体的儿童自身在其发展过程中的作用和意义。瑞士心理学家皮亚杰认为儿童先天具有的内部图式能够同化外界的刺激，从而引起图式数量的变化；有时图式不能同化客体，这时主体就要改变原有的图式或者建立一种新的图式，通过适应新的客体引起图式质的变化，从而达到认识上的平衡。儿童的发展就是以发展主体的自我调节为机制的自我演变过程。在这个过程中，个体的主观能动性是贯穿始终的。

---

[1] 约翰·洛克. 教育漫话[M]. 北京：人民教育出版社，1979：4.
[2] 罗伯特·费尔德曼. 发展心理学：人的毕生发展[M]. 北京：世界图书出版公司，2007：21.

在遗传、环境和儿童的活动这三者之间，唯有儿童的活动才是儿童发展的真正起因。

▶▶ 二、 学前教育影响学前儿童的发展 >>>>>>>>

儿童的生存和发展离不开遗传和环境。一方面，遗传提供了儿童发展的基础和前提；另一方面，环境为儿童的发展提供了可能性，儿童正是在与环境的相互作用中才得以发展的。但是与遗传、环境相比，教育在儿童的身心发展中具有独特的作用。学前教育通过保育和教育，影响和制约着学前儿童的身心发展。

（一）学前教育影响学前儿童的身体发展

母体环境对胎儿的发育起着重要的作用，适当的教育和训练能保证胎儿的正常发育。古人认为，胎儿在母体中能够受母亲情绪、言行的感化，所以孕妇必须谨守礼仪，给胎儿以良好的影响。比如，《颜氏家训》记载了圣王的胎教方法："怀子三月，出居别宫，目不邪视，耳不妄听。"汉代韩婴在《韩诗外传》中记录了孟子的母亲怀孟子时做到"席不正不坐"。现代科学的发展已证明，胎儿不仅具有视觉、听觉、活动能力和记忆能力，而且能够感受母亲的情绪变化。孕妇的情绪变化会通过神经和体液的变化，影响胎儿的血液供应、呼吸、胎动等。在妊娠期间，母亲保持愉快的情绪，采取适当的方法和手段，对胎儿的听觉和触觉实施良性刺激，通过神经系统传递到大脑，可促进胎儿大脑皮质的发育。另外，医学研究证明孕妇只要注意合理饮食、摄取充足营养，同时避免烟酒、药物、放射线等不利因素的影响，胎儿就会正常地生长发育。

胎儿出生后身体的正常生长发育也离不开文化因素，尤其是教育的参与。世界各地关于兽孩的报道就说明了这一点。这些兽孩在身体发育方面都有以下特征：四肢爬行，不会直立行走和奔跑。即便他们重回人类社会，经过长时间的教育也很难学会直立行走和奔跑。这说明人的身体发育存在着关键期，一旦错过，以后的教育和学习是很难成功补救的。另外，学前儿童生长发育迅速，可塑性强；各器官尚未发育成熟，易受伤害；身体形态结构尚没有定型。因此，健康教育就担负着保健和锻炼身体的责任。合理的营养、充足的睡眠和适当的体育运动能促进儿童正常的生长发育；反之，则会给儿童的健康带来严重的损害。

（二）学前教育影响学前儿童的心理发展

学前儿童的心理发展包括心理过程及个性心理特征的发展。适宜的学前教育能够促进学前儿童心理各方面的发展。

学前期是儿童语言发展与运用的关键期，科学适时的教育能够促进儿童语言的发展。一方面，学前期儿童的发音和听觉器官还没有发育完善，所以培养和引导儿童养成良好的卫生习惯，能对儿童的声带、耳膜起到保护作用。另一方面，儿童的语言是在运用过程中发展起来的，所以发展儿童语言的关键是为他们创设一个使他们想说、敢说、喜欢说、有机会说并能得到积极应答的环境。研究表明，那些父母是聋哑人而自己听力正常的儿童，如果每个星期和正常的成年人交流5～10小时，他们的语言能力便和在正常语言环境下成长的儿童差不多。[①]

适当的科学教育能促进儿童智力的发展，培养他们的科学探究兴趣。首先，满足儿童的好奇心和探究热情，培养儿童初步的科学精神和态度。其次，使儿童在探究的过程中获得解决问题的方法和策略，增进智力。最后，帮助儿童获得有关周围事物及其关系的经验。研究表明，儿童能够运用的知识90%是通过亲身实践得来的。另外，从世界著名科学家的成长过程来看，儿童时期接触科学对他们后来取得伟大的科学成就具有重要的作用。

早期音乐教育能促进儿童音乐感知能力的发展，从而促进幼儿音乐素质的发展。对成年音乐家的调查表明，音乐教育开始的时间越早，听觉发展得就越好。2～4岁开始接受音乐教育的人中，92%可能获得绝对音感；4～6岁开始接受音乐教育的人中，这个比例便下降到了68.4%；7～9岁组是41.9%；14岁组只有6.5%。适当的音乐教育还能激发儿童的音乐记忆能力。我国的研究者发现，进入幼儿园不到半年的小班幼儿能表现出较强的音乐记忆能力；接受研究的77名音乐实验班的幼儿对所听到的6首律动曲都能迅速地再认，对相关的韵律动作也能够基本正确地再现。

早期美术教育对儿童心理发展有重要影响：首先，能满足儿童审美情感的需要；其次，能发挥儿童视觉感知的潜能，使儿童获得敏锐的审美能力；最后，使儿童的身心在创造的过程中得到放松，有助于审美想象力和创造力的发展。

儿童个体从自然人发展到社会人绝非天然，学前教育在其转变过程中承担着重要的使命。就儿童的道德发展来看，两三岁是儿童道德的萌芽阶段。此时，对儿童的良好行为给予肯定和赞扬则有利于儿童将此行为转化为自己的良好习惯。心理学的研究表明，经常训斥、威胁儿童或者做出讽刺性的评论，不利于儿童道德的发展。儿童的道德观念可以通过物质环境、潜在精神环境来培养，也可以在一日生活中养成，还可以通过专门的教育教学活动和游戏来引导。良好的教育能够帮助儿童明辨是非，使他们懂得真、善、美和向往美好的事物。

学习笔记

📎 资料卡片 ▶▶▶▶▶▶

诺贝尔奖得主在幼儿园学到成功秘诀

1978 年，全世界诺贝尔奖获得者在法国巴黎聚会。有记者问当年的诺贝尔物理学奖得主卡皮察："您在哪所大学、哪个实验室里学到了您认为最主要的东西？"出人意料的是，这位白发苍苍的老人回答道："是在幼儿园。"记者愣住了，又问："您在幼儿园学到了些什么呢？"老人如数家珍地说道："把自己的东西分一半给小伙伴们，不是自己的东西不要拿，东西要放整齐，吃饭前要洗手，做了错事要表示歉意，午饭后要休息，学习要多思考，要仔细观察大自然。从根本上说，我学到的全部东西就是这些。"①

▶▶ 三、 学前教育要受学前儿童发展的制约 ▷▷▷▷▷▷▷▷

✒️ 学习笔记

学前教育能影响学前儿童的发展，但是，学前教育要发挥这种作用，必须理解并遵循学前儿童的发展规律，违背学前儿童身心发展特点的学前教育是不能起到正面的促进作用的，这是学前教育和学前儿童发展之间的关系的另一种体现。

(一)学前教育要以学前儿童为主体

学前儿童是学前教育的对象。在教育过程中，教师有目的、有计划、有组织地对学前儿童施加影响，促进学前儿童全面发展。教师的作用对学前儿童来说是外部影响，学前儿童要通过自身的活动来接受这些影响。因此，教师必须以学前儿童为主体，以学前儿童为中心。

首先，教师要尊重学前儿童。一方面，教师要尊重他们的人格和权利，了解他们的兴趣和需要，听取他们的想法，使他们充分感受到自己是活动的主人。另一方面，学前儿童在智力结构、发展速度、个性特征等方面各不相同，所以教师要平等地对待他们，关注个别差异，促进每个学前儿童富有个性地发展。

其次，教师把学前儿童看成教育的主体，并不是放任他们自由地发展。教师要明确《幼儿园教育指导纲要(试行)》和《3～6 岁儿童学习与发展指南》中学前教育的目标、内容和要求，真正成为学前儿童学习活动的支持者、引导者、合作者，有目的、有计划、科学地对学前儿童施加影响，促进每个学前儿童全面、健康、和谐发展。

(二)学前教育要符合学前儿童的年龄特征和发展规律

不同年龄阶段的儿童具有不同的年龄特征，教育要符合儿童的年龄特征。

儿童在出生后第一年中身长和体重增长最快，身体各器官的结构和功能也处在不断发育成熟的过程中。此时，婴儿的身体虽然在快速生长，但十分娇弱，所以在教养过程中，成人要给予他们精心呵护、合理喂养。1 岁以内婴儿的动作发

---

① 李生兰．学前教育学[M]．上海：华东师范大学出版社，2006：44.

展变化很大，所以成人应按照儿童动作发展的顺序和规律为他们创设相应的练习环境。婴儿的感知觉在 1 岁前也发展迅速，所以成人要为他们提供能够促进其认知能力发展的环境，尤其是做好玩具的提供工作。

1～2 岁儿童的活动能力增强，活动范围扩大，从以前依赖性较强的被动状态逐渐变为能自动自主地活动，这也是他们独立精神和能力逐步展现的开始。这一时期，成人要允许并鼓励儿童进行游戏和户外活动，注重各种动作的练习以及认识事物能力的培养，同时，重视他们活动积极性的培养和良好习惯的养成。

3 岁儿童的身心开始较快发展起来，个性也逐步发展。这时的教育要注意以下几个方面：利用多种方式，如游戏、日常生活和多种操作活动来锻炼儿童的观察力、记忆力、想象力、注意力和思维能力，促进他们认知能力的发展；创设条件鼓励儿童与不同年龄阶段的儿童交往，并教育他们学习与他人交往和相处的方法；充分利用一日生活的各个环节，帮助他们学习做力所能及的事情，培养其良好的生活自理能力和习惯。

4 岁儿童的心理出现较大的变化，心理活动表现出新的特征，心理发展出现了质变。在认知方面，儿童的思维由直觉行动思维发展到具体形象思维；在个性方面，由于动作能力的发展，对周围生活的不断熟悉和经验的不断积累，儿童表现出活泼好动的特点。此时，教育要注意引导儿童细致观察周围生活以扩大视野、增长见识、发展多种认识事物的能力。在观察中，儿童流露出对弱小事物的同情心，这时成人要保护儿童的学习兴趣，珍视他们的情感。另外，4 岁儿童的表现力和创造力正在发展，这时成人不应过分注重儿童表现与创造的成果，而应注重儿童在表现和创造的过程中显现出来的认真态度、专注程度、坚持性等，激发他们创造的欲望，增强他们的自信。

5～6 岁儿童的心理发展特征与 4 岁类似，但也有不同的表现。这一时期儿童的思维虽然仍以具体形象思维为主，但抽象逻辑思维已经开始产生。同时，儿童表现出强烈的求知欲和好学心理。5 岁以后儿童的个性特征有了较明显的体现，例如，表现出了较稳定的兴趣，独立性、自我意识、有意性行为等有了较大发展，但远没有定型。5～6 岁儿童处于学前晚期，将为入小学做准备。这个时期的教育重点要放在生活自理能力、合作交往能力、语言能力、思维能力、判断能力、运动能力的培养上。

学前教育在遵循儿童身心发展的顺序性和阶段性的同时，要注意儿童身心发展还具有一定的可变性。儿童的思维发展阶段和顺序、每阶段的变化过程和速度大体上是稳定的、相同的。但由于环境和教育在儿童身上起作用的情况不尽相同，儿童心理发展的过程和速度之间可以有一定的差距。儿童身心发展的稳定性和可变性的关系，是共性和个性的关系。教育既要以儿童身心发展的年龄特征为依据，又要考虑到个别差异性，因材施教。

学习笔记

云测试：模块二单元 1

单元 2 儿童观的演变与建构

教育理念、教育观念、教育行为受制于教育者的儿童观，所以构建科学的儿童观是进行科学教育的前提和基础。儿童观就是人们对儿童总的看法。由于儿童期是个体生命周期的起始部分，从根本上说，儿童观实质上是关于人的观念的问题。个体认识水平受历史发展的影响和制约，所以不同的历史时期有不同的儿童观。本节我们将探讨儿童观的演变过程及其科学内涵。

▶▶ 一、儿童观概述 >>>>>>>>

（一）儿童观的概念

儿童观是人们对儿童总的看法，是成人如何看待儿童的观点的总和，涉及儿童的权利与地位、生长特点、发展的形式和成因、儿童期的意义以及教育和儿童发展之间的关系等方面。

（二）儿童观的不同形态

社会中人们的地位千差万别，不同的社会成员有着不同的儿童观。有学者将儿童观分为三种形态[1]：①社会主导形态的儿童观，指在一定社会中居统治和支配地位的人们所认定的儿童观，呈现一元化特点；②学术理论形态的儿童观，指哲学、心理学、教育学、人类学等学术领域的研究者所特有的儿童观，往往是多元的；③大众意识形态的儿童观，即普通民众对儿童的基本认识和态度。

（三）儿童观的结构

儿童观的结构是指儿童观内在的维度与相应内容。根据儿童观内在的不同维度和内容，儿童观的结构可以分为三个部分。[2]

1. 儿童观的自然构成

儿童首先是一种自然存在物，所以儿童观必然包含人们对儿童自然构成层面的认识。儿童的身体是长期在自然界的制约下进化、发展的产物。作为生物个体，一方面，儿童具有独立性、个体性和完整性，有自身的生理发展规律；另一方面，儿童具有对外部世界和周围事物的依赖性。

2. 儿童观的社会构成

人在本质上是其社会关系的总和，儿童实质上也是一种社会的存在物，所以儿童观也必须包含儿童社会构成层面的内容。由于儿童的存在，社会才得以延续和发展。作为社会的存在，一方面，儿童应享有相应的社会地位和权利；另一方面，儿童的发展受社会环境的影响，儿童需要有一种有利于其成长发展的社会环

---

① 虞永平. 论儿童观[J]. 学前教育研究，1995(3).
② 虞永平. 论儿童观[J]. 学前教育研究，1995(3).

境和文化氛围。

3. 儿童观的精神构成

儿童有自己独特的需求、兴趣、价值，也是一种精神存在，所以儿童观也必须对此做出回应。儿童有丰富的精神世界，有自身独特的哲学思维、道德认识、审美体验，有丰富的情感、独立的人格，其个性也处于形成过程中。

▶▶ 二、 儿童观的演变 >>>>>>>>

儿童观虽然是人们的主观认识，但一定社会的儿童观，总要受到经济、政治、文化等因素的制约和影响。儿童观的内涵随着社会的发展而不断变革和更新。儿童观的演变大体可分为以下几个阶段。

(一)古代的儿童观

原始社会，生产力水平极端低下，人们急切地希望儿童成为劳动者，所以儿童经过简单的训练后便同成人一样进行生产劳动了。因此，人们没有把儿童当作儿童看待，而仅仅把儿童当作氏族部落的未来成员。随着社会生产力的发展，进入文明社会后，教育从生产劳动中分离出来。人们开始重视儿童和儿童教育，但此时人们对儿童的看法依然是不科学的。在我国古代，儿童被看成是国家和家庭的财产，所谓"君让臣死，臣不得不死；父让子亡，子不得不亡"。儿童是未来的兵源和劳动者，是家族繁衍的工具，是父母的隶属物。在古希腊，斯巴达人将刚出生的婴儿交由部落长老根据其强壮与否决定弃留。儿童到了 7 岁就要接受严格的军事训练，随时准备参加战争。此外，在西方的宗教中，人生而有罪，儿童也是具有原罪的。

可以说，在古代，儿童的价值和权利并没有受到认可和重视，他们只是缩小了的成人。确切地说，那个时代并没有明确的儿童概念，整个社会也并没有从意识形态上把成人和儿童区分开来，没有明确认识到儿童期是生命发展过程中的一个特殊时期，这一时期的儿童需要特殊的精神生活。

(二)近代的儿童观

文艺复兴时期，人类意识普遍觉醒，人的价值、尊严、地位、智慧得到肯定。随着人性逐渐被发现，具有灵性的儿童也逐渐受到重视。教育思想家伊拉斯谟(D. Erasmus，约 1466—1536)认为要研究儿童的自然能力和才智，不要想象他们的兴趣与成人的一样，不要指望他们像小大人一样行动。捷克人文主义思想家和教育家夸美纽斯提出了著名的"种子论"，认为人的身上自然地播有知识、道德和虔诚的种子，通过教育便可以使它们"生长"出来。尽管这一时期的人们承认了儿童的兴趣与自由，但是人们并未意识到儿童本身便是具有自身独特价值的存在，也未否定儿童对父母的绝对服从。因此，把儿童视为父母的所有物的儿童观依然占统治地位。

✎ 学习笔记

17世纪，随着启蒙思想的兴起，英国出现了一种新的儿童观和教育观，认为儿童生来就是没有原罪的纯真无瑕的存在，比如洛克提出的"白板说"。但是这一时期最具代表性的是法国著名的教育家让-雅克·卢梭（Jean-Jacques Rousseau，1712—1778）的儿童观。他否定儿童期的任务仅仅是为将来的成人生活做准备这一观念，认为儿童具有不同于成人的精神生活，儿童是有他特有的看法、想法和感情的，儿童具有独立的存在价值。他提出：大自然希望儿童在成人以前就要像儿童的样子，人们应当尊重儿童和儿童期；如果我们打乱了这个次序，我们就会收获一些早熟的果实，它们长得既不丰满也不甜美，而且很快就会腐烂。最终，我们将造就一些老态龙钟的儿童。他的这种儿童观反映了自由资本主义时期儿童在自由、民主、平等、博爱的社会思潮中所处的地位，反映了人性解放的历史变化。卢梭的这一观点在儿童观演变史以及儿童教育史上具有重大的意义，所以，人们常常把"儿童的发现"与卢梭联系在一起。

在我国近代史上，国人在批评封建文化和封建礼教的同时，也极力把儿童从落后的旧文化中拯救出来，于是文学界形成了以儿童为本的观念。鲁迅、郭沫若、郑振铎等人便旗帜鲜明地揭露了封建文化对儿童的毒害，提倡儿童文学必须以儿童为本，以儿童为中心，遵循儿童的心理特征，服务于儿童。在教育领域，陈鹤琴、陶行知主张儿童有着不同于成人的独特生理和心理特征，成人要了解、尊重和解放儿童，重视儿童早期发展和教育的重要性。

（三）现代的儿童观

继卢梭之后，教育领域出现了"教育心理学化"运动，主张教育应以心理学规律为依据，这也包括对儿童心理的认识。这一运动主要发生在19世纪，代表人物为裴斯泰洛齐（J. H. Pestalozzi，1746—1827）、赫尔巴特（J. F. Herbart，1776—1841）和福禄贝尔。他们都认为教育的前提是认识和研究儿童，并且都进行了教育方面的实践研究。他们对儿童心理的一些认识为建立科学的儿童心理学奠定了一些基础。随后在1882年，德国生理学家、心理学家普莱尔（W. T. Preyer，1841—1897）出版了《儿童心理》，标志着实证的儿童心理学的创立。

19世纪末，尊重儿童的呼声日益高涨。例如，杜威和蒙台梭利都强调尊重儿童，坚信儿童的发展潜能，主张教育应当在不违背儿童自然本性的前提下进行。这个时期出现了空前的儿童研究盛况，出现了皮亚杰等著名的儿童心理学家。他们以科学方法研究儿童心理，揭示儿童心理发展的规律，创立了各具特色的儿童心理发展理论，为科学地认识儿童丰富的心理世界做出了贡献。

20世纪，人们对儿童的理解和尊重反映在儿童地位和权利的确认及其法律保障的逐渐完善方面。20世纪初，国际联盟通过的《日内瓦儿童权利宣言》首次向全世界提出了保障儿童权利问题。1989年，联合国大会通过了《儿童权利公约》，首次把国际社会保护儿童权利的思想转变成各国政府的诺言，使对儿童的成长和发展负责开始成为政府的职责和行为范畴，具有划时代的意义。1990 年，世界儿童问题首脑会议通过了《儿童生存、保护和发展世界宣言》和《执行 90 年代儿童生存、保护和发展世界宣言行动计划》，进一步规划了落实儿童权利的行动。

视频：树立科学儿童观

▶▶ 三、 科学儿童观的内涵 >>>>>>>>

科学儿童观是指那些符合儿童本质的观点，由于认识总是发展的，因此，科学儿童观有一定相对性。在当代，科学儿童观的内涵应包括以下内容。

(一)儿童是人

儿童作为人，具有和成人一样的人格和尊严、一样丰富的精神世界、一样的差异性。儿童稚嫩、不成熟，这恰恰代表着人类发展的轨迹以及学习和发展的可能性。

(二)儿童是发展中的人

儿童不同于成人，正处于发展之中。一方面，儿童的身心是稚嫩的，各方面尚不完善，需要得到科学的、合理的照顾和保护；另一方面，儿童有巨大的发展潜能和被塑造与自我塑造的潜力，有自己独特的认识方式和成长特点。他们需要时间和空间去成熟和发展。成人不能把他们等同于成人，或把成人的一套标准强加于他们，或放任他们自然、自由地发展，而是要提供与他们身心发展水平相适应的教育，使他们的潜能得到充分、自由的发展。

(三)儿童是权利的主体

儿童与成人具有平等的地位。法律赋予了儿童基本的权利。

1959 年，联合国大会通过了《儿童权利宣言》，肯定儿童和成人一样，应当得到尊重，享有生存、生活和学习的权利；成人和社会应当保障儿童的这些权利。1989 年，联合国大会一致通过了《儿童权利公约》，为儿童的权利保护订立了一套全面的国际法律准则。《儿童权利公约》的基本精神，即四个基本原则如下。

第一，儿童最佳利益原则。任何事情凡涉及儿童，必须以儿童利益为重。

第二，尊重儿童尊严的原则。各国要尊重儿童的人格和尊严，保证儿童生存与发展的质量。

第三，尊重儿童的观点与意见的原则。任何事情如果涉及儿童本人，必须认真听取儿童自己的观点和意见。

第四，无歧视原则。不论社会文化背景、出身、贫富、性别如何，不论正常与残障，儿童都要受到公平对待。我国《宪法》与《未成年人保护法》规定儿童应享有如下合法权利：生存的权利、受教育的权利、受尊重的权利。

(四)儿童期有自身的价值

儿童期不只是为成人期做准备，它自身还有不可替代的价值。儿童最终要长大成人，而成人必须要经历儿童期的努力。"儿童是成人之父"，因此，催促儿童尽快成熟、缩短儿童期是对儿童期自身价值的否定。

学习笔记

云测试：模块二单元 2

📎 **资料卡片** ▶▶▶▶▶▶

美国发展适宜性学前教育实践的儿童观

全美幼教协会在颁布的关于发展适宜性学前教育实践的立场声明中，阐明了制定发展适宜性学前教育实践方案所依据的一些有关儿童发展与学习的基本观点。这些观点既反映了当代心理学、脑科学、社会学等学科发展的最新成果，也可视为美国发展适宜性学前教育实践体现的儿童观。

①儿童发展与学习的所有领域——身体、社会、情感和认知都是重要的、密切相关的。②儿童发展与学习的许多方面都被证实有可靠的效果，而且儿童后来的能力、技能和知识是建立在已经获得的相关结果之上的。③儿童的发展与学习以不同的速度展开，每个儿童在不同领域的发展与学习也以不同的速度进行。④发展与学习源于儿童的生物成熟和经验之间强有力的、持续不断的相互作用。⑤早期经验具有双重效果，既可以增进也可以阻碍儿童的发展与学习；最佳时期只存在于特定的发展与学习领域。⑥发展总是向着更复杂、更自律和更有象征性或表现性的方向前进。⑦当儿童与相关成人间具有安全、和谐的关系，以及他们有机会与同伴建立积极的关系时，儿童的发展才能最佳。⑧儿童的发展与学习发生于多种社会和文化环境中，并受多种社会和文化环境的影响。⑨儿童使用各种方法学习，心里充满探究周围世界的积极性。⑩游戏是儿童自我管理的重要工具，也是促进儿童语言、认知和社会能力发展的重要工具。⑪当儿童面临比现有水平更大的挑战时，以及当儿童有机会实践新近掌握的技能时，他们的发展与学习水平能得到提高。⑫儿童的坚持性、主动性、灵活性等会影响他们学习的动力和方法。①

📖 **小 结**

• 儿童发展是指在生长过程中儿童生理和心理方面有规律地进行的量变与质变的过程。儿童身心发展过程呈现出顺序性、不平衡性、阶段性、个别差异性等特征。

• 儿童的发展到底是遗传还是环境起决定作用，遗传决定论、环境决定论、相互作用论和皮亚杰的理论等多种理论提出了各自的观点。从多学科的研究结果来看，儿童的发展是遗传、环境、教育、个体的主观能动性多因素相互作用的结果，其中，内因才是儿童发展的根本原因。

• 学前教育在儿童身心发展中具有独特的作用，良好的教育能够促进儿童身心全面和谐发展。另外，学前儿童不仅仅是接受教育的客体，他们还对学前教育具有制约作用。学前教育要以学前儿童为主体，符合学前儿童的年龄特征和发展规律。

① 朱宗顺．学前教育原理[M]．北京：中国广播电视大学出版社，2011：63—64．

- 儿童观是人们对儿童总的看法，有独特的存在形态和内部结构。受历史发展的影响和制约，不同的历史时期有不同的儿童观。

- 构建科学的儿童观是进行科学教育的前提和基础。教育者要认识到儿童是人，是发展中的人，是权利的主体，而且儿童期有自身的价值。

思考与练习

1. 什么是发展？学前儿童的发展有哪些特点？

2. 学前儿童的发展受哪些因素的影响？举例说明这些因素是如何影响学前儿童的发展的。

3. 学前教育在儿童发展中具有什么样的价值？

4. 什么是儿童观？儿童有哪些权利？

5. 简述中外儿童观的演变。

6. 用理论联系实际说明教育者应该具备怎样的儿童观。

7. 结合实际，调查幼儿园教师或家长对儿童权利保护的认识。

8. 调查幼儿园教师或家长所持有的儿童观。

学习反思

云测试：模块二
学前教育与儿童

学习笔记

入园难， 进公办园更难

2010 年 6 月，中国青年报社会调查中心对全国 31 个省（区、市）10 400 人进行的一项调查显示：78.5％的人感觉周围存在儿童入园难的情况，其中 33.8％的人说这种情况"很普遍"；89.6％的人赞成把学前教育纳入义务教育，其中 59.1％的人表示"非常赞成"。

"现在的情况是孩子还没有出生，一些父母就来报名了。"某大学附属幼儿园园长告诉记者，每年 3 月，北京市大多数幼儿园的招生工作就开始了，"我们的网络报名系统只开放 15 天，在这期间就有两百多人来报名。最后我们只接收 50 多个孩子。"园长说，今年的招生形势特别紧张，一是因为"猪宝宝"多，生育高峰带来了入园高峰，而这样的情况还要持续到明后年，因为接下来还有"奥运宝宝"；二是幼儿园数量太少，不能满足适龄儿童入园的需要，近几年这一矛盾更加凸显。"像北京、上海等大城市，每年都有大量年轻人涌入，但因为教育资源有限，幼儿园一般会优先录取本地户籍儿童。所以儿童入园难，外来务工青年子女入园更难。"

"入园难，进公办园更难。"北京市一位幼儿园园长说，公办园有政府的投入和支持，硬件和师资有保证，所以家长都想把孩子送进来，"因为幼儿园不分片，我们又是寄宿园，每年有上千人来报名，但我们只能要几十个孩子。看着孩子这么小就要面对激烈的竞争，我们也不忍心，但是没办法，不让家长报也不可能，真是两难。"

儿童入园难的主要原因有哪些？在本次调查中，62.2％的人首选"私立幼儿园收费太高"；59.6％的人认为"公立幼儿园总量太少"；47.9％的人表示"政府规划不当，居民区的幼儿园太少"；32.3％的人选择"扎堆生育导致入园宝宝多"；24.7％的人认为"既要幼儿园好又要费用低，家长过于挑剔"。①

分析：上述这则报道反映了近年来我国出现的"入园难"问题的一个侧面。从调查数据来看，将近 80％的人认为我国存在儿童"入园难"的问题。改革开放以来，我国学前教育得到了快速发展，为何还出现"入园难"的问题呢？从园长和相关负责人的分析中可以看到，人口分布、经济状况、公共政策以及人们的文化观念等，都在儿童"入园难"的问题上扮演了不同的角色。这正反映了学前教育作为社会

---

① 王聪聪，王琳.89.6％公众赞成把学前教育纳入义务教育[N].中国青年报，2010-07-06.（有改动）

的组成部分，和社会其他部分之间存在着紧密的联系。

　　社会是由经济、政治、文化等构成的一个复杂系统，而学前教育是这一系统的重要组成部分。学前教育和社会其他子系统之间存在相互影响、相互制约的关系。一方面，学前教育的发展要受到经济、政治、文化等因素的制约和影响；另一方面，学前教育又服务于社会，促进经济、政治、文化的发展。本模块主要阐述学前教育与经济、政治、文化各因素之间的关系。

学习目标

　　了解经济、政治、文化的含义。

　　理解经济、政治、文化各因素与学前教育发展的相互影响。

　　应用学前教育和社会之间的关系，分析学前教育的热点问题。

思维导图

```
                                    ┌─ 经济影响和制约学前教育的发展
                    学前教育受社会发展的 ├─ 政治影响和制约学前教育的发展
                    影响和制约          └─ 文化影响和制约学前教育的发展
学前教育与社会 ─┤
                                    ┌─ 学前教育对经济发展的影响
                    学前教育对社会     ├─ 学前教育对政治发展的影响
                    发展的影响         └─ 学前教育对文化发展的影响
```

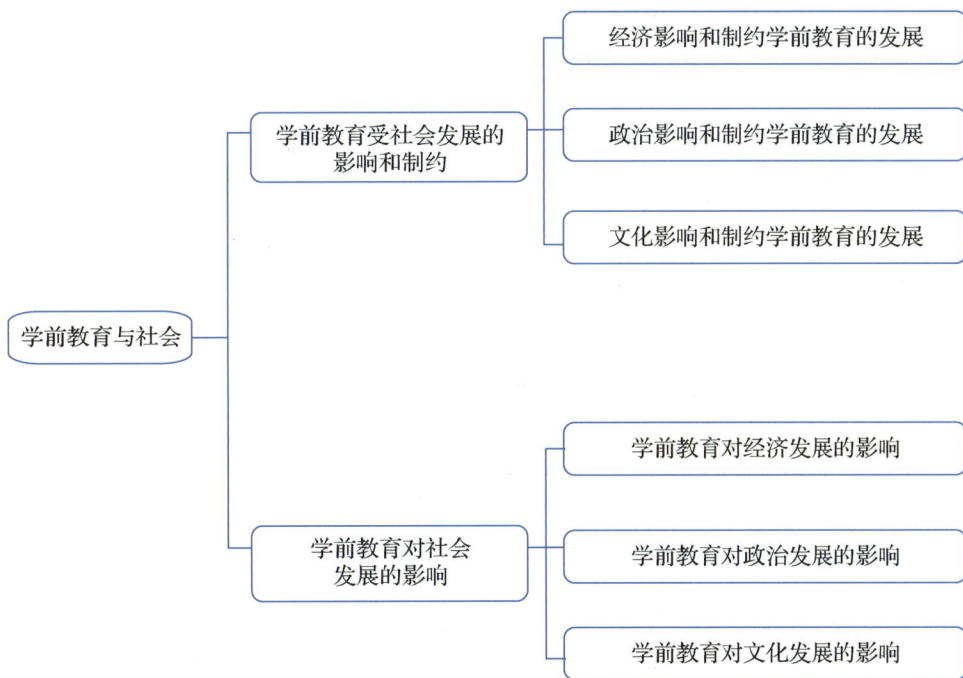

单元 1　学前教育受社会发展的影响和制约

　　学前教育是一种社会实践活动，是社会系统的组成部分。学前教育是在特定的社会环境中产生和运作的，它的发展必然要受经济、政治、文化等社会子系统的影响和制约。

▶▶ 一、 经济影响和制约学前教育的发展 >>>>>>>>

经济是人类社会的物质基础，是构建人类社会并维系人类社会运行的必要条件。经济的具体含义随语言环境的不同而不同。本书所称的经济主要是指一个国家国民经济的总称或社会生产关系的总和，是生产力和生产关系的统一体。学前教育受经济的影响主要表现在以下两个方面。

（一）学前教育机构的产生和发展受经济发展的影响

1. 经济发展促进社会学前教育机构的产生

原始社会生产力低下，所以儿童很早就要参加成人的活动。儿童在劳动和日常生活中接受教育，因而不需要专门的学前教育机构。随着社会的发展，劳动日益复杂化、分化，幼小的儿童已无法直接参加劳动，而必须先接受一定的培训。在奴隶社会和封建社会，社会生产方式主要是小农经济和小手工业，以畜力操作和手工操作为主，年青一代不需要特殊的技术准备就可以参加社会劳动。因此，没有社会化学前教育发展的经济动因，学前教育一直处于家庭学前教育的状态。

15世纪英国的"圈地运动"使得大批农民聚集于城市，于是这些贫民子女的保育问题被提上日程，一些贫民儿童保护和养育设施出现，这是近代欧洲学前教育设施的胚胎和根源。18世纪60年代，随着第一次工业革命的到来，一方面，生产力提高了，社会物质财富增加了，这为专门的社会学前教育机构的产生提供了物质基础；另一方面，工厂的发展使得女工数量急剧增加，儿童无人照料，于是，学前教育机构应运而生。英、法、德、美等国相继建立了儿童学校、保育学校、母育学校等学前教育机构。

2. 学前教育机构的发展受经济发展的制约

学前教育机构的设置和发展需要一定的人力、物力和财力，这与经济发展水平直接相关。另外，经济发展水平影响社会对学前教育的需求。一般而言，经济发展水平较高的国家和地区的儿童入园率较高。比如，1970年，非洲儿童入园率仅为0.4%，而同一时期经济发达国家3～6岁儿童的入园率分别是比利时96%，法国84%，荷兰70%，英国58%，美国57%，日本50%，瑞典27%。[①] 20世纪上半期，我国经济发展缓慢，幼儿园建立比较晚，先是在沿海经济发达地区得以建立，发展也较慢。中华人民共和国成立后，随着经济的不断发展，学前教育才有了较大的发展，幼儿园数量、幼儿园教师数量和儿童入园率有了大幅增加和提高。

中华人民共和国成立以来正反两方面的经验教训，说明学前教育的发展，尤其是学前教育机构的设置必须与经济发展水平相适应。比如，1958年，全国幼儿园由1957年的16 400余所激增至695 000余所，增长了约42倍，而工农业总产

---

① 华东七省市、四川省幼儿园教师进修教材协编委员会．幼儿教育学[M]．上海：上海教育出版社，1987：31.

值，1958 年比 1957 年只增长了 18.2％，使幼儿园的发展缺乏相应的经济基础。1961 年后，很多幼儿园停办，幼儿园数量又恢复到 1957 年的水平。[①]

另外，从我国各地区学前教育的现状来看，经济发展与学前教育的发展成正比。经济发展领先的上海市已基本普及学前 3 年教育，2005 年的儿童入园率就达 95％，大专及以上学历的幼儿园教师占教师队伍的 83.5％。市民对学前教育提出了更高的要求，0～6 岁一体化的教育成为上海市学前教育发展的新目标之一。

（二）学前教育的任务、内容、形式、手段等受经济发展的影响

不同形态的社会的经济发展水平不同，对未来劳动者的素质要求也不同。这便导致学前教育的任务、内容、形式、手段也不尽相同。

原始社会生产力低下，没有出现家庭，儿童是属于整个氏族的，因而也就没有家庭教育。儿童四五岁就参加生产劳动了，所以学前教育的内容为与生产和生活密切相关的知识。原始社会没有专门的教育机构，其学前教育主要是在生产劳动中，通过亲身示范和口头相传的形式进行的。

随着生产力的发展和私有制的产生，一夫一妻制的家庭也逐渐出现了。此时，儿童不再属于集体公有，学前教育的形式也由公育转变为家庭教育。在教育内容上，除了身体养护和生活照顾以外，成人还比较注重儿童品德和行为习惯的养成。

工业革命以后，随着工厂的日益增多，妇女开始大规模进入工厂，出现了孩子没人照料的情况，再加上在西方社会，孩子成人后往往是与老人分开住的，一般不会像中国这样由老人照看小孩。因此，建立社会学前教育机构非常迫切，公共社会学前教育机构遂在西方出现了，且大致经历了三个阶段。在第一个阶段，即 19 世纪上半叶的初创时期，社会学前教育机构为在工厂工作的母亲照管年幼儿童，主要承担起儿童生活与安全方面的照顾任务。比如，在 1820 年以前，为解决妇女劳动力就业、儿童无人看管的问题，德国各地建立了许多私立的、冠以各种名称的且多为季节性的学前教育机构，目的在于保护儿童的安全和健康，教育只是附带进行的；英国麦克米伦姐妹于 1913 年创办的保育学校，以确保贫民和工人家庭子女的健康、预防流行疾病为宗旨。在第二个阶段，即 19 世纪下半叶至 20 世纪上半叶，社会学前教育机构已经不限于看护儿童，开始对儿童实施促进其身心发展的教育。比如，德国教育家福禄贝尔于 1840 年创办的幼儿园以教育而非看护为主要任务；法国 1881 年的政令明确规定学前教育机构母育学校要对全体儿童实施德、体、智全面发展的教育。在第三个阶段，即 20 世纪 60—70 年代，社会学前教育机构开始了以发展儿童智力为中心的学前教育。比如，

[①] 黄人颂．学前教育学[M]．北京：人民教育出版社，1989：33.

1957 年，在苏联发射人类第一颗人造地球卫星后，美国面临巨大压力，将教育的重点放在儿童智力的早期开发上。美国早期著名的海伊斯科普（High/Scope）课程模式就是完全按照皮亚杰的认知发展理论设计的，强调儿童认知能力的发展。

20 世纪 80 年代以后，世界教育改革的浪潮直接影响了学前教育的发展，以促进个体身体、情感、智力、社会性全面发展的学前教育理念被广泛传播和接受。比如，20 世纪 80 年代以来，美国开始了以整体性、综合性为特点的教育改革运动，将儿童的社会性发展、认知发展、情感发展和身体发展确定为学前教育的目标。全美幼教协会于 1987 年颁布了《服务于 0~8 岁儿童的早期教育方案中的发展适宜性实践》，就强调了儿童身体、社会、情感和认知等多方面发展的重要性。

学前教育的内容和手段也与经济发展密切相关。经济发展能够创造更多的物质财富，为丰富教育内容、更新教育手段提供了条件。自福禄贝尔 1840 年创办幼儿园、制定幼儿园教育内容、设计"恩物"以来，在经济发展的影响下，学前教育的内容和手段有了很大的变革：在教育内容方面，增加了认识社会环境和自然环境的内容和要求，注重儿童想象力、创造力的培养，进行了让儿童学习音乐、绘画、阅读和外语的实验；在教育手段方面，寓教育于一日生活中，丰富了儿童的游戏种类和内容，运用了录音、幻灯等现代化手段。

▶▶ 二、 政治影响和制约学前教育的发展 >>>>>>>>

政治主要是指国家性质、各阶级和阶层在政治生活中的地位以及国家管理的原则和组织形式等。政治体系主要由两部分组成：一是理念、意识，其中包括政治观念、政治态度、政治信念、政治标准等；二是权力机构，其中包括政治权力、政治制度、政权机关、政党等。这些构成因素都会对学前教育及其发展产生不同程度的影响。

（一）政治对学前教育性质和目的的制约

学前教育对哪个阶级和阶层的子女进行教育，进行什么样的教育，要把他们培养成什么样的人，这些攸关学前教育的领导权、政策法规、学前教育制度等一系列的问题，主要是由政治来决定的。无论何种社会形态，只要有阶层、阶级存在，就有掌握政权的一方和被领导的一方，其中掌握政权的一方在教育上也居于统治、主导的地位。不同形态的社会，其学前教育的性质也不同。

在原始社会，人们共同占有生产资料，没有阶级的划分，因而学前教育是没有阶级性的。自奴隶社会起，人类开始进入阶级社会，教育便有了阶级性。比如，奴隶主家庭子女的教育有专人负责，其教育的目标就是把这些孩子培养成统治者。到了封建社会，地主阶级的子女从小即被灌输读书做官、光宗耀祖的思想，而下层穷苦劳动阶级的子女却只能在劳动和生活中获得生存的技能。

在半殖民地半封建社会的中国，学前教育也带有半殖民地半封建的性质。清政府所办的蒙养院就带有浓厚的封建性。在国民党统治时期，幼儿园极少，只有少数富裕家庭的子女有机会上幼儿园。中华人民共和国成立后，教育领域进行了改革，明确了幼儿园的教育任务和教育内容，使学前教育具有了社会主义的性质。改革开放以后，我国的学前教育事业取得了一定的成效。《幼儿园工作规程》《幼儿园管理条例》《幼儿园教育指导纲要（试行）》《中华人民共和国学前教育法》等一系列法规、文件的出台推动了学前教育质量的提高和学前教育事业的发展，有助于我国学前教育贯彻党的教育方针，落实立德树人根本任务，为党育人、为国育才。

历史表明，学前教育改革发展的每一步都与当时当地的社会历史环境，尤其是与政治背景息息相关。学前教育既要为社会政治服务，又不可避免地受到政治的制约和影响。政治对学前教育的性质、目的的影响具体表现在以下几个方面。

第一，掌握政权者利用其拥有的立法权，通过颁布有关学前教育的法律、法规、政策和制度，决定学前教育的性质、目的。

第二，掌握政权者利用其拥有的组织和人事权力，主导学前教育专业人员的选拔、任用以及他们的行为导向。

第三，掌握政权者通过经济杠杆控制学前教育的方向，对办学权力进行严格控制，如民间办学均需申请审批等。

(二)政治影响学前教育的发展

1. 政府对学前教育的重视与领导，是学前教育发展的先决条件

综观各国学前教育的发展，我们可以看到一个国家学前教育的发展状况与政府权力机关和职能部门的重视与否息息相关。比如，法国的学前教育一直处于世界领先地位，究其原因，很重要的一点是政府历来重视学前教育，实行免费教育，并制定了一系列行之有效的规章制度，使学前教育的各项工作有章可循。再比如，美国于20世纪60年代开始的"开端计划"，为贫困家庭的儿童提供免费教育，使受益儿童累计达2 000余万名。

中华人民共和国成立后，党和政府十分关心学前教育的发展，大力发展托儿所、幼儿园，使它们的数量得到了增加，使其质量也得到了明显提高。改革开放后，学前教育的地位进一步提高，一系列法规、文件的出台推动了学前教育的发展。2010年，我国相继发布了《国家中长期教育改革和发展规划纲要（2010—2020年）》和《国务院关于当前发展学前教育的若干意见》，2018年又颁布了《中共中央 国务院关于学前教育深化改革规范发展的若干意见》，提出了一系列加快发展学前教育的建议和措施。

2. 政治影响学前教育的财政

一方面，政治决定教育经费份额的多少。掌握政权者会根据其政治发展需要，

学习笔记

学习笔记

随着社会发展不断调整教育经费在整个社会总投入中的份额。另一方面，政治决定教育经费的筹措。政府会根据其财政收支情况及政治需要来决定教育经费的来源：或者完全由中央财政负担，或者由民间集资、私人出资，或者三者兼而有之。

学前教育的稳健发展是与政府在经济上的投入成正比的。西方发达国家家长承担的学前教育费用占学前教育费用的 20％～40％，而政府承担了大部分的学前教育费用。我国部分地区在经济发展的同时，保证了学前教育的相应发展，甚至是更快的发展。例如，江苏省张家港市长期高度重视学前教育的发展，在公共事业经费中确保学前教育经费所占的比例，保证了对学前教育基础设施的投入和教师编制及薪酬的竞争力，使得该市学前教育的硬件处于全国领先水平，使教师队伍质量不断提高。[1] 为进一步保障学前教育经费，《国务院关于当前发展学前教育的若干意见》明确要求各级政府要将学前教育经费列入财政预算，新增教育经费向学前教育倾斜，财政性学前教育经费要在同级财政性教育经费中占合理比例。

资料卡片 ▶▶▶▶▶▶

英国政府重视学前教育发展

英国政府重视学前教育投入：一方面，中央财政通过直接拨款的方式为附设于学校的托儿所或托儿班提供资助；另一方面，中央财政对地方政府进行二次拨款，再由地方政府负责为其他学前教育机构提供经费。英国政府于 2006 年实施了"儿童、青年及家庭资助拨款计划"，随后颁布了《实施学前教育单一经费方案的实践指南》，规定了政府在"学前教育单一经费方案"中的主要职责，并为地方当局提供了该方案的制定与实施办法。2010 年后，英国政府确保开端儿童中心运转的财政拨款及预期计划拨款虽然有所削减，2014—2015 年度比 2010—2011 年度减少拨款近 9 亿英镑，但对优质学校、优质学院以及"确保开端计划"，特别是 0～2 岁儿童的保育和教育的资金预算有增无减，且倡议成立了确保开端跨党派议员小组来致力于促进儿童中心的发展。

英国政府对教师入职标准、教师培训、教师管理等进行改革，成绩斐然。为给 0～2 岁儿童保教机构输送大量优秀教师，布朗政府于 2007 年实施了"早期教育职业证书培训计划"，还要求儿童中心和日托机构的教师学历达到研究生水平。卡梅伦政府于 2013 年启动了旨在提高教师入职标准的"幼儿教师计划"，规定在普通中等教育证书考试中，受训者的数学、科学和英语成绩必须达到 C 及以上等级，并从 2014 年起接受与课堂实习教师同等的技能测试，通过者才能获得任职资格。随后英国又实施了针对任职资格达 3 级及以上水平教师开展的一项更高层次的资格培训——"幼儿教育专家"培训。[2]

▶▶ 三、 文化影响和制约学前教育的发展 >>>>>>>>

学前教育总是在一定的文化环境中展开的，文化对学前教育的发展有很大影

---

① 虞永平. 试论政府在幼儿教育发展中的作用[J]. 学前教育研究，2007(1).
② 赵金苹，曹能秀. 2001 年以来英国学前教育改革特点及其对我国的启示[J]. 现代教育科学，2015(4).

响。文化有广义和狭义之分：广义的文化是指人类在社会历史过程中创造的物质财富和精神财富的总和；狭义的文化特指社会的精神财富，如风俗、宗教、艺术、文学、道德等。这里主要从狭义层面讨论文化对学前教育的影响。学前教育必然受到文化的影响，主要表现在以下几个方面。

📝 学习笔记

（一）文化对学前教育目标的影响

学前教育的目标既受制于社会政治经济的影响，又受到文化的影响。一定的文化传统具有自己独特的伦理道德、风俗习惯、精神品格等，对该文化之下学前教育目标的定位会产生直接影响。在我国漫长的封建社会中，受到儒家文化的影响，教育的目标被定为"明人伦"，即"父子有亲，君臣有义，夫妇有别，长幼有序，朋友有信"，其目的在于维护上下尊卑的社会秩序和道德观念。因此，社会对学龄前儿童的教育，其目标不是促进儿童德、智、体、美、劳的全面发展，而是界定在伦理道德教育的范畴之内。在当今的挪威，相关政策对性别平等有严格的规定。1978年的《两性平等法》是挪威所有公共和社会服务机构的工作指导方针，规定国家公共机构应该积极工作，在所有社会领域为实现性别平等的目标而努力。为此，学前师资教育和幼儿园教育要逐渐改变传统的性别角色模式，在学前阶段贯彻男孩和女孩两性平等的思想。

（二）文化对学前教育内容的影响

教育的内容来自人们对文化的选择。在中国历史上，长期成为儿童读物的"三、百、千"（《三字经》《百家姓》《千字文》）等蒙学作品，所反映的主要就是儒家的文化思想、伦理道德。另外，受"万般皆下品，唯有读书高"的影响，中国的成人习惯于把儿童看成光宗耀祖、光耀门庭的工具。在这种传统文化的影响下，教育历来重视道德教育、重视知识传授，而忽视儿童自身对外部世界的主动探究。幼儿园的分科教学在我国曾经大行其道便是很好的证明。随着西方先进的教育思想，如卢梭、杜威、蒙台梭利等人的教育思想的传入和传播，人们逐渐认识到原来的课程设置、教育内容已不合时宜。2001年9月，我国颁布的《幼儿园教育指导纲要（试行）》明确指出，幼儿园的教育内容是全面的、启蒙性的，可以相对划分为健康、语言、社会、科学、艺术五个领域，也可做其他不同的划分。各领域的内容相互渗透，从不同的角度促进儿童情感、态度、能力、知识、技能等方面的发展。

（三）文化对学前教育方法、手段的影响

文化影响学前教育的方法和手段。在西方中世纪的宗教文化中，儿童是生而有罪的，肉体是罪恶的渊源。只有实行严格的禁欲，对肉体进行惩罚和摧残才能使儿童摆脱罪恶，因此，戒尺、棍棒是那时教育儿童所必需的。文艺复兴和启蒙运动对人性和人权的呼唤，在教育界掀起了一股发现儿童、尊重儿童、理解儿童

云测试：模块三单元 1

学习笔记

的思潮，使儿童的存在价值及其不同于成人的独特身心发展特点和规律得到了认可和尊重，使学前教育的方法、手段也发生了翻天覆地的变化。卢梭、裴斯泰洛齐、福禄贝尔、杜威、蒙台梭利等教育家都主张学前教育要顺应儿童的发展，于是教育方法由原来直接传授的填鸭式逐渐向启发引导式转变，儿童不再被动地接受知识，"做中学"的方法在学前教育领域逐步普及开来。

单元 2　学前教育对社会发展的影响

▶▶ 一、　学前教育对经济发展的影响 >>>>>>>

教育的经济价值早已被世界各国所重视。一方面，教育能够为经济发展培养人才，把潜在的劳动力转化为现实的劳动力，是劳动力再生产的重要手段；另一方面，教育使人掌握科学技术，从而创造和改进生产工具，提高社会劳动效率，并在科学技术上有所创新和发明，促进经济和科学的发展。教育是科学知识再生产和科学发展的重要手段。同样，学前教育作为教育的重要组成部分，既要受经济的制约和影响，反过来又能给经济发展以影响，主要表现在以下几个方面。

学前教育对经济发展的积极影响主要是通过培养合格人才来实现的。从小就使幼儿养成健康的身体、动手动脑的能力、广泛的兴趣、活泼开朗的性格、良好的品德和习惯，能为他一生的发展奠定良好的基础。20 世纪 60 年代以来，心理学、脑科学、教育学和社会学等方面的众多研究揭示了学前教育在人一生发展中的重要作用以及经济价值和社会效益。

另外，学前教育可以直接减轻家庭养育子女的负担，使家长全心全意投入工作，既增加家庭收入，也推动社会经济发展；高质量的学前教育可减少后续阶段的教育投入，间接带来经济效益。尤其是在实行计划生育政策的我国，每一个儿童都连接着一个或几个家庭，所以学前教育的质量成为家长关注的核心。

🔗 资料卡片 ▶▶▶▶▶

学前教育对经济发展的影响

学前教育是提高家庭生活质量与保障家庭和睦的重要因素。众多事实表明，孩子能否健康成长和发展已成为决定家庭生活是否和谐幸福、影响家庭生活质量的一个关键因素。在家长普遍重视孩子发展和早期教育的今天，学前教育质量的高低更成为家长能否放心工作、安心学习的重要条件。同时，学前教育通过承担幼儿教育与保育任务，将孩子父母尤其是母亲从家庭中解放出来，促进了妇女就业，有助于改善妇女的经济、家庭和社会地位，提高家庭的生活质量。

　　学前教育有助于促进社会稳定与发展，为社会带来巨大效益。美国追踪长达 30 余年的"高瞻一佩里计划"（The High/ Scope Perry Preschool Study）研究表明：接受过早期教育的儿童与未接受过早期教育的儿童相比，前者的学业完成率高、就业率高、成婚率高，而犯罪率低；每在学前教育上投资 1 美元，社会可获得 17.07 美元的回报，其中，4.17 美元是对个体成长的回报，12.9 美元是对社会公共事业的回报，体现在社会福利、补救教育、预防犯罪方面投入的降低以及纳税额的增加上。大量关于教育投入与回报的研究证实，学前教育阶段是投资获益最多的教育阶段，能够产生巨大的社会经济效益。各方面在学前教育上的投入可以为国家日后节省巨额的社会教育费和社会福利费。从对一国经济的整体贡献来看，增加学前教育投资，使学前儿童入学率提高一个千分点，就可以使人均国内生产总值提高 0.36～0.58 个百分点。[①]

▶▶ 二、　学前教育对政治发展的影响 ＞＞＞＞＞＞＞＞

✎ 学习笔记

　　教育受政治的制约和影响，反过来，它对政治也具有一定的影响。这种影响是积极的还是消极的，是促进的还是阻碍的，取决于教育反映哪个阶级的要求，为哪个阶级服务。学前教育和其他教育一样，对政治的影响主要是通过为社会培养一定的人才来实现的。

　　首先，学前教育通过影响学前儿童的思想观念而影响政治。任何一种教育总是要向受教育者宣传一定的政治思想，使他们形成特定社会所要求的政治观念和政治抱负。比如，封建社会的教育要培养封建制度的卫道士；资本主义社会的教育竭力向受教育者灌输种种资本主义的意识，用以巩固资本主义制度。同样，学前教育是学校教育和终身教育的奠基阶段，是培养人才、实现政治目标的重要手段。学前教育机构向儿童传授体现掌权者意志的政治观念和思想意识，使新生一代认同、服从现有的政治关系格局，维系和巩固原有的政治制度。

　　其次，学前教育通过为培养公民奠定基础而影响政治。一方面，学前教育通过对儿童进行社会领域的教育，使他们初步了解作为一个公民应有的基本行为规则，为他们今后成为合格的公民奠定基础。另一方面，学前教育也为未来政治人才的成长提供了最初的锻炼场域，为政治人才的成长打下了基础。

　　具体到我国的学前教育，其对政治的影响表现为以下几点。

　　第一，学前教育机构从国家利益和民族前途出发，对儿童实施爱国主义教育、集体主义教育，用先进的思想和进步的意识形态影响儿童。

　　第二，学前教育引导儿童体验社会状态和所处的生活环境，为其树立正确的人生观和世界观奠定基础，为培养社会接班人奠基。

　　第三，学前教育为贫困和落后地区的儿童提供公平的学前教育机会，有利于社会的稳定与和谐。

---

① 　庞丽娟，韩小雨. 中国学前教育立法：思考与进程[J]. 北京师范大学学报(社会科学版)，2010(5).（题目为编者所加）

▶▶ 三、 学前教育对文化发展的影响 >>>>>>>>

文化影响学前教育的发展，反过来，学前教育也会给文化发展带来一定影响。学前教育对文化发展的影响主要表现在以下几个方面。

首先，学前教育影响文化的保存、传递、传播。学前教育有选择地继承文化遗产，保存现有文化模式，并借助课程形式，向受教育者提供适应社会生活的知识、技能、行为规范和价值观。现代学前教育还通过引导儿童对多元文化的体验与了解，直接促进不同社会或地区文化的传播。

其次，学前教育影响文化的创造、更新。学前教育实践的发展，不断促进为儿童开发的课程、教材、玩具、图书等的更新、变化，这本身就是文化的创新。学前教育科研以及学前教育对受教育者个性和创造力的培养，都直接或间接地促进文化创新。

总之，学前教育与文化无论是在形式上还是在内容上都存在着必然的、内在的联系。一般来讲，在相对稳定的社会中，社会的文化传统与学前教育大致保持着相对适应的状态。一方面，一定社会特有的文化传统，包括一定社会的政治指导思想、道德观念、价值取向、风俗习惯、思维方式等，蕴含在整个社会中，渗透于人们生活的各个方面，它强烈地制约着人们对儿童的教育方式和教育内容。另一方面，这种特定的教育内容和教育方式，又使传统文化在下一代身上得以再生。学前教育在保存和传递文化、创造和更新文化的同时，促进儿童的文化性发展。

云测试：模块三单元 2

🔗 资料卡片 ▶▶▶▶▶▶

儿童发展的文化安全问题距离我们还遥远吗

从个体社会化的发展视角来看，儿童发展就是一个从自然人到社会人的过程。在早期的儿童发展研究视域中，儿童的文化性发展是隐含在儿童的社会性发展之中的，然而在经济全球化背景下，儿童的文化性发展必须成为一种文化自觉，这是多元文化处境下文化反观、文化自省的结果。

那么，儿童发展的文化安全问题距离我们还遥远吗？语言是文化的载体，目前世界上六千多种语言正在以"每个月都比上个月少一种"的速度递减。语言减少最重要的原因就是新一代儿童不愿意学习原来的语言，对民族语言缺乏文化认同感。再看儿童读物，具有商业文化特点的国外读物充斥市场，如《哈利·波特》《火车侠》《数码宝贝》《神奇宝贝》《机器猫》等。儿童通过这些读物自觉或不自觉地接受了西方的文化价值观念。目前，我国民众对外语的学习热情已经从大中小学生波及幼儿园和家庭中牙牙学语的婴儿。部分大学生和研究生四、六级英语考得很棒，但用母语写的论文却错别字连篇。低龄留学所导致的"香蕉人格"（黄色皮肤、白色文化）现象也有目共睹。可见，儿童发展的文化安全问题就在我们身边，只是我们还没有充分意识到而已。[1]

---

① 秦金亮. 全球化背景下儿童发展的文化安全[J]. 幼儿教育，2004(7).

小 结

• 经济影响和制约学前教育的发展：经济发展制约学前教育机构的产生和发展；经济发展影响学前教育的任务、内容、形式、手段。

• 政治影响和制约学前教育的发展：学前教育的性质和目的受政治的制约；政府对学前教育的重视与领导，是学前教育发展的先决条件；政府还通过教育财政来影响学前教育的发展。

• 文化影响和制约学前教育的发展：学前教育的目标、内容、方法、手段都受文化的影响。

• 学前教育对社会发展的影响：学前教育对经济、政治和文化具有反作用，能够影响经济、政治和文化的发展。

思考与练习

1. 简述经济与学前教育的关系。

2. 简述政治与学前教育的关系。

3. 简述文化与学前教育的关系。

4. 分析我国当代经济、政治、文化和学前教育发展的关系。

5. 阅读我国最新的学前教育政策法规，分析政治、经济对我国学前教育政策法规的影响。

学习反思

云测试：模块三
学前教育与社会

学习笔记

热爱孩子的廖老师

临近国庆节，廖老师每天下午都带领孩子排练一会儿节目——音乐操。这一天，他们又开始排练了。"今天，我们要跟着音乐来练习一下分队走，请小朋友们找到自己的位置，排成四队。"一直微笑的廖老师站在孩子的前面做示范，跟着音乐的节拍，不停地喊着各种指令。一两分钟后，廖老师做错了一个动作，她笑着说："哦，错了！"孩子们哈哈大笑起来。……音乐结束，他们停了下来。廖老师让小朋友们席地而坐休息一会儿，自己也就地坐了下来。"刚才老师跳错了，是因为老师在想问题，我在想'××为什么找不到位置'，所以我就做错了。我发现小朋友也有做错的时候，是不是你们也在想问题啊？我们怎样才能不做错呢？"听了廖老师的话，孩子们叽叽喳喳地说着，有的说"认真地听音乐！"，有的说"看着老师"……"刚才小朋友们说认真听音乐、看着老师就不会做错了，那么，如果你们的前面有很多老师，那你们该看谁呢？"孩子们齐声回答："自己的老师！""好！小朋友们说得很好！"

休息了一会儿，他们又开始排练了。孩子们这会儿已经可以跟着音乐自己做下来了。廖老师闪到了一边说："我要把做得很好的小朋友拍下来，看看哪个小朋友做得好！我要拍漂亮的眼睛！"廖老师穿梭在孩子们的队伍中，"我要拍认真的眼睛！"……廖老师结束照相后，就又站到孩子们的前面，跟着音乐和孩子们一起做操。一个孩子想上厕所，没有请示，只是悄悄地跑出了队伍，接着有三四个孩子也跑出了队伍。廖老师把音乐停下来说："好，需要上厕所的小朋友请去上厕所。"孩子们自由活动了起来，有的跑去上厕所，有的就趴在地板上自由玩耍。越来越多的小朋友趴在了地板上，他们大声叫着，喊着，笑声不断。这时候，廖老师只是静静地坐在不远处微笑着看着他们，这样的状态大概持续了三分钟……①

分析：案例中，有灵气、满面笑容的廖老师通过灵活的"上课"方式，巧妙地激发和调动孩子们的积极性，在轻松愉快的互动中完成了节目排练任务，不仅给孩子们带来了快乐，也赢得了孩子们的喜欢和爱戴。从廖老师将一次平常的节目排练活动组织得活泼、灵动而有序的实践中，我们可以充分体会到一位优秀幼儿园教师应有的素质，以及一位成功的幼儿园教师的成就与喜悦。那么，作为未来的

---

① 杨翠．幼儿眼中的"好老师"：幼儿视角的教师素质研究[D]．重庆：西南大学，2010.(有改动)

幼儿园教师，我们必须了解：幼儿园教师需要担当怎样的角色？应该具备哪些素质？如何更好地促进幼儿园教师的专业成长？用什么样的方式影响孩子们的成长？等等。本模块主要围绕这些问题展开讨论。

学习目标

了解幼儿园教师的类型及其主要特点。

理解幼儿园教师的角色、地位与作用。

分析幼儿园教师应具备的素质以及幼儿园教师的专业成长路径。

思维导图

```
                              ┌─── 幼儿园教师的含义、地位与资格
                              │
              幼儿园教师概述 ───┼─── 幼儿园教师的类型
              │               │
              │               └─── 幼儿园教师的角色
              │
 幼儿园教师 ───┤
              │               ┌─── 幼儿园教师的素质概述
              │               │
              │               ├─── 幼儿园教师的职业道德
              │               │
              幼儿园教师的素质 ──┼─── 幼儿园教师的知识结构
                              │
                              ├─── 幼儿园教师的专业能力
                              │
                              └─── 幼儿园教师专业成长
```

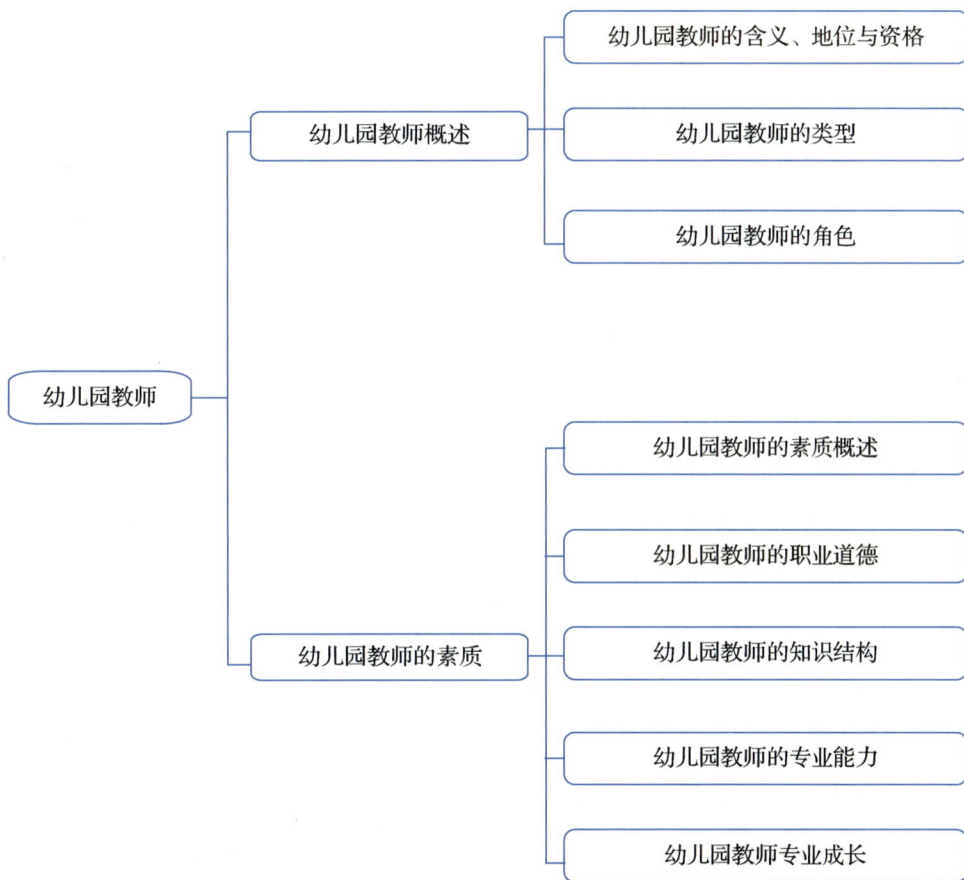

单元 1　幼儿园教师概述

▶▶ 一、 幼儿园教师的含义、 地位与资格 ＞＞＞＞＞＞＞

(一)幼儿园教师的含义

幼儿园教师是指在学前教育机构中履行教育教学职责，受社会委托对学前儿童身心全面和谐发展施行特定影响的专业保育和教育工作者。

幼儿园教师职业产生于 19 世纪中叶。在这之前，学前儿童是在家庭中接受教育的，家长是家庭学前教育的教师。到了 19 世纪，随着专门化的社会学前教育机构的建立和发展，专门从事学前教育的教师和保教人员出现了。福禄贝尔于 1840 年创办幼儿园以后，开始了幼儿园教师的培训工作。[①] 随着世界各国托幼社会教育机构的建立和发展，幼儿园教师逐渐成为一支专门的教师队伍。

在不同国家、不同历史时期，幼儿园教师有不同的称谓。自 1903 年湖北幼稚园创办开始，我国有了第一批幼儿园教师，当时人们称之为"保姆"，主要由妇女训练而成。20 世纪 50 年代，我国幼儿园教师开始被称为"教养员""保育员"，但人们习惯称呼她们"阿姨"。20 世纪 80 年代，幼儿园教育者开始被称为"幼儿园教师"。1995 年《教师资格条例》颁布后，"幼儿园教师"这个名称开始被广泛、正式地使用。

（二）幼儿园教师的地位与资格

1. 幼儿园教师的地位

幼儿园教师的地位是教师在社会生活中拥有的经济利益、政治待遇和社会声望。[②] 它不仅是社会经济发展水平的标志，也与社会制度、文化背景和教育功能的实现程度密切相关。

首先，在相关政策法规中，幼儿园教师获得了很高的政治待遇。《中华人民共和国教育法》（以下简称《教育法》）、《中华人民共和国教师法》（以下简称《教师法》）等法规，对包括幼儿园教师在内的教师的职责、权利有明确规定，使幼儿园教师的政治地位、经济地位有了法律的保障。根据《教师法》对教师地位的规定，我国幼儿园教师在政治上的地位可以定位为在幼儿园履行教育职责、对幼儿身心施行特定影响的专业教育工作者，担负着培养社会主义事业的建设者和接班人、传播精神文明、提高全民族素质的历史使命。

其次，幼儿园教师的经济待遇在逐步改善。根据《教师法》的规定，我国幼儿园教师有按时获得工资报酬、享受国家规定的福利待遇以及寒暑假期带薪休假的权利。但一个时期以来，由于学前教育得不到应有的重视，我国幼儿园教师的经济待遇相对较低。近些年以来，特别是《国家中长期教育改革和发展规划纲要（2010—2020 年）》《国务院关于当前发展学前教育的若干意见》相继发布以来，"依法落实幼儿教师地位和待遇"成为政策目标，我国幼儿园教师的经济地位将会逐步提高。

最后，幼儿园教师的社会声望逐步提升。过去，人们习惯称幼儿园教师为"阿

---

① 梁志燊. 学前教育学［M］. 北京：北京师范大学出版社，2000：256.

② 邱云，林少玉. 学前教育学［M］. 福州：福建教育出版社，2001：364.

姨"。但随着幼儿园教师的政治地位、经济地位的提高以及专业化水平的提升，我国幼儿园教师得到了社会的尊重，其社会声望也在日渐改善，并得到稳步提升。

幼儿园教师上述地位的获得是建立在他们履行保教职责、完成学前教育任务与目标的基础上的。根据我国 2016 年《幼儿园工作规程》的规定，幼儿园教师全面负责本班的保教工作，具体职责包括：①观察了解幼儿，依据《幼儿园教育指导纲要（试行）》和《3～6 岁儿童学习与发展指南》，结合本班幼儿的发展水平和兴趣需要，制订和执行教育工作计划，合理安排幼儿一日生活；②创设良好的教育环境，合理组织教育内容，提供丰富的玩具和游戏材料，开展适宜的教育活动；③严格执行幼儿园安全卫生保健制度，指导并配合保育员管理本班幼儿生活，做好卫生保健工作；④与家长保持经常联系，了解幼儿家庭的教育环境，商讨符合幼儿特点的教育措施，相互配合共同完成教育任务；⑤参加业务学习和保育教育研究活动；⑥定期总结评估保教工作实效，接受园长的指导和检查。

2. 幼儿园教师的资格

幼儿园教师资格是指一个人要成为一名幼儿园教师所应具备的条件。随着教师专业化的发展，各国对幼儿园教师的准入有了明确的资格要求。1995 年，我国颁布了《教师资格条例》。2000 年，我国颁布了《〈教师资格条例〉实施办法》，同时各地又制定了实施幼儿园教师资格认定的具体细则，使幼儿园教师具有了法律规定的资格及认定程序。2011 年 10 月，教育部师范教育司、教育部考试中心颁布了《中小学和幼儿园教师资格考试标准（试行）》，并公布了相应的考试大纲试行幼儿园教师资格全国统一考试。该考试是由国家建立考试标准，省级教育行政部门统一组织的标准参照性考试，是国家教育统一考试项目。目前，我国幼儿园教师资格的认定条件一般包括以下五个方面。

第一，思想品德条件。遵守宪法和法律，拥护党的基本路线；热爱幼儿教育事业，爱护幼儿，具有良好的思想品德，为人师表，忠于职守。

第二，学历条件。应当具备幼儿师范学校毕业及以上学历（部分省份提高了此要求）。

第三，普通话条件。应达到国家语言文字工作委员会颁发的《普通话水平测试等级标准》二级乙等及以上标准。

第四，必须参加教师资格考试的笔试和面试，并且各科成绩合格。

第五，身心健康。

认定合格者，可取得幼儿园教师的资格。1996 年，我国幼儿园教师开始实行聘任制，对有幼儿园教师资格的人员进行聘任，择优录取。[①] 国家幼儿园教师资格考试由笔试与面试构成，其中笔试包括"保教知识与能力""综合素质"两门课程

---

① 梁志燊. 学前教育学[M]. 北京：北京师范大学出版社，2000：340.

的考试。

　　"保教知识与能力"考试内容模块与要求主要由以下七大部分组成。

　　①幼儿发展。理解幼儿发展的含义、过程及影响因素等；了解儿童发展理论主要流派的基本观点及其代表人物，并能运用有关知识分析、论述儿童发展的实际问题；了解幼儿身心发展的年龄阶段特征、发展趋势，能运用相关知识分析教育的适宜性；掌握幼儿身体发育、动作发展的基本规律和特点，并能够在教育活动中应用；掌握幼儿认知发展的基本规律和特点，并能够在教育活动中应用；掌握幼儿情绪、情感发展的基本规律和特点，并能够在教育活动中应用；掌握幼儿个性、社会性发展的基本规律和特点，并能够在教育活动中应用；理解幼儿发展存在个体差异，了解个体差异形成的原因，并能运用相关知识分析教育中的有关问题；掌握观察、谈话、作品分析、实验等基本研究方法，能运用这些方法初步了解幼儿的发展状况和教育需求；了解幼儿身体发育和心理发展中容易出现的问题或障碍，如发育迟缓、肥胖、自闭倾向等。

　　②学前教育原理。理解教育的本质、目的和作用，理解教育与政治、经济和人的发展的关系，能够运用教育原理分析教育中的现实问题；理解幼儿教育的性质和意义，理解我国幼儿教育的目的和任务；了解中外幼儿教育发展简史和著名教育家的儿童教育思想，并能结合幼儿教育的现实问题进行分析；理解学前教育的基本原则，理解幼儿园教育的基本特点，能对教育实践中的问题进行分析；理解幼儿园以游戏为基本活动的依据；理解幼儿园环境创设的重要性；理解幼儿园班级管理的目的和意义；掌握《幼儿园教育指导纲要（试行）》在幼儿园教育活动的目标、内容、实施和评价上的基本观点和要求；了解我国幼儿教育的改革动态与发展趋势。

　　③生活指导。熟悉幼儿园一日生活的主要环节，理解一日生活的教育意义；了解幼儿生活常规教育的要求与培养幼儿良好习惯的方法；了解幼儿卫生保健常规、疾病预防、营养等方面的基本知识；了解幼儿园常见的安全问题和处理方法，了解突发事件如火灾、地震等的应急处理方法。

　　④环境创设。熟悉幼儿园环境创设的原则和基本方法；了解常见活动区的功能，能运用有关知识对活动区设置进行分析，并提出改进建议；了解心理环境对幼儿发展的影响，理解教师的态度、言行在幼儿心理环境形成中的重要作用；理解协调家庭、社区等各种教育力量的重要性，了解与家长沟通和交流的基本方法。

　　⑤游戏活动的指导。熟悉幼儿游戏的类型以及各类游戏的特点和主要功能；了解各年龄阶段幼儿的游戏特点，并能提供相应材料支持幼儿的游戏，根据需要进行必要的指导。

　　⑥教育活动的组织与实施。能根据教育目标和幼儿的兴趣需要及年龄特点选

择教育内容，确定活动目标，设计教育活动方案；掌握幼儿健康、语言、社会、科学、艺术等领域教育的基本知识和相应的教育方法；理解整合各领域教育的意义和方法，能够综合设计并开展教育活动；能根据活动中幼儿的需要，选择相应的互动方式，调动幼儿参与活动的积极性；在活动中能根据幼儿的个体差异进行指导。

⑦教育评价。了解幼儿园教育评价的目的与方法，能对保育教育工作进行评价与反思；能够利用评价手段发现教育活动中出现的问题，提出改进建议。

"综合素质"考试内容模块与要求主要由以下五大部分组成。

①职业理念。教育观：理解国家实施素质教育的基本要求、理解幼儿教育作为人生发展的奠基教育的重要性及其特点，能够以正确的教育价值观分析和评判教育现象等。儿童观：理解"人的全面发展"的思想，育人为本，因材施教，以促进幼儿的个性发展。教师观：了解和理解教师专业发展、终身学习意识、教师职业的责任与价值等相关知识。

②教育法律法规。了解国家主要的教育法律法规，如《中华人民共和国教育法》《中华人民共和国义务教育法》《中华人民共和国教师法》《中华人民共和国未成年人保护法》《幼儿园工作规程》《国家中长期教育改革和发展规划纲要（2010—2020年）》的相关内容；了解联合国《儿童权利公约》的相关内容；熟悉教师的权利与义务，熟悉幼儿权利保护的相关教育法规，保护幼儿的合法权利。

③教师职业道德规范。了解《中小学教师职业道德规范》（2008年修订），掌握教师职业道德规范的主要内容；熟悉教师职业行为规范的要求，熟悉幼儿园教师的职业特点；在保教活动中，依据教师职业行为规范，爱国守法，爱岗敬业，关爱学生，教书育人，为人师表。

④文化素养。具有一定的文化常识；了解中外科技发展史上的代表人物及其主要成就，熟悉常见的幼儿科普读物；了解中外文学史上重要的作家作品，尤其是常见的儿童文学作品。

⑤基本能力。具备一定的阅读理解能力、逻辑思维能力、信息处理能力、写作能力。

面试考试内容模块与要求主要由以下八大部分组成。

①职业道德。爱幼儿，尊重幼儿；对幼教工作有热情，有责任心。

②心理素质。具有一定的情绪调控能力；乐观开朗，有自信心。

③仪表仪态。行为举止自然大方，有礼貌；服饰得体，符合幼儿教师的职业特点。

④交流沟通。有较好的言语表达能力；口齿清楚，普通话标准，语速适宜，表达比较准确、简洁、流畅、有条理，有一定的感染力；善于倾听、交流，有亲和力。

学习笔记

⑤思维品质。能正确地理解问题，条理清晰地分析、思考问题；有一定的应变能力，在教育教学上表现出一定新意。

⑥了解幼儿。具有了解幼儿兴趣、需要、已有经验和个体差异的意识；能通过观察来了解幼儿。

⑦技能技巧。熟悉一些幼儿喜欢的游戏和故事；具有一定的弹、唱、画、跳、手工制作等幼儿教育所必需的基本技能。

⑧评价与反思。能对录像或资料中的教育活动、教育行为进行评价；能对自己的面试表现进行评价；能根据评价结果提出进一步改善的意见。

资料卡片 ▶▶▶▶▶

美国的幼儿教师资格证

教师资格认证制度是美国法定的职业准入制度。想要从事幼儿教师这一职业的人，必须取得如下进阶式学前教育教师资格证书，方能进入并从事这一职业：幼教执照—教师资格证—初级、中级资格证—国家高级教师资格证。

幼教执照是一个人进入学前教育行业的基础执照，由各州颁发。一般是学生在校时通过以全美幼教协会所制定的职前教育标准为准绳的评价，取得相应学位后，再通过州一级的学识与能力考试，获得幼教执照。幼教执照为美国学前教育师资划定了基本水平线，保障了学前教育师资的基础质量，但其有效期只有两三年。

教师资格证是幼教行业内部对幼教工作者技能水平的初步认证，由专业团体颁发且由各州承认，但也不具备终身性。获取幼儿教师资格证的途径如下：具有幼教执照的新教师加入州或学区的新教师培训计划，达到美国州际新教师评估与支持联合会所制定的标准后，再经过州一级评估体系的课堂评价，合格即可获得该会颁发的教师资格证，这是获得进阶式教师资格证的起点。

美国幼儿教师的最高资质是由全美专业教学标准委员会颁发的国家高级教师资格证。所有州不仅予以承认，而且对持国家高级教师资格证的教师给予优惠政策。国家高级教师资格证的申请不受限制，但评价非常严格：具有一定资格的教师参加幼儿教师专业发展培训学习，取得相应资格后向该委员会提出申请，而后由委员会采用个人教学档案袋评价方式，在教学评估中心对申请者连续几个月的教学实践和教学表现进行考察与评定，为最终认定达标者颁发国家高级教师资格证。[1]

▶▶ 二、 幼儿园教师的类型 >>>>>>>>

幼儿园教师有不同类型，比如大班教师、中班教师、小班教师，主班教师、辅班教师、保育员等。从幼儿园教师个人的专业发展阶段来看，幼儿园教师一般可分

---

① 王晓岚，丁邦平. 美国学前教育师资培养的方式、特点及其启示[J]. 学前教育研究，2010(10).

为以下四类。[①]

（一）新手型幼儿园教师

新手型幼儿园教师主要是指走上工作岗位 1～3 年的教师或是处在见习阶段的新教师。新手型幼儿园教师的主要特点是保教经验不足，在保教理念和方法上需要继续学习提高，如制订的活动计划烦琐而机械，调节、控制、评价和反馈活动过程的能力欠缺，常规性的活动反思习惯也没有形成。新手型教师需要通过培训学习、集体学习、师徒结对、观摩听课、分散自学、岗位实践等多种形式来提升自己。

（二）成熟型幼儿园教师

成熟型幼儿园教师是指教龄为 3～5 年或以上的青年教师。这种类型的教师已经顺利地度过了新手型的阶段，具有了一定的保教经验，对幼儿园保教的内容、特点比较熟悉，基本掌握了各种活动组织和实施的规律与特点，能初步运用心理学、教育学的基础理论来指导保教实践。成熟型幼儿园教师需要通过基础培训、问题研究、课题研究、技能训练、骨干引领等不同的培训与自学形式来不断提升自己。

（三）骨干型幼儿园教师

骨干型幼儿园教师是指教龄为 6～12 年的青年教师。这种类型的教师有丰富的保教和管理经验，形成了自己初步的教育教学特色，对幼儿身心发展特点比较熟悉，并能按照这些规律和特点开展各种活动，有较强的教研、科研能力。骨干型幼儿园教师需要选择富有教育教学经验的高级教师担任导师，在理论学习、教育科研、专业发展等方面进一步提升自己。

（四）专家型幼儿园教师

专家型幼儿园教师是指已获得各类"名师""学科带头人"等称号的教师。这种类型的教师已形成了自己独特的教学风格和教育理念，在园本教研活动中能起到示范作用，在解决教学领域内的问题时富有创造力和洞察力，在专业研究方面有一定成果，在一定区域内的学前教育界有一定的知名度。专家型幼儿园教师需要通过教研活动、专业理论研究、向更高层次的专家学习等形式，把专业理论与保教实践有机地结合起来，不断改善保教效果，提高保教质量。

▶▶ 三、 幼儿园教师的角色 >>>>>>>>

幼儿园教师的角色是指幼儿园教师在学前教育过程中所拥有的社会身份，反映出自身的儿童观、教育观。幼儿园教师具有教育者、合作者和研究者三种基本角色。

---

①　步社民. 幼儿园教师成长论[M]. 北京：新时代出版社，2005：170-171.

学习笔记

学习笔记

（一）作为教育者的幼儿园教师

在幼儿园教师众多的社会性角色中，作为引导幼儿健康成长的教育者的角色无疑是最重要的。《幼儿园教育指导纲要（试行）》要求幼儿园教师应成为幼儿学习的支持者、合作者、引导者。在履行这一角色时，幼儿园教师要与幼儿建立良好的师幼关系。

1. 幼儿园教师是幼儿发展的指导者

在教育过程中，幼儿园教师对幼儿的发展起着指导作用。幼儿的发展特点决定了幼儿园教师需要扮演指导者的角色。他们不仅需要对幼儿的生理、生活给予照料，而且要关注、呵护、指导幼儿的情绪情感、个性品质、行为习惯等的发展。幼儿园教师的指导者作用具体表现为以下几点。

第一，引导。对幼儿遇到的问题和困惑，应引导他们找到最佳的解决办法。

第二，指导。指导幼儿培养初步的生活技能，形成良好的生活与卫生习惯。

第三，诱导。创设丰富的教学情境，激发幼儿的动机、兴趣，充分调动其积极性。

第四，教导。教给幼儿粗浅的知识、技能与行为规范。

当然，幼儿园教师指导作用的发挥必须和幼儿的主动性相结合，才能产生应有的效果。这是因为幼儿的发展是在其自身内部进行的，是主动的。幼儿有自己的意愿和需要，并按其现实的基础、水平和速度主动地发展，不是被动地接受外界影响的。因此，在教育过程中，幼儿园教师应尊重幼儿的意愿和现有的发展水平，通过创设环境，采用适当的教育方法，充分调动其主动性、积极性，并在此基础上实现教师的指导作用。[①]

2. 幼儿园教师是幼儿活动的参与者

幼儿发展的主体性要求幼儿园教师在扮演教育者的角色时，充分尊重并发挥幼儿的主动性，与幼儿平等互动，成为幼儿活动的参与者。这要求幼儿园教师从以下三个方面入手。

第一，将幼儿视为主动发展的平等主体。幼儿的发展是主动积极的。成人不是幼儿各种活动的指挥者，而是参与者。幼儿和成人一样应得到尊重，是平等主体。幼儿园教师是幼儿平等的伙伴。

第二，参与幼儿的活动，尽量减少对幼儿的过度控制，学会倾听幼儿，和他们一起探索、讨论。

第三，成为幼儿的伙伴，在活动中和幼儿建立伙伴关系，以便更好地履行教育者的职责。

---

① 傅建明. 学前教育学[M]. 北京：中央广播电视大学出版社，2007：211.

3. 幼儿园教师是幼儿的榜样和示范者

幼儿园教师是幼儿成长的榜样和示范者，其依据是幼儿的发展特点。首先，幼儿好奇心强，喜欢模仿，易受别人的暗示和感染，也非常崇拜和信任教师。其次，幼儿处于经验、知识、品德形成的初期，需要学习和借鉴成人的经验。因此，幼儿园教师的言行必然成为幼儿在幼儿园的主要模仿对象，是幼儿发展的榜样和示范者。榜样和示范者对幼儿的作用是潜移默化的，这要求：

第一，幼儿园教师要注意自己的言行，给幼儿做好模仿的榜样。

第二，幼儿园教师要多从正面示范，展示给幼儿正确的操作方法、行为技巧、言语方式等，以减少负面言行的消极影响。

(二)作为合作者的幼儿园教师

1. 其他教师的合作伙伴

幼儿园教师的专业活动和专业成长离不开与其他教师、幼儿园管理人员、保育人员、后勤人员以及家长的合作交流。他们必须成为其他教师的合作伙伴，才能充分发挥保教工作的作用。幼儿园教师应该注意以下问题。

第一，尊重其他教职工。幼儿园的每位教职工都有自己不可替代的职责与作用。幼儿园教师只有充分尊重其他教师、管理者、保育员等教职工的工作，才能有良好的合作关系。

第二，善于发现并学习其他教职工的优点。肯定其他教职工的优点是建立良好合作关系的基础，也是幼儿园教师个人专业成长的有效方法。

第三，掌握合作、交往的方法。合作就是一种交往，而且人际交往有一些特殊的方法。具备一定的人际交往的知识与方法，有助于幼儿园教师和其他教职工建立合作伙伴关系。

2. 家园合作的联系者

家庭和幼儿园合作是搞好学前教育的关键。陈鹤琴曾指出："幼稚教育是一种很复杂的事情，不是家庭一方面可以单独胜任的；也不是幼稚园一方面可以单独胜任的；必定要两方面共同合作方能得到充分的功效。"[①]因此，家园合作成为当代幼儿园工作的重要内容，幼儿园教师也成为家园合作的联系者。这要求：

第一，幼儿园教师与家长保持平等的关系。幼儿园教师要视家长为朋友，尊重家长的意见，虚心听取家长的建议，乐意与家长交谈，和家长建立融洽的合作关系。

第二，幼儿园教师是家园合作的指导者。幼儿园教师以其专业化的知识、判断，支持和帮助家长更新教育理念，改善教育行为，提高教育能力，共同促进幼儿全面、健康发展。

---

① 陈鹤琴．家庭教育：怎样教小孩[M]．北京：中国致公出版社，2001：273．

学习笔记

第三，幼儿园教师是家园合作条件的创设者。幼儿园教师在家园合作的过程中，为家长创设沟通和合作的条件，确保家园合作的成功开展。

(三)作为研究者的幼儿园教师

在幼儿园的保教工作中，幼儿园教师常常要使用观察、记录、统计、归纳、推理等方法对其保教实践进行分析、反思，以得出概括性结论，提升专业水平。从这个角度来说，幼儿园教师也是一位研究者。当然，幼儿园教师的研究更多体现在对自身的保教实践活动进行科学、理性的反思上面，是一种教研活动，主要表现在三个层次上：第一个层次是反思保教情境中各种技能与技术的有效性；第二个层次主要针对保教实践中出现的问题，把学前教育理论应用于保教实践，以便做出决策；第三个层次主要针对幼儿园教育活动中的师生关系、人际交往等，反省保教实践中的价值、伦理和道德等问题。[①] 这要求：

第一，幼儿园教师应具备研究意识。那种认为自己只需上好课而搞教研是专家们的事的观点是不正确的。

第二，幼儿园教师应紧贴保教实践，积极开展教研活动。幼儿园教师的研究应主要围绕保教工作展开，以改进保教方法、推动保教质量提升为主要目的。

第三，幼儿园教师应加强专业理论和研究方法的学习，掌握开展研究的基本方法。

云测试：模块四单元1

资料卡片 ▶▶▶▶▶▶

瑞吉欧教育体系中的教师角色

教师是幼儿的倾听者、合作者和伙伴。倾听者角色表达了教师对待幼儿的基本态度，这种态度向幼儿传达了教师对他们的关心、重视、尊重、信任、理解和欣赏。幼儿也从"倾听"中感知到教师对自己的态度，从而更加自信、积极主动地学习，加入教师所组织的活动中。

教师是幼儿行为的观察者、记录者。瑞吉欧人非常强调教师注意观察幼儿的行为，并进行解码，理解幼儿在学习过程中所使用的各种策略。同时，教师要从不同的角度将幼儿在不同主题的探索活动中的所见所闻记录下来，并进行整理。教师透过记录的不同方面，可以了解幼儿的整个学习过程，看到幼儿建构知识的方法，帮助自己更准确、深刻地诠释幼儿，理解与评价幼儿。另外，记录还为家长了解幼儿，与幼儿、教师、学校互动提供了机会。

教师是幼儿学习的指导者、支持者、激励者。在瑞吉欧的活动方案中，幼儿有很强的自主性，他们自己做出决定和选择，自主进行各种活动，但教师会适时介入幼儿的活动，给他们提供指导，支持他们，激励他们。教师的角色就是帮助幼儿发现自己的问题，帮助幼儿聚焦问题的关键点和难点，形成假设。

---

① 傅建明. 学前教育学[M]. 北京：中央广播电视大学出版社，2007：213.

教师是研究者和学习者。在瑞吉欧幼儿教育体系中，教师把自身角色定位为研究者和学习者，这两个角色既是使他们的工作保持动态的核心，又是他们反思和合作的中心。他们并不把自己看作知识的专门传授者，而是看作知识的汲取者、获得者。教师的研究和学习已渗入他们的日常生活，他们不断地对实践进行着反思，并在此过程中不断学习，提升自己。①

单元 2 幼儿园教师的素质

▶▶ 一、 幼儿园教师的素质概述 >>>>>>>>

幼儿园教师的素质是幼儿园教师在保教活动中表现出来的，决定其保教效果，对幼儿身心发展有直接影响的所有品质的总和。

幼儿园教师的素质可以从以下四个方面来理解。

第一，幼儿园教师的素质是幼儿园教师这一职业特殊性和独特本质的反映。

第二，幼儿园教师的素质是在保教活动中表现出来的。

第三，幼儿园教师的素质是一个系统结构，其内部包含着思想品德、文化、专业知识与能力、职业道德、身心等多方面复杂的成分。

第四，结构和过程统一，具有动态性。②

根据 2012 年我国颁布的《幼儿园教师专业标准（试行）》，幼儿园教师的专业标准由"专业理念与师德""专业知识""专业能力"三个维度构成。本书将从职业道德、知识结构、专业能力三个方面分析幼儿园教师的素质构成。

▶▶ 二、 幼儿园教师的职业道德 >>>>>>>>

学前教育对象的特殊性，对幼儿园教师的职业道德提出了特殊的要求。结合《中小学教师职业道德规范》（2008 年修订）的相关规定，幼儿园教师必备的职业道德主要有以下几点。

（一）热爱学前教育事业

学前教育是我国教育事业的基础部分，在人才培养、社会和经济发展等方面有着重要的、基础的作用。幼儿园教师只有对学前教育工作有正确而深刻的认识，才会热爱学前教育事业；只有热爱学前教育，才会献身学前教育事业。实践经验表明，幼儿园教师在学前教育工作中做出成绩，其动力主要来自他们对学前教育事业的热爱。他们勤勤恳恳，不辞劳苦，不怕麻烦，不计时间，不计报酬，克服种种困难，日复一日，辛勤工作，为提高教育质量和推动教育改革做出成绩。③

学习笔记

视频：教师职业道德

---

① 屠美如．向瑞吉欧学什么：《儿童的一百种语言》解读[M]．北京：教育科学出版社，2002：89－92．
② 雷芳，赵雄辉，彭柳．"十五"以来幼儿教师队伍建设研究述评[J]．当代教育论坛，2009(7)．
③ 黄人颂．学前教育学[M]．北京：人民教育出版社，1989：392．

（二）爱护和尊重幼儿

爱护幼儿，是幼儿园教师职业道德的灵魂，是幼儿园教师教育观、儿童观的集中体现。幼儿是在与环境的相互作用中，特别是在与成人的交往中获得发展的。幼儿进入幼儿园后，一天大部分的时间是和教师待在一起的。他们希望从教师身上得到像父母一样的爱，他们期待着教师亲近他们、关心他们，他们渴望教师帮助他们、爱护他们，他们希望教师成为他们最可依恋、最可信赖的人。幼儿园教师对幼儿的爱护和关怀，对幼儿身心健康发展至关重要。

幼儿园教师爱护幼儿，也是幼儿园做好学前教育工作的重要条件。教育、培养幼儿是长期的、复杂的、细致的工作。幼儿园教师只有真诚地爱护幼儿，才能了解和亲近幼儿，才能选择适宜的教育内容和方法，很好地调动幼儿的积极性；幼儿才会信赖教师，愿意听教师的话，这样才能取得良好的教育效果。幼儿园教师热爱幼儿的同时还必须严格要求幼儿，促进他们在身体、智力、情感、社会和道德等方面的全面发展。

幼儿园教师不仅要爱护幼儿，还必须尊重幼儿。不论幼儿的文化背景、家庭状况、民族、语言、性别如何，不论幼儿是正常的还是存在身心障碍的，都应当在不受任何歧视和忽视的情况下，享有他们的一切权利。在教育中，教师应尊重幼儿，尊重他们作为独立的社会成员的人格和尊严，不能歧视、侮辱、体罚或者变相体罚任何一个幼儿，不能伤害幼儿的自尊心，要尊重幼儿的意见发表权、参与权，让每一个幼儿积极地、快乐地生活在幼儿园里。①

（三）团结同事，尊重家长

幼儿园教师的工作是在集体中进行的，需要与其他人合作，共同对幼儿实施教育。幼儿园一个班级的工作往往需要 2～3 位保教人员共同完成，没有任何一位幼儿园教师可以单独完成保教的全部任务。这就要求幼儿园教师团结协作，共同完成保教任务。幼儿园教师的工作还需要与家长密切配合，幼儿园教师应尊重班上每个幼儿的家长，理解他们对子女的关心、珍爱和期望，善于听取他们的意见，与他们建立平等的诚挚的友谊，帮助他们了解学前教育的要求与内容，帮助他们解决教育过程中的困难，取得家长的信任与支持，在此基础上对家庭教育进行指导。②

职业道德最终可体现为具体的行为规范。2018 年 11 月，教育部颁发了《新时代幼儿园教师职业行为十项准则》，提出了坚定政治方向、自觉爱国守法、传播优秀文化、潜心培幼育人、加强安全防范、关心爱护幼儿、遵循幼教规律、秉持公平诚信、坚守廉洁自律、规范保教行为十项要求，并公布了《幼儿园教师违反职业道德行为处理办法》，为幼儿园教师职业道德修养提供了准绳。

---

① 邱云，林少玉. 学前教育学 [M]. 福州：福建教育出版社，2001：375.
② 黄人颂. 学前教育学 [M]. 北京：人民教育出版社，1989：395.

►► 三、 幼儿园教师的知识结构 >>>>>>>>

从知识的角度讲，幼儿园教师应具有丰富的文化基础知识、扎实的幼儿发展与教育理论知识以及保教实践性知识。

✐ 学习笔记

(一)丰富的文化基础知识

学前教育是启蒙教育。幼儿对周围世界的认识是从无知到有知的逐渐发展的过程。幼儿对外界的一切充满了强烈的好奇心和求知欲，对所有新鲜的事物都要问一问为什么，这些问题涉及的领域也非常广。针对幼儿的这些问题，幼儿园教师需要用深入浅出、幼儿可接受的表达方式，正确地给予解答，使他们对周围世界有一个初步认识，激发幼儿探索世界的欲望。[①]另外，幼儿主要是通过模仿来学习和认识世界的，而教师是他们主要的模仿对象之一。有着深厚的人文底蕴和良好的专业素养的教师对幼儿稚嫩的心灵会产生重要的潜移默化的影响。

幼儿园教师应具备的文化基础知识范围广泛，主要可分为三类。

第一，人文、社会领域的知识，如文学、历史、哲学、经济、法律等方面的知识。

第二，自然科学领域的知识，如数学、物理、化学、天文、地理、动植物等方面的知识。

第三，艺术领域的知识，如音乐、舞蹈、绘画等方面的知识。

幼儿园教师只有具有丰富的文化基础知识，才能满足对幼儿进行启蒙教育的需要。当然，幼儿园教师不可能成为所有知识领域的专家，但必须具备每一领域基本的、入门的知识，并且至少在一个领域有比较精深的知识储备。

🔗 资料卡片 ►►►►►►

美国幼儿教师教育的普通知识标准

美国幼儿教师教育具有广泛的普通知识教育要求。以全美幼教协会 2001 年公布的幼儿园教师初级许可证计划为例，幼儿园教师候选人应满足六大领域的普通知识准备标准。

①语言和读写知识的准备标准。幼儿园教师候选人应具有广泛的、以研究为基础的语言和读写方面的知识、技能，以能够促进幼儿经验的丰富为标准。

②艺术知识的准备标准。幼儿园教师候选人应通过艺术知识的教育，为幼儿提供高质量、富有意义的艺术经验。

---

① 邱云，林少玉. 学前教育学[M]. 福州：福建教育出版社，2001：379.

③数学知识的准备标准。幼儿园教师候选人应有数学知识的储备，但必须认识到，对幼儿而言，有关数学知识的概念和技能——包括计算、代数、几何、测量、数据分析和概率等知识内容领域，问题解决、推理和证据、联系、交流、表达法等过程领域——都只能是发展的、适当的。幼儿园教师要将这两个领域联系起来，促进幼儿数学的教与学。

④身体锻炼和体育知识的准备标准。幼儿园教师候选人应具备身体锻炼和体育方面的知识。

⑤科学知识的准备标准。幼儿园教师候选人应具备科学知识。

⑥社会知识的准备标准。幼儿园教师候选人在社会知识领域的准备，应以促进幼儿在地理、历史、经济、社会关系等方面经验的增加为标准。①

(二)扎实的幼儿发展与教育理论知识

幼儿发展与教育理论知识，是幼儿园教师开展保教活动必备的专业知识。教师不能仅仅懂得"教什么""怎样教"，更重要的是还要懂得怎样才能"教得好"。这就需要幼儿园教师在了解、熟悉幼儿生理和心理的年龄特征和生长发育规律的基础上，根据学前教育的规律、原则，科学、适宜地保育教育幼儿，促进他们健康发展。②

幼儿发展与教育理论类的专业知识是多方面的，其中幼儿发展、儿童保育、学前教育理论等是专业知识的主要内容。通过这些知识，幼儿园教师可以了解和掌握幼儿在不同年龄阶段生理、心理发展的特点和规律，并根据一定的教育原则和要求，选取恰当、适宜的教学内容、教学方法和活动形式对幼儿进行保育和教育。同时，幼儿园教师还要学习学前教育史、幼儿园课程、幼儿园各领域教育方法、幼儿园管理、家庭教育、幼儿园游戏等方面的理论知识，以指导自己的保教实践。

(三)保教实践性知识

现代的学前教育理论强调幼儿是活动的主体，经验的获得和技能的掌握是通过幼儿主动参与各种活动和亲身体验来实现的。因此，幼儿园各种活动的开展，以及问题的呈现和解决都应具有明显的情境性。面对各种不同的情境，如何回应幼儿的问题并取得良好的活动效果，是和幼儿园教师的实践性知识密切相关的。幼儿园教师的实践性知识是教师多年来在设计、组织、实施幼儿园各种活动时所积累的知识，主要来源于教师个人的教学经历、生活阅历和人生经验等方面。因此，幼儿园教师必须参加大量的教育教学活动和各种各样的社会实践，以增加自己的实践性知识。

学习笔记

---

① 朱宗顺．美国幼儿教师教育标准及启示[J]．教师教育研究，2006(4)．
② 王玉美．全纳教育理念下幼儿教师素质培养研究[D]．济南：山东师范大学，2008．

📎 **资料卡片** ▶▶▶▶▶▶

教师的知识结构

教师知识是教师从事教育教学工作的前提条件。对于教师的知识结构，不同的研究者有不同的研究角度或研究方式，因而也就有不同的理解。我们认为以下四个方面共同构成教师的知识结构。①本体性知识。教师的本体性知识是指教师所具有的特定的学科知识，如语文知识、数学知识等，是关于教师"教什么"的知识。②条件性知识。教师的条件性知识是指教师所具有的教育学与心理学知识，具体化为三个方面，即学生身心发展的知识、教与学的知识和学生评价的知识，是关于教师"怎么教"的知识。③实践知识。教师的实践知识是指教师在有目的的行为中所具有的课堂情境知识以及与之相关的知识，或者更具体地说，这种知识是教师教学经验积累的结果。④文化知识。教师的文化知识是指特定学科以外的知识，包括哲学、社会科学、自然科学等方面的知识。①

幼儿园教师的专业知识

按照教育部教师工作司组织编写的《幼儿园教师专业标准（试行）》的要求，幼儿园教师必须具备三大方面的专业知识：幼儿发展知识、幼儿保育和教育知识、通识性知识。幼儿发展知识包括幼儿身心发展的一般规律、发展的年龄特征与个体差异、发展中的常见问题和有关幼儿生存发展权利的法律法规。幼儿保育和教育知识包括幼儿园教育的目标、任务、内容、要求和基本原则，幼儿卫生保健与安全，幼儿学习与发展的基本方法，幼儿园与其他阶段的教育衔接。通识性知识包括一定的自然科学知识和人文社会科学知识、相应的艺术欣赏与表现知识、一定的现代信息技术知识，其中自然科学知识和人文社会科学知识应该是幼儿园教师需要掌握的通识性知识的主要部分。②

▶▶ 四、 幼儿园教师的专业能力 ＞＞＞＞＞＞＞＞

幼儿园教师的专业能力是教师在保教活动中形成并表现出来的，直接或间接影响保教活动的成效和质量的能力的总和。幼儿园教师的专业能力是幼儿园教师素质的重要组成部分，是影响幼儿园教育活动的重要因素，对幼儿的发展、学前教育事业的发展都起着关键作用。

🖋 **学习笔记**

（一）观察能力

幼儿园教师的观察能力主要是指教师对幼儿直觉的、原样的、不加任何操作的自然观察能力，分为随机观察能力和有计划的观察能力两种。③

随机观察能力是指教师事先没有计划，在一日生活的真实场景中对随机发生的事件的观察能力。随机观察能力体现了幼儿园教师的教育素养、教育机智。随机观察能力的提高，要求教师在幼儿园日常生活中不断积累经验。例如，在开展

---

① 辛涛，申继亮，林崇德．从教师的知识结构看师范教育的改革[J]．高等师范教育研究，1999(6)．
② 教育部教师工作司．《幼儿园教师专业标准（试行）》[M]．北京：北京师范大学出版社，2013：87－96．
③ 李季湄．幼儿教育学基础[M]．北京：北京师范大学出版社，1999：93．

小组操作活动中，教师进行巡回指导时，就需要仔细观察每个幼儿的动作、面部表情，用心去体会幼儿行为背后的实际意义和原因，对不同幼儿采用不同的指导方式，使每个幼儿都能主动地参与到活动中。①

有计划的观察能力是指教师在自然条件下，有目的、有计划地观察、记录幼儿的语言、行为等的能力。幼儿园教师进行有计划的观察要做到以下几个方面。首先，教师要保持敏锐的洞察力，及时捕捉着幼儿之间的个体差异以及活动中有价值的行为，以适时、适宜的形式对幼儿实施教育。其次，教师要有较强的分析综合能力。教师日常观察到的往往只是语言、行为等具体表象，而且是个别的、分散的现象，所以教师必须进行综合处理，才能了解观察对象活动的总体规律。最后，教师要对观察结果进行及时分类、记录、总结，将其转化为有价值的信息并记录在案。②

（二）沟通能力

幼儿园教师的沟通能力是指幼儿园教师同幼儿、幼儿园其他保教人员、家长、社区管理者等有效交流、沟通的能力的总称。在幼儿园教师的沟通能力中，幼儿园教师和幼儿的沟通能力至关重要，最为关键。幼儿园教师与幼儿的沟通主要有以下四种方式。

第一，目光沟通。目光沟通在教师与幼儿之间起着不同的作用。当有个别幼儿在活动中"调皮"或"犯错误"时，教师不应当着全体幼儿的面去批评他，而应投以责备的目光提醒他；当幼儿对某项活动或某种问题有兴趣时，教师应投以充满肯定、赞许的目光以增强他的自信心。

第二，动作沟通。教师的点头、抚摸、握手、拥抱、蹲下等与幼儿沟通交流的方式，远比言语更容易表达教师对幼儿的尊重、关心、爱护和肯定。

第三，语言沟通。语言沟通是教师与幼儿进行沟通时最常用的一种方式。教师与幼儿交谈，是教师与幼儿分享情感、心灵融通的重要途径。它需要教师在抓住机会、选择话题、引发和延续谈话、激发和保持幼儿谈话的兴趣和积极性等环节上具有灵活机智的策略、丰富的经验技巧。

第四，面部表情沟通。教师在与幼儿的接触过程中，经常以严肃的面孔出现，会给幼儿带来约束感、紧张感。教师应和蔼可亲，面带微笑，主动与幼儿打招呼、讲话，形成一种使幼儿有话想说、有话敢说的良好氛围。③

（三）教育教学能力

教育教学能力是指幼儿园教师在组织幼儿开展各种生活、教学和游戏活动过

① 梁志燊. 学前教育学[M]. 北京：北京师范大学出版社，2000：349.
② 邱云，林少玉. 学前教育学[M]. 福州：福建教育出版社，2001：380.
③ 傅建明. 学前教育学[M]. 北京：中央广播电视大学出版社，2007：221.

程中表现出来的能力倾向，主要包括以下几个方面。

第一，理解和把握幼儿心理的能力。现代教育主张充分发挥幼儿的主动性，要创造适合幼儿的教育。教学要把握幼儿的"最近发展区"以取得最佳效果。这些都要求教师具备一定的幼儿教育、心理的知识，把握幼儿心理的发展动向和幼儿发育成长的特点、规律，有的放矢地开展教育教学活动。

📎 资料卡片 ▶▶▶▶▶

幼儿园教师的专业能力

由于幼儿园以保教结合为基本原则，以游戏为基本活动，以环境为重要的教育资源，认为生活具有重要的教育价值，因此，幼儿园教师的专业能力不同于中小学教师以学科教学为核心的能力结构，而是全方位的、多方面的、具有综合性的。《幼儿园教师的专业标准（试行）》中幼儿园教师的专业能力部分是按照教师的主要职责和基本工作内容架构的，具体包括环境的创设与利用、一日生活的组织与保育、游戏活动的支持与引导、教育活动的计划与实施、激励与评价、沟通与合作、反思与发展七个方面。其中，前六项是教师实施保育教育的能力，第七项是教师自我发展的能力。[①]

第二，设计和组织各类活动的能力，包括制订一日活动计划、组织一日生活、设计教育活动等涉及的能力，恰当地利用各种组织形式与幼儿有效地互相作用的能力，分层次指导幼儿的个别教学能力，指导游戏的能力，随机教育的能力等。

✒ 学习笔记

第三，教育教学监控能力。教育教学监控是指在教育教学过程中，教师密切注视幼儿的反应，努力调动幼儿的学习积极性，随时准备有效应付活动中的偶发事件；对自己的教学进程、教学方法、幼儿的参与和反应等随时保持有意识的反省，并能根据这些反馈信息及时地调整自己的教学活动，使活动达到最佳效果；对教育活动中出现的突发情况做出迅速反应，果断决策，灵活处置。

第四，创设和利用环境的能力。此能力要求幼儿园教师具备一定的审美情趣和创造美的能力，有利用环境的自觉意识，能营造轻松愉快、富有安全感、充满爱心的心理氛围。

第五，教育评价能力。幼儿园教师应掌握教育评价的标准与方法，具备开展保教活动评价的能力，正确公正地评价幼儿。

第六，意外事故的急救和处理能力。幼儿园一日生活中难免出现意外伤害事件，如烫伤、摔伤或者一些急性疾病的发作等，需要幼儿园教师及时发现、辨别和准确地处理。因此，幼儿园教师应具备基本的学前儿童疾病和意外伤害的急救、处理能力。

---

① 教育部教师工作司.《幼儿园教师专业标准（试行）》解读[M].北京：北京师范大学出版社，2013：102.

(四)科研能力

幼儿园教师扮演着研究者的角色，这就要求幼儿园教师必须具有一定的科研能力，成为实践型学者或学者型教师。幼儿园教师的科研能力包括主动获取与处理信息的能力、研究幼儿心理行为问题与教育策略的能力、归纳分析的能力，也包括总结、撰写教育经验与科研论文的能力。

(五)自我学习能力

时代对人才的要求在不断提高，所以幼儿园教师必须终身学习、不断成长。幼儿园教师在踏踏实实做好保教工作的同时，要具有自我学习、自我提高的能力，能够不断更新教育理念，不断学习、探索新知识，提高自身的业务水平和文化程度，不断对自我及教学进行积极的计划、检查、评价、反馈、控制和调节，在反思中不断成长。

(六)职业技能

幼儿园教师的职业技能是我国幼儿园教师能力表现的突出特色，包括弹琴、唱歌、跳舞、绘画、讲故事、编儿歌、手工制作、体育游戏等方面的实际操作能力，是幼儿园教师完成各种保教任务、实现保教目标的重要手段和保证。

此外，具备电影、电视、录音、录像、计算机和互联网等现代教育技术方面的能力，也是时代对当代幼儿园教师提出的新要求。

▶▶ 五、 幼儿园教师专业成长 >>>>>>>>

(一)幼儿园教师专业成长的内涵

幼儿园教师专业成长又称幼儿园教师专业化，是指幼儿园教师在保教工作中，经由参与各种学习活动及反省思考的过程，在专业知识、专业能力及专业态度等方面达到符合幼儿园教师专业标准的过程及结果。美国学前教育家丽莲·凯兹(Lilian G. Katz)将幼儿园教师专业化形象地比喻为幼儿园教师能接住幼儿丢来的球，并且把它丢回去，让幼儿想继续跟他玩游戏，并在玩的过程中不断创造出新的游戏来。[①]

幼儿园教师专业成长具备以下七个特征：第一，对幼儿的发展有深刻的理解，并能在日常保教实践中应用；第二，能够观察、评估和分析幼儿的发展及日常行为表现，并将这些作为活动设计、实施的依据；第三，能够根据《幼儿园教育指导纲要(试行)》的要求，为幼儿设计并实施促进他们德、智、体、美、劳全面发展的适宜的保教活动计划；第四，能根据幼儿的发展需要创设安全、健康的幼儿园学习环境；第五，善于同幼儿建立良性的互动关系；第六，能够同家庭、社区等建立良好的协作关系；第七，具有敏锐的专业意识、专业分析判断力和不

---

① 张元．试析幼儿教师专业化的特征及其实现途径[J]．学前教育研究，2003(1).

断进行专业化学习的自觉性。

(二)幼儿园教师专业成长的途径

幼儿园教师专业成长的过程是艰辛而漫长的，促进个人专业化成长的途径是多维度的，主要有终身专业学习和实践反思两项。

1. 终身专业学习

终身专业学习是伴随终身教育理念出现的。终身教育理念兴起于 20 世纪 60 年代，主要思想是教育应当贯穿每个人的一生。终身教育和终身学习是教育发展和社会进步的共同要求。幼儿园教师同样也面临终身教育和终身学习理念的渗透和挑战。一劳永逸获取知识的时代已成为过去，幼儿园教师受教育的传统时空观被打破并得以重新确立，职前与职后、校内与校外等不同路径将融入终身教育的体系之中。①相关部门在幼儿园教师的培养过程中，应增设提高学习能力的训练课程，以提高幼儿园教师的自学能力，使他们学会学习。②幼儿园教师应有专业成长规划，唤起自身学习的主动性、积极性和创造性，增强学习动机。③幼儿园应为教师提供终身专业学习的制度安排。④幼儿园教师应积极参与幼儿园的团队专业研究与学习。

2. 实践反思

幼儿园教师对自己的保教实践进行反思、开展行动研究，是促进自身专业成长的有效方法。幼儿园教师不能仅仅满足于完成日常的保教任务，面对不断出现的保教问题，还应积极反省、思考，成为实践反思者、行动研究者，通过观察、分析提出自己的解决设想，并通过自己的现场保教实践对设想加以检验、调整。在这种反思、行动研究的过程中，新的问题不断被解决了，幼儿园保育和教育活动的效果获得了改善，幼儿园教师也获得了专业成长的锻炼机会，他们的专业水平更在实践反思中得到提升。那么，幼儿园教师应如何开展实践反思呢？可以有以下四种方法①：①比喻法，思考自己在教室里像什么；②内省法，反省自己的价值观与生活经历；③日记法，对经验做进一步的思考与检讨；④交流法，从单独反思到专业对话。

云测试：模块四单元 2

小　结

- 幼儿园教师是指在学前教育机构中履行教育教学职责，受社会委托对学前儿童身心全面和谐发展施行特定影响的专业保育和教育工作者。
- 幼儿园教师的地位：在相关政策法规中，幼儿园教师获得了很高的政治待

---

① 步社民. 幼儿园教师成长论[M]. 北京：新时代出版社，2005：188－192.

遇；幼儿园教师的经济待遇在逐步改善；幼儿园教师的社会声望逐步提升。

• 幼儿园教师的类型：幼儿园教师按照教师个人专业成长的阶段可以分为新手型幼儿园教师、成熟型幼儿园教师、骨干型幼儿园教师、专家型幼儿园教师四种类型。

• 幼儿园教师的三种角色：①作为教育者的幼儿园教师，是幼儿发展的指导者、幼儿活动的参与者、幼儿的榜样和示范者；②作为合作者的幼儿园教师，是其他教师的合作伙伴、家园合作的联系者；③作为研究者的幼儿园教师。

• 幼儿园教师的素质是幼儿园教师在保教活动中表现出来的，决定其保教效果，对幼儿身心发展有直接影响的所有品质的总和。幼儿园教师的职业道德素质包括：热爱学前教育事业；爱护和尊重幼儿；团结同事，尊重家长。幼儿园教师的知识结构包括丰富的文化基础知识、扎实的幼儿发展与教育理论知识以及保教实践性知识。幼儿园教师的专业能力包括观察能力、沟通能力、教育教学能力、科研能力、自我学习能力和职业技能。

• 幼儿园教师专业成长又称幼儿园教师专业化，是指幼儿园教师在保教工作中，经由参与各种学习活动及反省思考的过程，在专业知识、专业技能及专业态度等方面达到符合幼儿园教师专业标准的过程及结果。

• 幼儿园教师专业成长的特征：第一，对幼儿的发展有深刻的理解，并能在日常保教实践中应用；第二，能够观察、评估和分析幼儿的发展及日常行为表现，并将这些作为活动设计、实施的依据；第三，能够根据《幼儿园教育指导纲要（试行）》的要求，为幼儿设计并实施促进他们德、智、体、美、劳全面发展的适宜的保教活动计划；第四，能根据幼儿的发展需要创设安全、健康的幼儿园学习环境；第五，善于同幼儿建立良性的互动关系；第六，能够同家庭、社区等建立良好的协作关系；第七，具有敏锐的专业意识、专业分析判断力和不断专业化学习的自觉性。

• 幼儿园教师专业成长的途径：终身专业学习和实践反思。

思考与练习

1. 名词解释：幼儿园教师、新手型幼儿园教师、专家型幼儿园教师、幼儿园教师的角色、幼儿园教师的素质、幼儿园教师的专业能力、幼儿园教师专业成长。

2. 简述幼儿园教师的四种类型及其特点。

3. 简述幼儿园教师的职业道德素质。

4. 简述幼儿园教师应具备的知识结构。

5. 简述幼儿园教师应具有的专业能力。

6. 简述幼儿园教师专业成长的特点与途径。

7. 谈谈你对幼儿园教师专业成长这一问题的看法。

8. 分析幼儿园教师的角色及其实践要求。

9. 分析幼儿园教师履行教育职责时应如何建立良好的师幼关系。

10. 阅读《幼儿园教师专业标准(试行)》，根据自己的实际，制定个人专业成长规划。

11. 结合教育部《新时代幼儿园教师职业行为十项准则》以及《幼儿园教师违反职业道德行为处理办法》，谈谈如何提高自己的职业道德修养。

12. 结合实际，谈谈如何理解《中小学教师职业道德规范》(2008年修订)的要求和规范。

学习反思

云测试：模块四
幼儿园教师

学习笔记

舟舟妈妈的烦恼

每天看着儿子从幼儿园回家后那种因为玩得很爽而兴冲冲的样子，我既高兴又担忧。儿子快乐，妈妈没道理不跟着乐，可是眼看他就要上小学了，这么玩下去，他能跟得上吗？

我是去年才把儿子带到北京来的，让儿子插班进的现在这所很强调所谓体育锻炼、技能体验和艺术感受教育的幼儿园。老师什么也不教，就是让孩子整天跑步、跳绳、做操、游戏、剪纸、画国画、做手工，甚至玩泥巴！老师总是站在一边看着，一个劲儿让孩子自己琢磨、自己动手。我知道让孩子玩这些都没错，我也没想"揠苗助长"，但是孩子整天只是玩儿，让我感觉耽误时间和浪费精力。儿子以前就读的幼儿园从中班就开始开数学课、英语课。等大班毕业，孩子们已经学习了汉语拼音，能写字读文的也不少见。儿子以前每天回家都带着小本本，上面有老师留好的当天作业，不是抄写古诗、汉语拼音，就是做5～10道算术题。有的时候作业确实多了点儿，儿子也确实经常闹点小情绪，不想做作业甚至因此不想去幼儿园，但他学到了东西是不争的事实啊。你都不知道我那个时候每天心里多踏实！

最近，美国出了个严格教子的华裔"虎妈"。她的教育方式虽说让多数美国家长不能接受，引起了很大争议，但她的两个女儿分别在12岁、14岁就登台于世界著名的卡耐基音乐大厅，其教子成绩是毋庸置疑的。美国人甚至把"虎妈"现象提到了当年苏联抢在美国之前发射第一颗人造卫星的高度……我心里确实乱得很——幼儿园孩子究竟学什么才会让自己有美好的未来呢？①

分析：案例中舟舟妈妈看到孩子从幼儿园高高兴兴地回来，既高兴又焦虑。这应该不是个别现象，实际上反映了不少家长的心声。说到底，家长之所以会焦虑，主要是因为家长对学前教育究竟应该教什么、学什么缺乏深刻的理解。幼儿园孩子究竟学什么才会让自己有美好的未来呢？我们究竟应当如何为幼儿制定合适的发展目标、选择恰当的教育内容呢？清晰地回答这两个问题不仅有利于家长指导孩子的学习，也有利于幼儿园教师正确地规划自己的保教实践，这正是本模块所要探讨的两个主要问题。

---

① 孙聿为．幼儿园孩子该学什么[N]．北京晚报，2011-02-24．(有删节)

　　了解幼儿园教育目的的含义、功能。

　　理解我国幼儿园教育目的的特点、结构、层次以及幼儿园教育内容的组织原则与策略。

　　掌握我国幼儿园教育目的的表述及制定依据和《幼儿园教育指导纲要(试行)》《3～6 岁儿童学习与发展指南》中关于幼儿园教育内容范围的描述以及幼儿园教育内容选择的原则及依据。

思维导图

```
                                    ┌─────────────────────┐
                                ┌───┤  幼儿园教育目的概述    │
                                │   └─────────────────────┘
                                │   ┌─────────────────────┐
                                ├───┤ 幼儿园教育目的制定的依据与原则 │
              ┌──────────┐      │   └─────────────────────┘
              │ 幼儿园教育目的 ├──┤   ┌─────────────────────┐
              └──────────┘      ├───┤ 我国幼儿园教育目的的内容与特点 │
                  │             │   └─────────────────────┘
                  │             │   ┌─────────────────────┐
┌──────────────┐  │             └───┤  我国幼儿园教育目的的实施 │
│幼儿园教育的目的与内容├─┤                 └─────────────────────┘
└──────────────┘  │
                  │             ┌─────────────────────┐
                  │         ┌───┤  我国幼儿园的教育内容   │
                  │         │   └─────────────────────┘
              ┌──────────┐  │   ┌─────────────────────┐
              │ 幼儿园教育内容 ├──┤   │  幼儿园教育内容的选择   │
              └──────────┘  │   └─────────────────────┘
                            │   ┌─────────────────────┐
                            └───┤  幼儿园教育内容的组织   │
                                └─────────────────────┘
```

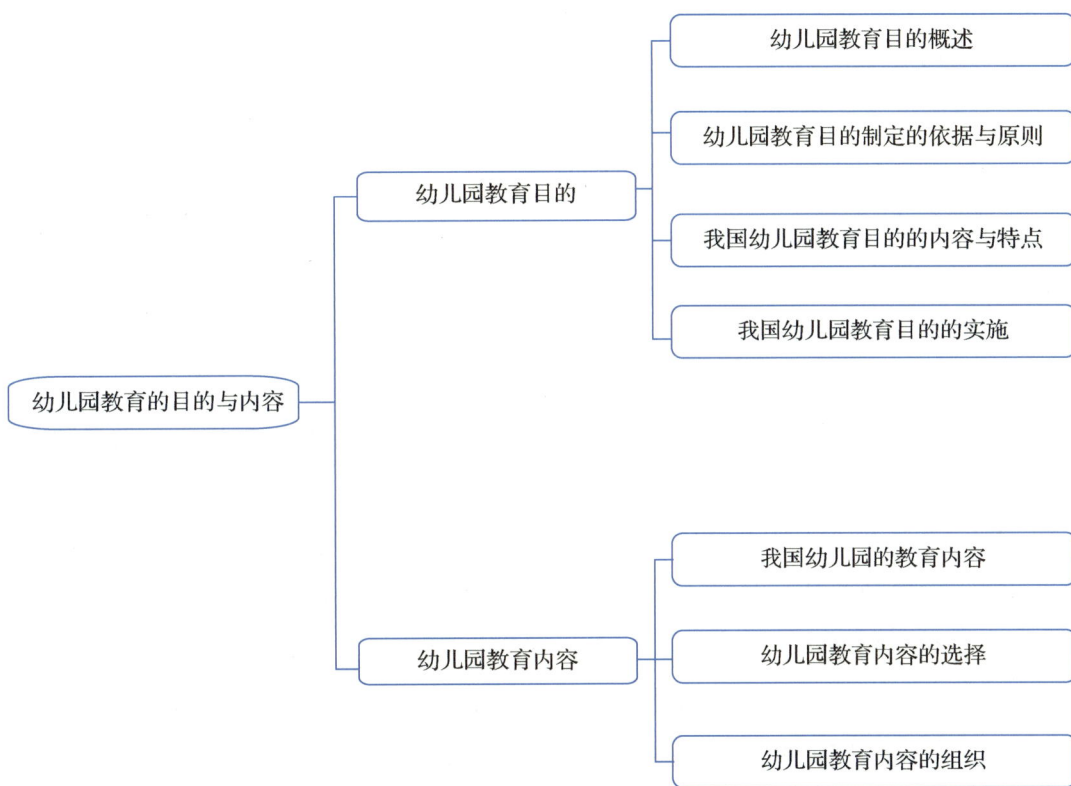

单元 1　幼儿园教育目的

▶▶ 一、幼儿园教育目的概述 ＞＞＞＞＞＞＞＞

(一)幼儿园教育目的的含义

1. 教育目的

　　教育目的是对教育活动培养人的性质及素质规格的描述，它是教育实践的出发点和归宿。根据《教育法》的规定，我国的教育目的是教育必须为社会主义现代化服务、为人民服务，必须与生产劳动和社会实践相结合，培养德、智、体、美、劳各方面全面发展的社会主义事业建设者和接班人。2021 年 4 月，全国人民代表大会常务委员会做出修改，强调"培养德智体美劳全面发展的社会主义建设者和接班人"。

2. 幼儿园教育目的

幼儿园教育目的是总的教育目的在幼儿园教育这一阶段的具体化，是国家对幼儿园或学前教育机构提出的培养人的规格与要求。

幼儿园教育目的是完成幼儿园教育任务、提高幼儿园保教质量的指导思想。国家通过教育目的对全国学前教育进行引导和调控。全国的、宏观的幼儿园教育目的只有分解为更加具体的各个层次的教育目标才能落实。在实践中，"学前教育目的"和"学前教育目标"常交叉使用，但前者更多是指比较宏观的层面。由于不同国家的社会与教育取向存在差异，因此，各国学前教育机构教育目的的具体内容也有差别，实现方式也会不同。

(二)幼儿园教育目的的功能

幼儿园教育目的的功能是指幼儿园教育目的对幼儿园教育活动所具有的影响与作用，主要表现在以下三个方面。

1. 定向功能

定向功能是指幼儿园教育目的对教育活动具有全方位的定向与规范作用，体现在以下四个方面。

第一，教育目的规范着幼儿园的培养目标和教育方向，如培养全面发展的人是我国幼儿园教育的目标和方向。

第二，教育目的规范着幼儿园课程的设置和教育教学内容。课程是学前教育实践的载体，教学内容是课程的具体化和实践的展开。我国幼儿园五大领域的内容是根据体育、智育、德育、美育、劳动教育全面发展的教育目标来确定的。

第三，教育目的规范着幼儿园教师的教育行为。教师是社会的代表，要保质保量地完成社会赋予他们的使命，就必须时时刻刻按照幼儿园教育目的的要求把幼儿教导好。从我国幼儿园教育目的出发，教师所有的教育行为都要有益于幼儿健康、和谐发展。

第四，教育目的规范着教育管理。幼儿园教育管理是为保教活动服务的，说到底是为幼儿成长服务的。我国幼儿园的管理也要有益于幼儿健康、和谐发展。

2. 调控功能

调控功能是指幼儿园教育目的在幼儿园活动与内容的选择及行动方向的把握上具有调控作用。

第一，教育目的调控着幼儿园教育活动与内容的选择。各种人类经验和社会文化是幼儿园教育内容的重要源泉，是扩展幼儿经验、丰富幼儿知识结构的重要内容。但是，我们不可能将各种经验与文化都教给幼儿，必须进行选择，而衡量和取舍的依据就是幼儿园教育目的。

学习笔记

第二，教育目的对教育者的行为有调控、激励作用。一个明确的方向与可达成的幼儿园教育目的，有助于幼儿园教师积极发挥他们的创造力去设计、组织教育活动。一般来说，幼儿园教育目的越合理、越明确、越具体，达成的可能性就越大，就越能调动教育者的积极性。相反，目的越抽象、越宏大，不切合实际，达成的难度就越大，达成的可能性就越小，激励的作用也就越差。

3. 评价功能

幼儿园教育目的既是社会对幼儿培养质量规格的要求，同时也是衡量学前教育质量和效益的重要依据。

第一，教育目的是评价幼儿园总体办学方向、办学思想、办学路线是否正确，是否清晰，是否符合社会和幼儿发展方向和需要的依据。在我国，幼儿园教育是具有公益性、基础性的教育，所有幼儿园的办学都必须符合这些基本原则。

第二，教育目的是评价幼儿园教育质量是否达到，是否达到规格和标准的依据。在我国，幼儿园教育质量的评价是根据它是否达到促进幼儿身心发展的各项规格和标准来进行的。

第三，教育目的是评价幼儿园管理是否科学有效，是否符合幼儿园教育目的要求，是否遵循教育规律和幼儿身心发展规律，是否促进幼儿健康发展和成长的依据。

总之，幼儿园教育目的的功能是多方面的。只有确立科学的幼儿园教育目的，才能使学前教育活动更加合乎教育规律及幼儿和社会发展的需要，才能使幼儿园教育活动顺利有效地开展。

▶▶ 二、 幼儿园教育目的制定的依据与原则 >>>>>>>>

(一)幼儿园教育目的制定的依据

1. 社会发展的要求

幼儿园教育既服务于幼儿发展，也服务于社会发展。我国幼儿园教育目的的制定要同我国当前社会发展的需求紧密结合。

第一，和谐社会的建构需要培养和谐发展的幼儿。社会和谐是我国当代社会发展的目标之一。和谐社会的建构既需要相应的社会机制，也需要社会中的每一个分子有追求和谐的意识与能力。幼儿阶段是人生的初始阶段，幼儿身心的和谐与健康是人生和谐乃至全社会和谐的重要基础。

第二，社会急剧变革要求注重幼儿基础素质的培养。现代社会是一个信息剧增与变革加速的社会，所以培养幼儿获取所需信息与应对急速变革的能力显得尤其重要。教育既需要帮助受教育者适应变化，也需要帮助受教育者发展具有弹性、适应性的心智，以应付多变、不可知的外在环境，并在变与不变中确立一种恰当的平衡。从变化的一面看，"教育必须为变化做好准备，使人民知道如何接受这些变化并从中得到好处，从而培养一种能动的、非顺从的、非保守的精神状态。同时，教育必须在纠正人与社会的缺点的过程中发挥作用"①。这也应成为我们制定幼儿园教育目的的重要依据。

2. 幼儿身心发展的规律与需求

幼儿身心发展的规律与需求是制定幼儿园教育目的的一个重要依据。

第一，教育目的要符合幼儿身心发展的水平。幼儿园教育目的作为一种发展指向，必须考虑幼儿发展的现实性与可能性水平。现实性是教育活动设计的出发点，而可能性则提供了方向目标。

第二，教育目的要符合幼儿身心发展的时代特点。不同时代的社会发展给予了幼儿不同的发展环境与发展任务。21世纪幼儿的发展环境和发展任务明显不同于20世纪50年代，这就向教育提出了不同的要求。

第三，教育目的要符合不同年龄段儿童的不同需要。0～3岁与3～7岁儿童的特点与需要是不同的，所以教育的具体目标应有所区别。

3. 国家教育目的的要求

幼儿园教育目的是根据国家总体教育目的并结合幼儿园教育的性质和任务提出来的。就我国而言，幼儿园教育目的必须在培养德、智、体、美、劳等方面全面发展的社会主义建设者和接班人这一总体教育目的的框架下考量。当然，幼儿园教育不同于其他阶段的教育，在具体目标的表述上会有一些差异，比如，考虑幼儿发展的特点，在实践中确定德、智、体、美、劳的顺序时，常常会将"体育"放到首位。

(二)幼儿园教育目的制定的原则

1. 方向性与基础性原则

方向性原则是指幼儿园教育目的的制定要有一定的思想与价值指向。我国幼儿园教育目的一定要反映我国的教育目的与方针，反映我国有关幼儿教育的法规及政策精神，反映有关儿童教育及儿童保护文件的精神，使幼儿园教育具有明确的思想与价值指向。

基础性原则是指幼儿园教育目的应当是教育领域最基础的、最具启蒙性的目标。这种目标是儿童健康发展所必需的，同时也是终身持续的发展性目标，如健康、自信、探究与动手能力等是人之为人所必需的基本素质。这种目标应以幼儿的生活经验为前提，尤其是幼儿教育中与一定的学科系统知识有关的目标更应注重基础化、启蒙化，这是由幼儿身心发展的特点所决定的。因此，最基本、最粗浅、最初步等限定语经常出现在幼儿园教育的具体目标描述之中。

---

① 联合国教科文组织国际教育发展委员会. 学会生存[M]. 北京：教育科学出版社，1996：137-138.

2. 科学性与动态性原则

科学性原则是指幼儿园教育目的应当是一个符合幼儿身心发展与教育规律的科学体系。一方面，它要反映和遵循幼儿身心发展的规律，是适合幼儿发展的；另一方面，它应当符合教育的原理与规则，具有可教育性与可操作性。幼儿园教育目的应该是在充分研究幼儿发展规律与教育原理的基础上制定出来的。

动态性原则是指幼儿园教育目的并不总是固定不变的。教育活动中的各要素总是处在动态变化的具体情境中，所以教育者需要灵活把握教育目标，不能用教育目标机械教条地去要求幼儿。教师要关注幼儿的个体差异与即时表现，要根据具体情况及时灵活地调整目标，以促进幼儿个性的健康发展。由此，教育目的的制定应有一定的弹性空间，应保持目的的动态性与开放性，让教师有更多的创造空间，也让幼儿有更多的发展空间。

3. 层次性与整体性原则

层次性原则是指幼儿园教育目的是有层次的，这是由幼儿发展水平的层次所决定的。国家制定的幼儿园教育目的往往是对某一学段的统一要求，是绝大多数幼儿应达到的标准。具体的教育目标要考虑幼儿的层次与个别差异，使目标有层次性，这是因材施教原则的要求。

整体性原则是指幼儿园教育目的的制定要有整体统合观，这是由幼儿发展的整体需求所决定的。幼儿园教育目的是一个整体的层次系列，它包括横向的类别整合与纵向的层次整合。

第一，横向的类别整合包括幼儿的认知、情感、行为方面发展目标的整合。幼儿发展目标要避免只重知识传授而忽视情感培养和行为习惯培养，要把三者有机协调起来。横向的类别整合还包括学前教育系统幼儿教育目标的整合，即家庭、社会以及幼儿园的教育目标要基本一致，以形成教育的合力。

第二，纵向的层次整合主要是指学前教育各层级目标的整合，即各相连层级间教育活动的目标是相互联系、相互支持的。教育者应看到每一活动在幼儿整体发展中的作用与位置，应具备综合的教育意识。

▶▶ 三、 我国幼儿园教育目的的内容与特点 >>>>>>>>

(一)我国幼儿园教育目的的内容

2016年3月1日，我国正式实施的《幼儿园工作规程》对幼儿园教育目的做了明确表述。第三条指出我国幼儿园的任务是贯彻国家的教育方针，按照保育与教育相结合的原则，遵循幼儿身心发展特点和规律，实施德、智、体、美、劳等方面全面发展的教育，促进幼儿身心和谐发展。第五条描述了我国幼儿园保育和教育的主要目标：①促进幼儿身体正常发育和机能的协调发展，增强体质，促进心理健康，培养良好的生活与卫生习惯和参加体育活动的兴趣；②发展幼儿智力，培养正确运用感官和运用语言交往的基本能力，增进对环境的认识，培养有益的兴趣和求知欲望，培养初步的动手探究能力；③萌发幼儿爱祖国、爱家乡、爱集体、爱劳动、爱科学的情感，培养诚实、自信、友爱、勇敢、勤学、好问、爱护公物、克服困难、讲礼貌、守纪律等良好的品德行为和习惯，以及活泼开朗的性格；④培养幼儿初步感受美和表现美的情趣和能力。《中共中央 国务院关于学前教育深化改革规范发展的若干意见》强调"为培养德智体美劳全面发展的社会主义建设者和接班人奠定坚实基础"。

2024 年通过的《中华人民共和国学前教育法》第四条规定："学前教育应当坚持中国共产党的领导，坚持社会主义办学方向，贯彻国家的教育方针。学前教育应当落实立德树人根本任务，培育社会主义核心价值观，继承和弘扬中华优秀传统文化、革命文化、社会主义先进文化，培育中华民族共同体意识，为培养德智体美劳全面发展的社会主义建设者和接班人奠定基础。"这就明确了我国学前教育的方针和目的。

（二）我国幼儿园教育目的的特点

1. 幼儿身心的和谐发展是幼儿园教育的根本目的

和谐是指一个系统内部各要素之间结构与功能的协调。幼儿自身是一个由物质身体系统和心理系统构成的存在，其身体与心理系统和谐与平衡的发展是幼儿健康发展的基础，也是幼儿一生幸福的基础。为此，我国幼儿园教育以促进幼儿德、智、体、美、劳的全面发展为根本目的。

2. 德、智、体、美、劳是幼儿全面和谐发展的有机组成部分

德、智、体、美、劳是人的发展的基本内容或维度。德育、智育、体育、美育、劳育成为我国人的全面发展教育的有机组成部分，各自承担着相对独立的任务，但是它们又是一个紧密联系、相互作用、相互促进的统一整体。从这个意义来说，在学前教育机构中，五育的区分只是一种工作与研究意义的区分，而在幼儿的发展中，它们是整合在一起的。在实际的教育中，它们是相互渗透、相互作用、相互促进的。

3. 目的内容体现了以幼儿为本的教育价值取向

以幼儿为本，是指目的的制定从幼儿出发，并充分考虑幼儿身心发展的特点，将幼儿自身的发展与完善、幼儿的健康与幸福放在一个重要的位置。从目的达成的顺序看，将体育放在第一位，是符合幼儿身心发展规律的。幼儿的身体发展处于快速成长期，同时，其身体的疾病抵抗力、心理承受力及生活自理能力处于较弱的时期，需要特别呵护。由此，切实关照幼儿的身心健康，是促进幼儿和谐发展的首要条件。当然，就我国教育方针而言，幼儿德育应始终排在首位。从目的的内容看，五育目标是适合幼儿特点的，重在为幼儿的全面发展打基础。体育重在机能协调与良好习惯的培养；智育重在感官滋养，语言能力及求知欲的呵护；德育重在爱的情感及良好品德行为习惯的培养；美育重在情

趣的培养；劳动教育重在劳动体验、劳动意识和劳动习惯的培养。从目的表述的落脚点看，目的都是从幼儿的角度加以表述的，目的的主体均是幼儿。

🔗 **资料卡片** ▶▶▶▶▶

越早越好吗

英国学者马丁·洛森（Martin Lowson）指出童年是发生奇迹的时候，未来的生活是童年的果实。但我们常常对平凡的奇迹失去耐心，我们要自己操纵奇迹。例如，我们常常催促孩子成长，希望孩子学得越多越好、越早越好。催促成长的代价是损害孩子健康发展的潜在素质，即损害孩子开放、热情、灵活、充满想象力和创造力的天性。

美国学者琼·阿尔蒙（Joan Almon）认为，就像植物王国一样，人有一个内在的成长时间表。每株植物都有自己的时间表，记录了何时生长、何时结果、何时留下种子。人也有生长的时间表。如果你照管一棵树，给它施大量化肥，它会长得非常快，但树心会变得脆弱。这是我们当今幼儿教育所面临的两难处境。我们可以早早地给幼儿上文化课，让他们学电脑，可以让他们迅速地掌握某些知识，但这种掌握方式会削弱深层的知识。

教育界有一种正在增长的迫切感，即我们的孩子必须掌握大量的知识才能适应现代社会。我们再也不能等待他们长到六七岁才开始学习文化课，这就像一场全球流行的传染病。很多人都以为，孩子要想在现代社会获得成功，要想过上幸福生活，他们必须在四五岁，甚至更早就开始学习文化课，才不会输在起跑线上。

人们常常想当然地以为孩子先使用大脑，他们的学习速度就会加快。可是，孩子逐渐失去了强烈的学习兴趣。高中老师们说学生不会思考了，说他们只会回答对错判断题或选择题。如果你问一个需要动脑筋的真实问题，他们不知道如何去寻找答案。

教育界主要有两种早期教育方式。一种是早期智力开发型教育，提倡尽可能早地教孩子，强调孩子开始学习的时间越早越好，并且让孩子尽可能多地学。另一种是人性化的教育，相信创造性活动和游戏能使孩子学到许多东西。20世纪80年代，德国的一项研究表明，以游戏为主的幼儿园的孩子，在成长的各个领域，如身体发育、社交和情感发展，还有心智的发展方面，普遍优胜于以智力培育为主的幼儿园的孩子。

因而，作为教育工作者，我们应当审慎地思考：我们是要简单地教孩子技能技巧呢，还是努力帮助孩子成长，让他们成为富有创造力的人？①

▶▶ **四、 我国幼儿园教育目的的实施** >>>>>>>>

（一）我国幼儿园教育目的的分解

幼儿园教育目的要分解为不同层次的教育目标才具有可操作性。所谓幼儿园

---

① 马丁·洛森. 解放孩子的潜能[M]. 北京：人民文学出版社，2006：63—64.

学习笔记

教育目标是根据总体的、宏观层面的幼儿园教育目的要求，分解、制定出的更加具体的幼儿身心发展的具体规格与要求。幼儿园教育目的分解为各个层次的目标，既可以根据幼儿学习与发展的内容进行，也可以按幼儿发展的时间进程进行。

1. 根据幼儿学习与发展的内容分解

根据幼儿学习与发展的内容，幼儿园教育目的可分解为领域教育目标、主题活动目标、具体活动目标三类。领域教育目标是纲领性目标，主题活动目标是综合性目标，具体活动目标是有针对性与可操作性的目标。

（1）领域教育目标

领域教育目标，是指根据幼儿身心发展的不同维度，将影响幼儿发展的教育相对划分为不同的教育领域，并为每一教育领域制定的不同的目标与要求。在我国，《幼儿园教育指导纲要（试行）》将幼儿园课程领域分为健康、语言、社会、科学、艺术五大教育领域，并对这五个领域的教育目标做了具体规定。[1]

健康领域教育目标：①身体健康，在集体生活中情绪安定、愉快；②生活与卫生习惯良好，有基本的生活自理能力；③知道必要的安全保健常识，学习保护自己；④喜欢参加体育活动，动作协调、灵活。

语言领域教育目标：①乐意与人交谈，讲话礼貌；②注意倾听对方讲话，能理解日常用语；③能清楚地说出自己想说的事；④喜欢听故事、看图书；⑤能听懂和会说普通话。

社会领域教育目标：①能主动地参与各项活动，有自信心；②乐意与人交往，学习互助、合作和分享，有同情心；③理解并遵守日常生活中基本的社会行为规则；④能努力做好力所能及的事，不怕困难，有初步的责任感；⑤爱父母长辈、老师和同伴，爱集体，爱家乡，爱祖国。

科学领域教育目标：①对周围的事物、现象感兴趣，有好奇心和求知欲；②能运用各种感官，动手动脑，探究问题；③能用适当的方式表达、交流探索的过程和结果；④能从生活和游戏中感受事物的数量关系并体验到数学的重要性和趣味；⑤爱护动植物，关心周围环境，亲近大自然，珍惜自然资源，有初步的环保意识。

艺术领域教育目标：①能初步感受并喜爱环境、生活和艺术中的美；②喜欢参加艺术活动，并能大胆地表现自己的情感和体验；③能用自己喜欢的方式进行艺术表现活动。

（2）主题活动目标

主题活动即根据教育目标及相关教育内容的特点，把某一组目标及相关的内容有机组织起来，围绕一个核心话题而开展的系列教育活动。通过主题，各领域

---

① 何东昌. 中华人民共和国重要教育文献(1998—2002)[M]. 海口：海南出版社，2003：950－952.

目标的任务得以综合落实，但各领域目标需要通过系列的主题单元来完成。主题活动目标的制定既需要根据内容的特点，也需要根据幼儿的发展特点。主题活动目标要有一定的综合性，它一般从认知、情感、行为三个维度去表述。

（3）具体活动目标

具体活动目标是指某一具体的教育活动所要达到的目的，或所要引起的幼儿身心变化的具体要求。它是主题活动目标的具体化，是对具体的课时教学所要达到的要求的描述，具有针对性和可操作性。从幼儿园目标体系来看，活动目标是实现幼儿园教育目的最基本的目标要素。教育目标必须要通过一定的课程活动转化为幼儿的学习行为，才能使教育目标落到实处，因而，幼儿园必须结合一定的内容及幼儿特点将教育目标分解为更具体的活动行为目标，并以适当形式表述出来，才能具体指导教师的教育教学实践。因此，幼儿园教师必须具备制定具体活动目标的能力。

具体活动目标的表述主要陈述活动开展会给幼儿认知、情感与行为带来的可能改变。从表 5-1 中，我们可以略窥幼儿园教育目标分类的概貌。

表 5-1　幼儿园教育目标分类示例

目标类别系列	目标内容
领域目标：社会领域	能努力做好力所能及的事，不怕困难，有初步的责任感
中班"我是勇敢小宝贝"主题活动目标	①理解能面对自己的各种困难就是勇敢；②体验战胜与克服困难的乐趣，增强面对困难的勇气；③学会表达和分辨自己的害怕，掌握克服害怕的常用方法
主题"我是勇敢小宝贝"中"我们都有哪些害怕的事情"的活动目标	①在家长协助下，能完成"我们都有哪些害怕的事情"的调查记录单；②能在同伴面前大胆说出自己害怕的事情；③能和同伴共同完成"我们都有哪些害怕的事的'夹心蛋糕'"

2. 根据幼儿发展的时间进程分解

根据幼儿发展的时间进程，幼儿园教育目的可以分解为各年龄阶段教育目标、学期教育目标、月教育目标与周教育目标、日教育目标与具体活动目标。幼儿园总目标及各领域目标，需要进一步分解为各层级的阶段目标，落实到幼儿的每日生活中才能最终达成。各层级的目标是幼儿园教师制订工作及课程计划的重要依据。

（1）各年龄阶段教育目标

各年龄阶段幼儿有不同的发展特点，其教育目标也应有相应的差别。各年龄阶段教育目标是根据幼儿身心发展特点与领域内容特点所拟定的具体保育和教育目标，主要包括小班（3～4 岁）、中班（5～6 岁）、大班（6～7 岁）三个年龄阶段的保育和教育目标。我国《3～6 岁儿童学习与发展指南》对各年龄阶段学习与发展目标做出了具体规定。（详见附录）

学习笔记

学习笔记

（2）学期教育目标

学期教育目标是对年龄阶段教育目标的具体落实，即每一学期根据幼儿发展的特点与需求制定的教育目标。年龄阶段教育目标进一步分解为学期教育目标才能使具体活动有更具体的操作指导。

（3）月教育目标与周教育目标

月教育目标与周教育目标是对学期教育目标的具体化，它需要结合季节、文化与地域特点来制定更为具体的教育目标。一学期一般包括 5 个月，每一个月都有具体的教育目标。

（4）日教育目标与具体活动目标

日教育目标与具体活动目标是教育目标的进一步具体化。根据月教育目标与周教育目标，制定出幼儿园每天的教育目标，再细化为每一环节每个教育活动的具体目标，幼儿园教育目的才能真正实现。

幼儿园教育目的的实现，要从宏观的教育目的出发，层层细化，既需要长期的、阶段性的规划，也需要每天直至每个教育活动目标的具体落实。表 5-2 可以反映幼儿园教育目标逐层细化落实的进展序列。

表 5-2　幼儿园教育目标时间阶段性分解示例

目标层次系列	目标内容
年龄阶段目标：中班·健康领域	①学习控制、调整自己的情绪；②独立盥洗、刷牙，有序地穿衣、裤、鞋，初步学习整理衣服；③知道必要的卫生保健知识，学习对自己的身体进行适当的保护；④了解必要的安全常识，对陌生人和危险事物有所警觉；⑤积极参加体育活动，提高身体承受气温变化的适应力，动作自然、协调；⑥自理大小便，有初步的独立生活能力
学期目标：中班下学期·健康领域	动作技能：①跳跃动作自然，能较自如地控制方向；②学习听口令变换队形，动作准确地做器械操、韵律操；③近距离互相抛接物和肩上挥臂投物；④学会使用简单的操作工具和材料，手眼协调地进行建构和拼摆活动；⑤能较协调灵敏地做不同类型的掷远、钻、爬、滚、攀、平衡动作；⑥熟练掌握多种运动器械和游戏的玩法
	生活与卫生习惯：①大小便自理，生活有规律；②学习正确地使用筷子，养成收拾餐具的好习惯；③保持衣着清洁，爱护环境卫生；④学习整理床铺，有整理物品的习惯；⑤养成早晚刷牙等良好的习惯；⑥逐步形成正确的坐姿、学习姿势
	自我保护：①在各种活动中，学习保护自己不受伤害；②能配合成人进行预防接种和疾病治疗；③能记住父母的工作单位、家庭住址及电话号码，遇到危险时知道呼喊求救；④认识身体的各个器官，懂得基本的卫生保健常识；⑤懂得简单的交通规则，注意交通安全
月目标：中班 3 月·健康领域	①学习听口令变换队形，学习做器械操、韵律操；②跳跃动作自然，学习创造性地练习跳的动作；③初步学习使用筷子的方法，学习收拾整理餐具；④学习大小便自理，生活有规律；⑤能记住父母的工作单位、家庭住址及电话号码

续表

目标层次系列	目标内容
周目标：中班3月第一周·健康领域	学习听口令变换队形，学习做器械操、韵律操
具体活动目标：韵律操《采果子舞》活动目标	①在反复感受的基础上学习舞蹈，初步学会小跑步，要求节奏基本正确；②在采果子的过程中，体验劳动及丰收的喜悦

(二)实施幼儿园教育目的要注意的问题

1. 幼儿园教育目的的分解要全面系统

(1)分解要全面

将幼儿园教育目的层层具体化为各个层次目标的过程，实际上就是一个将教育目的的内容逐步具体化的过程。需要注意的是，不论教育目的分解到哪一层次，都要保证教育目的的整体结构不受损害，其内容的涵盖面一定要全面，即包括幼儿全面发展的各个方面。在实践过程中，幼儿园制定具体教育目标的指导思想常常出现偏差，如在德、智、体、美四育中，或重德轻智，或重智轻德；在智育中重知识的掌握而轻智力的培养；在体育中重动作的发展而轻生活与卫生习惯的培养；在德育中重社会常识的掌握而轻道德情感的培养；在美育中重艺术技能的掌握，轻审美情趣和艺术创造性的培养等。

(2)分解要系统

教育目的的实现是一个长期的过程，它由若干不同的阶段组成。每个阶段性目标之间要相互衔接，体现幼儿心理发展的渐进性和连续性；同时，下层目标与上层目标之间、局部目标与整体目标之间要协调一致，以保证每一个具体目标的实现都朝总目标前进一步，都成为实现上层目标的有效环节。

2. 幼儿园教育目的的理解与执行要正确

(1)幼儿园教师要正确地理解教育目的

首先，幼儿园教师必须正确、清楚、全面地理解和把握幼儿园教育目的的内涵，并将这种"外在"的教育目的转化为"内在"的正确的教育观念，并用以指导自己的行动。其次，幼儿园教师必须掌握将教育目的转化为幼儿发展目标的技术。目的是抽象概括的，需要用幼儿身心行为的发展目标来表达。最后，幼儿园教师还要善于选择适宜的方式与内容去实现目标。在教育过程中，幼儿园教师要依据幼儿的实际水平，选择适宜的教育目标、教育模式、教育内容、活动方式、组织形式、指导方法等，以促进幼儿的发展。没有教师的这种努力，教育目标的实现是不可能的。

学习笔记

云测试：模块五单元1

学习笔记

（2）幼儿园教师要正确地执行教育目的

幼儿园教育目的的执行受到多方面因素的影响。一是教师自身的因素。教师的理论观念要变为实践，需要恰当的转化。当教师的转化能力不足时，目的的执行就会受到影响。二是家庭与社会因素的影响。例如，有的家长望子成龙心切，希望孩子有一技之长，让孩子所在的幼儿园训练孩子的某种技能，或要求幼儿园教小学才教的读、写、算技能；又如，社会上各种幼儿技能大赛的宣传，偏重学历、追求升学率的风潮等，都可能干扰教师组织教育活动，使教师的教育行为偏离幼儿园教育目的。因此，在实现幼儿园教育目的的过程中，教师须排除一切干扰，按照幼儿园教育目的来规范自己的教育行为，保证幼儿园教育目的的真正落实。

单元 2　幼儿园教育内容

了解我国幼儿园教育的主要内容以及内容选择和组织的基本原则与策略是幼儿园教师组织幼儿园教育活动的基础。

▶▶ 一、　我国幼儿园的教育内容 >>>>>>>>

幼儿园教育内容是实现幼儿园教育目的的载体，是教育者根据幼儿园教育目的的要求，有计划、有组织地开展的旨在引导幼儿养成行为习惯、丰富经验、增长知识技能、培养情感态度等活动内容的总和。

根据《幼儿园教育指导纲要（试行）》（本节简称《纲要》）和《3～6岁儿童学习与发展指南》（本节简称《指南》）的要求，我国幼儿园教育的内容是广泛的、具有启蒙性的，按照幼儿学习活动的范畴相对划分为健康、语言、社会、科学、艺术五个领域。参照《纲要》和《指南》的规定，幼儿园各领域教育的内容要求与指导要点可简要归纳如下。

（一）健康

《指南》指出，健康是指人在身体、心理和社会适应方面的良好状态。幼儿阶段是儿童身体发育和机能发展极为迅速的时期，也是儿童形成安全感和乐观态度的重要阶段。发育良好的身体、愉快的情绪、强健的体质、协调的动作、良好的生活习惯和基本生活能力是幼儿身心健康的重要标志，也是其他领域学习与发展的基础。健康领域的内容要求与指导要点如下。

1. 内容要求

综合《纲要》和《指南》的内容要求，幼儿园健康教育的内容可以概括为以下几个方面。

（1）良好的身体健康教育

身体健康是幼儿生命健康的基础。身体健康包括良好的身体机能、强健的体质与协调的动作。具体的内容要求有以下几个方面。

第一，与家庭一起为幼儿提供营养丰富、健康的饮食，使幼儿养成健康的生活习惯，帮助幼儿形成正确的身体姿势，定期为幼儿进行健康检查，以促进幼儿良好的身体机能的形成。

第二，开展丰富多彩的户外游戏和体育活动，培养幼儿参加体育活动的兴趣和习惯；用幼儿感兴趣的方式发展基本动作，增强幼儿动作的协调性、灵活性，增强幼儿体质，提高幼儿对环境的适应能力。

（2）良好的心理健康与意志品质教育

心理健康和良好的意志品质是幼儿生命健康的必要构成部分，对幼儿生理健康的发展有着重要的影响。具体的内容要求有以下几个方面。

第一，营造温暖、轻松的心理环境，让幼儿形成安全感和信赖感；帮助幼儿学会恰当表达和调控情绪。

第二，在体育活动中，培养幼儿坚强、勇敢、不怕困难的意志品质和主动、乐观、合作的态度。

（3）生活自理与生命安全教育

基本的生活自理与生命安全意识是幼儿适应社会的必备技能。具体的内容要求有以下几个方面。

第一，提供有利于幼儿生活自理的条件，鼓励幼儿做力所能及的事情，并指导幼儿学习和掌握生活自理的基本方法，如穿脱衣服和鞋袜、洗手洗脸、擦鼻涕、擦屁股的正确方法。

第二，创设安全的生活环境，并提供必要的保护措施，同时要善于结合生活实际对幼儿进行安全教育，例如，帮助幼儿认识常见的安全标识，帮助幼儿了解周围环境中不安全的事物，引导幼儿不做危险的事，并帮助幼儿掌握简单的自救和求救的方法；定期进行火灾、地震等灾害的逃生演习。

2. 指导要点

（1）树立正确的健康教育观

正确的健康教育观是幼儿健康教育实施的基础。健康是幼儿园教育的第一目标，因而，幼儿园必须把保护幼儿的生命和促进幼儿健康发展放在工作的首位，在重视幼儿身体健康的同时，还要高度重视幼儿的心理健康。

（2）健康教育要注重培养幼儿的自理、自立能力

健康教育既要注重呵护幼儿幼小的生命，也要注意提供各种机会促进幼儿自身机能与能力的提升与练习。因而，幼儿园健康教育既要高度重视和满足幼儿受保护、受照顾的需要，又要尊重和满足他们不断增长的独立要求，避免过度保护

学习笔记

和包办代替，鼓励并指导幼儿自理、自立。

（3）开展形式多样的体育活动，培养幼儿参加体育活动的兴趣

培养幼儿对体育活动的兴趣是幼儿园体育的重要目标。幼儿园要根据幼儿的特点组织生动有趣、形式多样的体育活动，吸引幼儿主动参与。健康领域的活动要充分尊重幼儿生长发育的规律，严禁以任何名义组织有损幼儿健康的比赛、表演或训练等。

（二）语言

语言是交流和思维的工具。幼儿期是语言发展，特别是口语发展的重要时期。幼儿语言的发展贯穿各个领域，对其他领域的学习与发展有着重要的影响。幼儿的语言学习需要相应的环境与社会经验支持，所以幼儿园应为幼儿创设自由、丰富的语言学习环境，通过多种活动扩展幼儿的生活经验，丰富语言的内容，增强幼儿的理解和表达能力。语言领域的内容要求与指导要点如下。

1. 内容要求

《纲要》和《指南》关于幼儿语言领域学习的内容要求，综合起来主要有以下几个方面。

（1）培养幼儿的倾听与表达能力

倾听与表达是语言交流的基本能力。幼儿的倾听与表达能力是在交流的过程中发展起来的，其培养要注意以下几点。

第一，创造一种自由、宽松的语言交往环境，支持、鼓励、吸引幼儿与教师、同伴或其他人交谈，引导幼儿体验语言交流的乐趣，并学习使用恰当的、礼貌的语言交往方式。

第二，使幼儿养成注意倾听的习惯，发展幼儿的语言理解能力。

第三，鼓励幼儿大胆、清楚地表达自己的想法和感受，引导幼儿尝试说明、描述简单的事物或过程，发展语言表达能力和思维能力。

（2）培养幼儿阅读与书写文字符号的兴趣

第一，培养幼儿对生活中常见的简单标记和文字符号的兴趣。

第二，引导幼儿接触优秀的儿童文学作品，使之感受语言的丰富和优美，并通过多种活动帮助幼儿加深对作品的体验和理解。

第三，利用阅读图书、绘画和其他多种方式，引发幼儿对阅读和书写的兴趣，培养前阅读和前书写技能。

（3）民族语言的学习

语言的民族性与地方性要求幼儿园提供使用普通话的语言环境，帮助幼儿熟悉、听懂并学说普通话。少数民族地区还应帮助幼儿学习本民族语言。

2. 指导要点

(1)创设良好的语言学习环境与条件

第一，语言能力是在运用的过程中发展起来的，发展幼儿语言的关键是创设一种能使他们想说、敢说、喜欢说、有机会说并能得到积极应答的环境。

第二，幼儿语言的发展与其情感、经验、思维、社会交往能力等其他方面的发展密切相关，因此，发展幼儿语言的重要途径是通过互相渗透的各领域教育，在丰富多彩的活动中扩展幼儿的经验，提供促进幼儿语言发展的条件。

(2)注重语言学习的个别化指导

第一，幼儿的语言学习具有个别化的特点。教师与幼儿的个别交流、幼儿之间的自由交谈等，对幼儿语言发展具有特殊意义。

第二，对有语言障碍的幼儿要给予特别关注，要与家长和有关方面密切配合，积极地帮助幼儿提高语言能力。

(三)社会

幼儿社会领域的学习与发展是幼儿社会性不断完善并奠定健全人格基础的过程。人际交往和社会适应是幼儿社会学习的主要内容，也是其社会性发展的基本途径。幼儿在与成人和同伴交往的过程中，不仅学习如何与人友好相处，也在学习如何看待自己、对待他人，从而不断发展适应社会生活的能力。良好的社会性对幼儿身心健康和其他各方面的发展都具有重要影响。社会领域的内容要求与指导要点如下。

1. 内容要求

《纲要》和《指南》关于幼儿社会领域学习的内容要求，综合起来主要有以下几个方面。

(1)自我意识教育

幼儿良好的自我认知与自我调控是其人际交往与社会适应的基础。

第一，关注幼儿感受，以平等的态度对待幼儿，对幼儿的行为表现给予具体、有针对性的鼓励评价，增进其自我认知，保护其自尊、自信。

第二，为幼儿提供表现自己长处和获得成功的机会，鼓励幼儿自主决定、独立做事，增强其自尊、自信。

(2)人际交往教育

第一，引导幼儿参加各种集体活动，体验与教师、同伴共同生活的乐趣；帮助幼儿正确认识自己和他人，使他们养成与他人和社会亲近、合作的态度；结合具体情境，指导幼儿学习交往的基本规则和技能。

第二，引导幼儿尊重、关心长辈和身边的人，尊重他人的劳动及成果；帮助幼儿学习用平等、接纳和尊重的态度对待差异。

（3）社会环境与文化适应教育

第一，结合社会生活实际，帮助幼儿了解基本的行为规则或其他游戏规则，引导幼儿自觉遵守规则。

第二，允许幼儿犯错误，及时肯定幼儿诚实守信的行为；鼓励幼儿做力所能及的事，以培养其责任感。

第三，吸引和鼓励幼儿参加集体活动，萌发集体意识；运用幼儿喜闻乐见和能够理解的方式激发幼儿爱家乡、爱祖国的情感。

2. 指导要点

幼儿园社会教育的指导应注意以下三点。

第一，社会教育具有潜移默化的特点，所以幼儿社会态度和情感的培养应渗透到一日生活各环节与各类活动中进行。各方要为幼儿创设温暖、平等的生活氛围，使幼儿在良好的社会环境及文化的熏陶中学会遵守规则，形成基本的认同感和归属感。

第二，对成人行为的模仿及与成人、同伴共同生活、交往、探索、游戏等，是幼儿社会学习的重要途径。因而，各方应为幼儿提供值得模仿的榜样，建立良好的亲子关系、师生关系和同伴关系，让幼儿在积极健康的人际关系中获得安全感和信任感，发展自信和自尊。

第三，社会学习是一个漫长的积累过程，需要幼儿园、家庭和社会密切合作，协调一致，共同促进幼儿良好社会性品质的形成。

（四）科学

幼儿科学学习是指幼儿在探究具体事物和解决实际问题中，尝试发现事物的异同和联系的过程。幼儿科学学习的核心是激发探究兴趣，体验探究过程，发展初步的探究能力。幼儿的思维特点以具体形象思维为主，所以成人应注重引导幼儿通过直接感知、亲身体验和实际操作进行科学学习，不应为追求知识和技能的掌握对幼儿进行灌输和强化训练。科学领域的内容要求与指导要点如下。

1. 内容要求

《纲要》和《指南》关于幼儿科学学习的内容要求，综合起来主要有以下几个方面。

（1）激发幼儿的探究欲，培养幼儿探索与发现的能力

第一，引导幼儿对身边常见事物和现象的特点、变化规律产生兴趣和探究的欲望。

第二，为幼儿的探究活动创造宽松的环境，让每个幼儿都有机会尝试，支持、鼓励他们大胆提出问题，发表不同意见，使他们学会尊重别人的观点和经验。

第三，提供丰富的可操作的材料，为每个幼儿都能运用多种感官、多种方式

进行探索提供条件。

（2）结合生活引导幼儿感知数学的用处和乐趣，培养幼儿初步的数学与空间概念

第一，引导幼儿感知和体会生活中的数学现象，关注周围与自己生活密切相关的数学规律与信息。

第二，利用生活和游戏中的实际情境，引导幼儿理解数概念。

第三，丰富幼儿识别空间方位的经验，引导幼儿运用空间方位经验解决问题。

（3）培养幼儿良好的科学探究态度与环保意识

第一，引导幼儿掌握科学探究的基本方法，支持幼儿与同伴合作探究和分享交流，引导他们在交流中尝试整理、概括自己探究的成果，让他们体验合作探究和发现的乐趣。

第二，引导幼儿关注和了解自然、科技产品与人们生活的密切关系，使幼儿逐渐懂得热爱、尊重、保护自然。

2. 指导要点

幼儿园科学教育的指导应注意以下几点。

第一，幼儿的科学教育是科学启蒙教育，重在激发幼儿的认识兴趣和探究欲望。

第二，要尽量创造条件让幼儿参加探究活动，使他们感受科学探究的过程和方法，体验发现的乐趣。

第三，科学教育应密切联系幼儿的实际生活进行，以幼儿身边的事物与现象作为科学探索的对象。

（五）艺术

艺术是人类感受美、表现美和创造美的重要形式，也是人类表达自己对周围世界的认识和情绪态度的独特方式。幼儿艺术领域学习的关键在于充分创造条件和机会，在大自然和社会文化生活中萌发幼儿对美的感受和体验，丰富幼儿的想象力和创造力，引导幼儿学会用心灵去感受和发现美，用自己的方式去表现和创造美。艺术领域的内容要求与指导要点如下。

1. 内容要求

（1）引导幼儿感受与欣赏自然界与生活中美的事物

第一，引导幼儿发现、感受和欣赏自然环境和人文景观中的美。

第二，创造条件让幼儿接触多种艺术形式和作品，尊重他们的兴趣和独特感受。

（2）创造机会和条件，支持幼儿的艺术表现和创造

第一，提供丰富的材料，支持幼儿进行绘画、手工、歌唱、表演等艺术活

动；尊重幼儿自发的表现和创造行为，并给予适当的指导。

第二，营造安全的心理氛围，让幼儿敢于并乐于表达表现。

第三，展示幼儿的作品，用幼儿的作品布置环境。

2. 指导要点

幼儿园艺术教育的指导应注意以下几点。

第一，艺术教育是实施美育的主要途径，应充分发挥艺术的情感教育功能，促进幼儿健全人格的形成；要避免仅仅重视表现技能或艺术活动的结果，而忽视幼儿在活动过程中的情感体验和态度的倾向。

第二，幼儿的创作过程和作品是他们表达自己的认识和情感的重要方式，所以教师应支持幼儿富有个性和创造性的表达，避免过分强调技能技巧和标准化要求的偏向。

第三，幼儿艺术活动的能力是在大胆表现的过程中逐渐发展起来的。教师的作用应主要在于激发幼儿感受美、表现美的情趣，丰富他们的审美经验，使之体验自由表达和创造的快乐；在此基础上，根据幼儿的发展状况和需要，对表现方式和技能技巧给予适时、适当的指导。

▶▶ 二、 幼儿园教育内容的选择 >>>>>>>

(一)幼儿园教育内容选择的依据

1. 幼儿园教育目的

幼儿园教育目的是幼儿园教育内容选择的首要依据。我国的幼儿园教育目的强调德、智、体、美、劳全面发展，所以幼儿园教育内容范畴的确定需要考虑如何实现这四个方面的发展；同时，幼儿园的所有教育内容都应当服务于这四个方面的发展目标。

2. 社会生活现实与发展

幼儿园教育的重要目的是为儿童终身发展奠基，是培养能够参与和适应变革的人，所以社会生活现实与发展应当成为幼儿的学习内容。随着时代的变迁，社会生活在不断发展变化。从社会成员的价值观念、社会理想到社会成员之间的关系，从社区中各种物化的社会产品到人们的生活方式、行为方式，都在产生或大或小的变化。幼儿园教育内容的选择必须充分了解和反映社会生活的变化。

3. 幼儿发展水平与特点

首先，幼儿现有的生活经验、学习能力，制约着幼儿园教育内容的广度和深度。幼儿园教育内容应建立在幼儿已有的经验基础之上，适当扩展，并以各种可感知的方式呈现，以扩展幼儿的经验。其次，幼儿发展的结构影响着幼儿园教育内容的结构。幼儿有多种多样的经验，也有德、智、体、美或认知、能力、态度及价值观等多方面的发展要求。在选择课程内容时，幼儿园一定要根据幼儿发展的需要，使课程内容更有效地促进幼儿的整体发展。

4. 相关的学科知识

幼儿园教育虽然不是从知识系统与逻辑出发的教育，但相关的学科知识也成为幼儿园教育内容选择的重要来源与依据。从幼儿全面发展的目标来看，幼儿园教育内容涉及的学科相当广泛，如生理学、健康学、文学、语言学、社会学、经济学、心理学、数学、物理学、化学等，但并不是所有这些学科知识的内容都属于幼儿园教育需要选择的范畴。根据幼儿身心发展的水平，只有那些最基础的、最具有启蒙性的内容才适合进入幼儿园的课程。

除以上依据外，如教师自身的水平与地方文化的特色等，幼儿园在选择教育内容时也应加以充分注意。总体来说，教育内容的选择要符合幼儿园教育目的的要求，充分关注幼儿的兴趣与生活经验，体现幼儿身心发展的特点，也要反映政治、经济、文化发展的需求，适应学科特点。

(二)幼儿园教育内容选择的原则

1. 生活性与适宜性原则

生活性原则是指幼儿园教育内容应当尽可能从幼儿的生活出发，选择基于幼儿生活经验与生活实际，并能丰富幼儿生活经验的内容。适宜性原则是指幼儿园教育内容的选择，要根据教育目的、幼儿发展及社会发展的需要选择有助于幼儿发展同时也能为幼儿所理解的内容。生活性原则是从学习的经验基础角度提出的，适宜性原则是从学习的发展水平角度提出的。生活性与适宜性原则是基于幼儿学习直观性的特点提出的。

根据这两条原则，幼儿园教育内容的选择应当注意以下两点。

第一，选择幼儿生活需要并为幼儿所熟悉的内容。

第二，选择幼儿可以理解的、有益幼儿发展的内容。

2. 全面性与基础性原则

全面性原则是指幼儿园教育内容是广泛的、多方面的。从生活的维度看，它涉及个人生活、家庭生活、社会生活、社区生活、人类生活的内容；从心理结构的维度看，它涉及社会认知、社会情感、社会行为三个方面的内容；从关系的维度看，它涉及幼儿与自我的关系、幼儿与他人的关系、幼儿与社会的关系、幼儿与自然的关系。如果想培养完整的幼儿，幼儿园教育内容就要尽可能地涉及方方面面的内容。基础性原则是指幼儿园教育内容应是浅显的、具体的、富有启发性的知识，是幼儿发展所必须学习的基础性知识。这两条原则是根据培养健康与完整的幼儿的目的提出的。

根据这两条原则，幼儿园教育内容的选择应当注意以下两点。

第一，在较长的教育时段内，尽可能均衡选择幼儿园教育各领域内容。

第二，选择基础的、富有启发性的内容。

学习笔记

3. 时代性与民族性原则

时代性与民族性原则是指幼儿园教育内容既要体现时代发展的特点，又要体现传统文化的特色，坚持这一要求才能使幼儿园教育内容在适应时代变化的同时，又能发扬民族优秀的文化传统。强调时代性是因为幼儿学习以适应与参与社会生活为重要目标，强调民族性则是因为社会发展是有传承性的。幼儿的社会学习，不仅有时代的内容，也有超越时代的内容。根据这两条原则，幼儿园教育内容的选择应当注意以下两点。

第一，关注当下社会生活中出现的新事物、新情况、新问题，帮助幼儿了解自己所生活的时代与世界。

第二，挖掘优秀的传统文化内容，如我国的民间艺术、传统节日、民间风俗习惯、人文景观等。

▶▶ 三、 幼儿园教育内容的组织 >>>>>>>

(一)幼儿园教育内容的组织原则

1. 由近及远的原则

这条原则主要是指幼儿园教育内容应从贴近幼儿生活的内容开始，逐步向外扩展和延伸，如由家庭生活、邻里生活、幼儿园生活、社会生活到国家生活，形成一个以幼儿生活为中心的由近及远的内容结构，以保证幼儿学习经验的逐步扩展与递升。提出这条原则的主要依据是幼儿学习的经验性与拓展性。

2. 由易到难的原则

这条原则主要是指教学内容的安排要从幼儿容易理解与把握的内容开始，逐步提高难度与要求。要注意，这里的易与难不是以学科逻辑为依据的易与难，如一些学科的基本概念是简单的，但对幼儿来说却可能并不是容易的。对幼儿来说易与难主要是从生活经验的角度来说的。容易的内容往往是幼儿有足够的感性经验基础的内容，这些内容往往是幼儿能够理解与接受的。例如，幼儿可能无法理解社会学中的角色概念，但他可以通过生活经验明白医生主要是做什么的、教师主要是做什么的等。根据这一原则，教育内容的安排要尽量从幼儿有丰富感性经验的内容开始，逐步加入新的内容。

3. 综合贯通的原则

这条原则主要是指不同部分、不同层次及各领域的教育内容之间应该建立一种有机的联系，使幼儿的学习完整全面。教育内容的组织，从本质上说，就是有机整合各领域内容的过程。注重教育内容组织的综合贯通主要有两个方面的理由：一是幼儿园教育内容涉及面广，与众多学科相关，所以只有通过整合和系统化才能使这些来自不同学科的知识成为一个有机的整体，对幼儿产生一致的影响；二是幼儿园教育内容的各个方面，只有作为一个有机的系统整合在幼儿的心理结构之中时，才能被幼儿深刻正确地理解，从而被幼儿牢固地掌握，成为帮助幼儿形成健全人格的力量。

（二）幼儿园教育内容的组织策略

1. 幼儿园教育内容的组织思路

幼儿园教育内容的组织一般有以下两种思路。

（1）遵循知识逻辑的内容组织

这是以知识的逻辑结构为基础的内容组织，这种组织方法一般从知识的结构与系统出发，注重教育内容本身的系统性，根据知识的难易，由简到繁地排列知识。这种组织方法的优点是能使幼儿获得系统知识，也能让教育者更清晰地组织教学内容与评估教学效果，但容易忽视幼儿的能力、兴趣及需要。

（2）遵循心理逻辑的内容组织

这是以心理经验的发展水平为基础的内容组织。它一般根据幼儿的经验、能力、兴趣和需要来组织内容，以幼儿的经验为幼儿学习的出发点，然后逐渐扩大范围，而不主要考虑知识体系的完整性。这种组织方法的优点是使幼儿学习起来比较容易，适合幼儿的能力、兴趣及需要，但如果组织不当，也容易使幼儿对知识的掌握出现零碎、片面的状况。

在实践中，人们很少简单地选择这两种中的某一种，而是尽力将两者统一起来组织内容。对于幼儿的学习来说，其重点不是掌握系统的知识，而是初步掌握生活所需要的各类粗浅知识，积累社会生活所需的初步经验。因此，幼儿园教育内容的组织更注重从幼儿的兴趣、经验出发，将知识与生活实际联系起来。

2. 幼儿园教育内容的组织形式

（1）基于一日生活的渗透式组织

这里的生活主要是指幼儿一日生活活动。幼儿的一日生活蕴含着丰富的学习内容。教师需要清楚不同的环节渗透的主要教育内容是什么，从而把各领域的内容有机地与幼儿生活联系在一起。例如，健康教育在幼儿生活的每一个环节中都有体现，各类生活护理活动和各类集体教学活动都蕴含着健康教育的内容。因此，教师需要具备健康教育意识。语言教育也渗透在幼儿一日生活的各环节中。幼儿间的自由交流以及师幼之间的互动都离不开语言。丰富的练习与正确的引导与示范都和日常生活紧密联系在一起。社会教育更渗透在日常生活的各环节中。日常活动中各类规则的习得、幼儿与同伴关系的建立都离不开日常生活。一日生活也渗透着丰富的科学与艺术教育内容。

（2）统整性的主题式组织

围绕核心话题将各领域内容统合组织在一起，对幼儿实施全面的教育，这是当前我国幼儿园组织教育内容的一种主要策略。主题式组织要注意以下几个问题。

第一，主题的典型性。主题应该能代表幼儿发展的核心需要，应该是有助于幼儿关键经验发展的主题。这些主题可以侧重生活与自然的节律，如春天、秋天、"我上幼儿园了"等；也可以侧重领域专门内容或节日文化内容，如动物世界、各行各业的人们、中秋节等。

第二，主题内容的多领域性。主题式组织还要注意各领域内容的平衡。例如，秋天的主题要有健康、语言、社会、科学、艺术各领域的活动，这样才能使幼儿在一个主题活动中学习到多领域的内容，实现全面发展。

第三，主题活动形式的多样性。主题式组织要注意活动形式的多样性，既有集体活动，也有区域活动，还要有小组与个别活动，让幼儿在多种活动形式中内化学习内容，获得丰富发展。

小 结

• 幼儿园教育目的是总的教育目的在幼儿园教育这一阶段的具体化，是国家对幼儿园或学前教育机构提出的培养人的规格与要求。它是幼儿园教育实践的出发点和归宿。幼儿园教育目的是完成幼儿园教育任务、提高幼儿园保教质量的指导思想。幼儿园教育目的主要有定向、调控以及评价功能。

• 幼儿园教育目的制定的依据：一是社会发展的要求，这是制定教育目的的外在依据；二是幼儿身心发展的规律与要求，这是制定教育目的的内在依据；三是国家教育目的的要求。幼儿园教育目的制定的原则主要有方向性与基础性原则、科学性与动态性原则、层次性与整体性原则。

• 我国幼儿园教育目的的基本内容是按照保育与教育相结合的原则，对幼儿实施德、智、体、美、劳诸方面全面发展的教育，促进幼儿身心和谐发展。特点有三：一是幼儿身心的和谐发展是幼儿园教育的根本目的；二是德、智、体、美、劳是幼儿全面和谐发展的有机组成部分；三是目的内容体现了以幼儿为本的教育价值取向。

• 我国幼儿园教育目的的实施：幼儿园教育目的的正确实施是建立在教师对目的的正确理解、分解与执行上的。从理解角度看，教师要正确理解目的的内涵与结构；从分解角度看，教师要掌握分解教育目的的技术；从执行角度看，教师要善于排除各种干扰，正确地去执行目的。

• 我国幼儿园的教育内容：幼儿园教育内容是实现幼儿园教育目的的载体，是教育者根据幼儿园教育目的的要求，有计划、有组织地开展的旨在引导幼儿养成行为习惯、丰富经验、增长知识技能、培养情感态度等活动内容的总和。我国幼儿园的教育内容是广泛的、具有启蒙性的，相对划分为健康、语言、社会、科学、艺术五个领域。各领域内容都应使幼儿在知识、技能、能力、情感态度等维度上得到发展。

• 幼儿园教育内容选择的依据与原则：幼儿园教育内容选择的依据主要有幼

儿园教育目的、社会生活现实与发展、幼儿发展水平与特点以及相关的学科知识。幼儿园教育内容选择的原则主要有生活性与适宜性原则、全面性与基础性原则以及时代性与民族性原则。

• 幼儿园教育内容的组织原则与策略：幼儿园教育内容的组织原则主要有由近及远、由易到难、综合贯通的原则。幼儿园教育内容的组织策略，从组织思路看主要是遵循知识逻辑和心理逻辑；从组织形式看有基于一日生活的渗透式组织，也有统整性的主题式组织。

思考与练习

1. 名词解释：幼儿园教育目的、幼儿园教育内容。

2. 简述幼儿园教育目的制定的原则。

3. 简述《幼儿园教育指导纲要（试行）》关于各领域教育目标的规定。

4. 简述实施幼儿园教育目的要注意的问题。

5. 简述《幼儿园教育指导纲要（试行）》关于我国幼儿园各领域教育的内容要求与指导要点。

6. 简述《3～6岁儿童学习与发展指南》关于各年龄阶段幼儿的学习与发展目标及其教育建议。

7. 简述幼儿园教育内容的组织策略。

8. 试述2016年《幼儿园工作规程》关于幼儿园教育目的的规定，并结合实际分析其对学前教育实践的指导意义。

9. 论述幼儿园教育内容选择的原则。

10. 选定某领域，尝试查找相关资料，并结合幼儿发展的阶段特点，制定出不同年龄阶段的领域教育目标。

11. 结合幼儿园教育目标分解的有关内容，尝试制订一个周计划。

12. 选择一本幼儿园教材，分析其内容组织所体现的原则与策略。

学习反思

云测试：模块五
幼儿园教育的
目的与内容

模块六
幼儿园生活活动

小花爱喝水

文文活泼好动，常常玩得满头大汗，但他除了教师规定的几次喝水外，几乎从不主动喝水。对于像文文这样不主动喝水的幼儿，以往教师主要采取以下措施：反复跟他们讲水对人体的重要作用，提醒他们在每次集体活动前后要喝水，并且在用点心时给他们每个人准备一杯水。这样做虽然能保证这些幼儿的基本喝水量，但缺陷是这需要教师时时监管，工作量较大，而且集体定时喝水不一定适合幼儿个体的需要，也不能有效激发幼儿喝水的主动性。

经过思考，教师决定改变策略。教师在饮水机旁创设了一块"小花爱喝水"的墙饰，墙上贴着每个幼儿的照片，照片下面是一个小纸袋，同时旁边还有一盒纸制小花。教师请幼儿每喝完一杯水就取一朵花插在自己照片下的纸袋里，希望以此激发幼儿喝水的主动性、积极性。教师也可以通过花朵的数量及时了解每个幼儿的喝水情况，以便适时提醒幼儿喝水。果然，墙饰创设的当天，幼儿喝水的主动性便有了明显提高。教师听到文文对亮亮说："我的小花渴了，我要去喝水了。"[①]

分析： 在上述案例中，幼儿园教师为了让文文小朋友主动喝水，创设了一个"小花爱喝水"的墙饰情境，结果，文文真的变得爱主动喝水了。喝水在成人看来只不过是生活中的常事，但对幼儿而言，诸如喝水、如厕、进餐、睡眠等日常生活活动，不仅是幼儿生长所必需的，也是他们必须努力学习与实践的生存能力，更是培养良好品行的重要途径，正如《幼儿园教育指导纲要（试行）》要求的："根据幼儿的需要建立科学的生活常规。培养幼儿良好的饮食、睡眠、盥洗、排泄等生活习惯和生活自理能力。"为此，幼儿园教师就必须具备开展幼儿园生活活动的理论知识和实践能力。那么，幼儿园生活活动包括哪些内容？如何开展幼儿园一日生活活动？如何使幼儿在生活活动中愉快并自主地获得发展？本模块将围绕上述问题展开探讨。

---

① 沈士玲. 幼儿园生活活动细节的处理[J]. 幼儿教育，2007(9).（有删节）

学习目标

了解幼儿园生活活动、生活常规的含义。

理解幼儿园生活活动对幼儿身心发展的影响以及幼儿园生活活动的指导要求、指导原则。

应用幼儿园生活活动的组织与指导原则，培养和训练幼儿园生活活动的组织与指导能力。

思维导图

```
                                              ┌─────────────────────┐
                                              │  幼儿园生活活动的含义  │
                                              └─────────────────────┘
                                              ┌─────────────────────┐
                                              │  幼儿园生活活动的意义  │
                          ┌──────────────┐    └─────────────────────┘
                          │ 幼儿园生活活动概述 │   ┌─────────────────────┐
                          └──────────────┘    │ 幼儿园生活活动的基本目标 │
                                              └─────────────────────┘
                                              ┌─────────────────────┐
                                              │ 幼儿园生活活动与幼儿园其他教育 │
                                              │        活动的关系        │
  ┌──────────┐                                └─────────────────────┘
  │ 幼儿园生活活动 │
  └──────────┘                                ┌─────────────────────┐
                                              │   入园与离园的组织与指导  │
                                              └─────────────────────┘
                                              ┌─────────────────────┐
                                              │    餐饮的组织与指导     │
                                              └─────────────────────┘
                                              ┌─────────────────────┐
                          ┌──────────────────┐ │    盥洗的组织与指导     │
                          │ 幼儿园生活活动的组织与指导 │ └─────────────────────┘
                          └──────────────────┘ ┌─────────────────────┐
                                              │    睡眠的组织与指导     │
                                              └─────────────────────┘
                                              ┌─────────────────────┐
                                              │ 幼儿园生活活动中体弱、生病 │
                                              │       幼儿的护理       │
                                              └─────────────────────┘
                                              ┌─────────────────────┐
                                              │  幼儿园生活活动的指导原则  │
                                              └─────────────────────┘
```

单元1　幼儿园生活活动概述

▶▶ 一、幼儿园生活活动的含义 ＞＞＞＞＞＞＞

幼儿园生活活动是指幼儿一日活动中的生活环节，是满足幼儿基本生活需要的活动，主要包括入园、离园、进餐、饮水、盥洗、如厕、睡眠等常规性活动。

幼儿在园的生活活动是幼儿一日活动的重要组成部分，贯穿一日生活的始终。《幼儿园工作规程》《幼儿园教育指导纲要（试行）》《托儿所幼儿园卫生保健管理办法》等都对幼儿园生活活动有明确要求。幼儿生长发育十分迅速，新陈代谢极为旺盛，但由于幼儿知识经验不足，缺乏独立的生活能力和自我保护能力，因此，他们不仅需要成人悉心照顾，更需要成人反复地指导帮助、训练培养，才能独立自理并养成良好的生活习惯，建立良好的生活秩序。幼儿园教师要善于运用有效的指导策略培养幼儿在生活活动中的自理、自立能力，做到精心照顾和保育幼儿的同时，还要尊重幼儿不断增加的独立需要，帮助他们学习生活自理技能，增强自我保护能力。

幼儿园生活活动的特点是具有生活性和实践性。幼儿园生活活动指向幼儿的日常生活或生理需要，具有浓厚的生活性；幼儿园生活活动必须在实际生活中通过幼儿自身的活动来实施，体现了实践性。生活性要求生活活动的开展必须依循并满足幼儿的生理需要，而实践性则要求生活活动必须通过幼儿的入园、离园、进餐、饮水、盥洗、如厕、睡眠等具体活动来展开，不同于一般的游戏和教学活动。

▶▶ 二、 幼儿园生活活动的意义 >>>>>>>>

（一）促进幼儿的生长发育

幼儿身体各个器官的生理机能尚未发育成熟，对各种自然环境和社会环境的适应能力差，对疾病的抵抗能力和对压力的承受能力较弱。幼儿园生活活动保证了幼儿充足的睡眠、合理的营养，满足了幼儿如厕、饮水等生活需要，为其生长发育提供了保障。例如，幼儿的午睡是维持生命活动的自然休息，对保护幼儿的大脑、恢复幼儿的体力尤为重要。充足、合理的睡眠有利于幼儿的生长发育。

（二）培养幼儿的生活自理能力和劳动观念

生活自理能力和劳动观念也可以在幼儿园生活活动中初步养成。今天的幼儿是未来的建设者、劳动者，他们必须是全面发展的人，必须是有开拓创新和辛勤劳动精神的人，因此，从小培养幼儿的生活自理能力以及热爱劳动的观念具有重要意义。在幼儿园生活活动中，教师可通过幼儿独立吃饭、如厕、穿脱衣服、午睡、卫生整理等生活活动，来提高幼儿的生活自理能力，培养幼儿自我服务的劳动观念。

（三）培养幼儿良好的生活与卫生习惯

学前期是幼儿养成各种习惯的关键时期。幼儿的可塑性强，养成良好的生活习惯，将使其一生受用无穷。家长非常重视幼儿的智力开发，却往往容易忽略幼儿生活习惯的养成。父母、祖父母包办代替多，致使幼儿生活习惯和生活技能差。幼儿园生活活动为幼儿提供了反复训练生活与卫生习惯的机会，如饭前便后洗手、定时定量进餐、不挑食、不随地吐痰等，有助于幼儿生活与卫生习惯的养成。

(四)培养幼儿良好的心理素质

幼儿园合理有序的生活活动不仅能保证对幼儿身体的照顾,还有利于培养幼儿良好的心理素质。教师精心安排幼儿的每一个生活环节,能为幼儿营造良好的心理氛围,使幼儿保持愉快的情绪。幼儿积极地参加各项活动,增加与同伴和教师的交往与合作,在安全愉快的环境中健康成长。例如,按时午睡、进餐等生活活动,让幼儿在养成遵守作息制度的良好习惯的过程中,逐渐形成遵守制度、纪律的倾向,同时可增强幼儿动手做事、克服困难的能力和信心。幼儿在形成良好生活习惯的过程中,其良好的心理素质也在发展之中。

▶▶ 三、 幼儿园生活活动的基本目标 >>>>>>>

(一)建立生活制度,形成生活常规

生活制度是指科学、合理地安排幼儿一日生活的各项活动的顺序和时间的制度。[1]生活常规是指幼儿在生活活动的各个环节应遵循的行为规范。幼儿园生活活动,首先应根据幼儿身体发展的特点,建立并执行科学、合理的生活制度,帮助幼儿了解遵守生活秩序的重要意义,着力于培养幼儿良好的生活习惯和作息习惯,确保幼儿健康发展,同时形成良好的生活常规。良好的生活常规可以帮助幼儿形成生活规律、建立安全感,培养幼儿的自律能力、集体生活能力。表 6-1 是全日制幼儿园生活制度示例。

视频:幼儿园生活常规的指导

表 6-1 全日制幼儿园生活制度示例[2]

活动项目	小班	中班	大班
入园晨检、早操	7:00—8:00	7:00—8:00	7:00—8:00
盥洗、早饭、游戏	8:00—9:00	8:00—8:45	8:00—8:45
第一节课	9:00—9:15	8:45—9:10 (休息 10 分钟)	8:45—9:10 (休息 10 分钟)
第二节课	9:15—9:35 (饮水、如厕)	9:20—9:40 (饮水、如厕 15 分钟)	9:20—9:50 (饮水、如厕 10 分钟)
游戏、户外活动	9:35—11:10	9:55—11:15	10:00—11:15
准备吃饭	11:10—11:30	11:15—11:30	11:15—11:30
午饭	11:30—12:00	11:30—12:00	11:30—12:00
午后散步	12:00—12:15	12:00—12:15	12:00—12:15

---

[1] 阎水金.学前教育学[M].上海:上海教育出版社,1998:149.
[2] 麦少美.学前卫生学[M].上海:复旦大学出版社,2009:60.

续表

活动项目	小班	中班	大班
午睡	12:15—15:00	12:15—14:30	12:15—14:30
起床、盥洗、午点	15:00—15:45	14:30—15:00	14:30—15:00
游戏、户外活动	15:45—17:15	15:00—17:15	15:00—17:15
准备吃饭	17:15—17:30	17:15—17:30	17:15—17:30
晚饭	17:30—18:00	17:30—18:00	17:30—18:00
离园回家	18:00	18:00	18:00

(二)学习生活与卫生常识，培养生活与卫生习惯

幼儿园生活活动必须以活泼多样、寓教于乐的形式和内容，帮助幼儿了解粗浅的进餐、饮水、睡眠、如厕、疾病以及安全等生活与卫生方面的知识，培养良好的饮食、睡眠、排泄、盥洗、清洁整理等生活与卫生习惯。粗浅的生活与卫生知识的获得和良好习惯的养成，主要通过幼儿在生活活动中的体验实现，而非通过课堂说教实现。在幼儿园生活活动中，良好的生活与卫生习惯的养成，具有十分重要的意义。比如，良好的饮食习惯会影响幼儿的营养水平。幼儿的饮食习惯产生偏差，出现挑食、偏食、厌食等问题，将会影响幼儿的生长发育。因此，幼儿园生活活动应帮助幼儿学会用餐方法，培养幼儿良好的饮食习惯。

(三)掌握基本的生活技能，提高自理能力

幼儿园生活活动要帮助幼儿学会穿脱衣裤、系带系扣、洗手洗脸、整理被褥、清洗餐具、打扫活动室、分发用具等基本的生活技能，逐步提高幼儿的自理能力。

(四)养成良好的生活态度

幼儿园生活活动要为幼儿创设和谐、愉快的生活环境，使师幼和同伴互相关心、互相帮助，唤起幼儿积极、愉快的情感；同时，要为幼儿提供自我服务、自我锻炼的机会，培养幼儿热爱劳动的态度，使幼儿懂得尊重他人的劳动，养成良好的生活态度。

当然，幼儿园生活活动的目标，要根据不同年龄幼儿的特点和需要以及幼儿园的实际条件具体细化，不能"一刀切"。例如，小班生活活动目标是使幼儿了解盥洗的顺序，初步掌握刷牙、洗手等的基本方法；知道穿脱衣服的顺序；学习保持自身清洁，会使用手帕；学会坐、站、行等的正确姿势；养成良好的作息习惯等。中班生活活动目标则是使幼儿学习穿脱衣服、整理衣服；学习整理玩具，能保持玩具清洁；有初步的生活自理能力等。

学习笔记

▶▶ 四、　幼儿园生活活动与幼儿园其他教育活动的关系 >>>>>>>>

幼儿园教育活动形式多样，除了生活活动外，还有教学活动、游戏活动等。这些活动都有自己的目的和内容，但相互之间紧密配合，共同促进幼儿身心全面和谐发展。教学活动、游戏活动将在本书第七模块、第八模块做专门介绍，下面先对它们之间的关系进行讨论。

（一）幼儿园教育活动各具教育作用，不可偏废

无论生活活动，还是教学活动、游戏活动，都具有重要的教育作用，对幼儿的发展都是不可缺少的。生活活动是幼儿身体健康发展的前提和保障，是幼儿良好的生活习惯和个性形成的基础，是幼儿学会生存与学会学习的起步；教学活动是有目的、有计划地增进幼儿健康、社会、语言、科学和艺术等方面经验和能力的教育活动，是促进幼儿德、智、体、美、劳全面发展的主要途径；游戏是幼儿的基本活动，它渗透在一日生活的各环节中，能满足幼儿身心发展的各种需要，也能促进幼儿身心各方面的发展。因此，幼儿园不能顾此失彼，随意削弱或取消任何一种活动。教师应当特别注意克服重教学活动轻生活活动及重有组织的活动轻幼儿自由活动的两种错误倾向，保证幼儿健康成长。

（二）幼儿园教育活动有机统一，不可分割

幼儿园各项教育活动不是孤立地对幼儿发挥作用的，而是在统一的教育目标指引下形成合力、相互渗透，发挥整体教育功能的。例如培养幼儿的独立性，教师就需要在生活活动中注意培养幼儿自己吃饭、穿衣、如厕等自理能力；在教学活动中，指导幼儿独立思考，遇到困难多动脑筋，尽量自己完成学习任务；在区角活动或自由活动时，鼓励幼儿自己设计游戏，自己想出办法来玩，主动与别人交往等。[①]在幼儿生活活动中，教师既要充分捕捉生活活动中的教育因素，又要将教育目标隐含在生活活动中，使幼儿在潜移默化中受到教育。在游戏活动中，教师要充分挖掘游戏的教育价值，使游戏贯穿一日活动的各个环节，使幼儿在游戏中快乐、自主地成长。

云测试：模块六单元1

🔗 资料卡片 ▶▶▶▶▶

将食谱与教学活动结合起来

在幼儿园里，有些幼儿不爱吃蔬菜，有些幼儿不爱吃鱼类食物，那如何纠正幼儿的偏食倾向呢？如果我们在保证幼儿营养的前提下，能将幼儿食谱与相关教学活动相结合，也许能收到较好的效果。于是，我们做了相应的尝试。

---

①　李季湄．幼儿教育学基础[M]．北京：北京师范大学出版社，1999：51.

首先，我们在了解幼儿进餐情况的基础上，生成相关的教学活动。每天在幼儿进餐时，我们都会仔细观察，了解幼儿喜欢哪些饭菜，不喜欢哪些饭菜，然后重点了解和分析幼儿不喜欢的饭菜的种类及原因。了解了这些信息以后，一方面，我们将相关信息提供给食堂工作人员，以便他们改进烹饪方式和技术；另一方面，我们积极准备相关活动内容，通过讲故事、做游戏、参观等活动，让幼儿了解相关原料的种植（养殖）过程、营养价值等知识。例如有一次，我们发现许多幼儿都不喜欢吃胡萝卜烧牛肉里的胡萝卜，就设计了"小白兔爱吃胡萝卜"的教学活动，把小白兔如何爱吃、为什么爱吃胡萝卜以及吃了胡萝卜以后对健康成长有什么帮助等都设计到活动中。通过此次活动，很多幼儿都说"我也要像小白兔一样爱吃胡萝卜"。有的幼儿还说："我回家叫妈妈也像小白兔一样爱吃胡萝卜。"不仅如此，我们还在当天安排了有胡萝卜的菜。吃午餐时，孩子们都指着菜盘说："老师，看，我们现在爱吃胡萝卜了。"我们非常高兴，伸出大拇指，以示表扬。

其次，我们根据相关教学活动内容安排幼儿食谱。为了让后勤保障与教学活动紧密结合，让幼儿餐饮工作服务于教学活动，我们经常主动与食堂工作人员沟通，让他们及时了解和掌握相关教学活动内容，以便据此安排幼儿饮食，让幼儿延伸体验教学内容，掌握和巩固所学知识。例如，为了增加幼儿的社会实践机会，我们在每年金秋时节都会组织幼儿到农村去挖山芋、摘毛豆等。食堂工作人员了解了这一教学活动内容后，就把山芋、毛豆等列入幼儿食谱，并把幼儿亲手采摘的山芋、毛豆等做成有多种吃法的食物，使幼儿体验到分享自己劳动成果的喜悦。例如在一次挖山芋活动结束后，食堂工作人员把幼儿挖来的山芋炸成薯条、蒸成山芋米饭等。幼儿吃着又香又甜的山芋食物心满意足。教师们一致反映："孩子们今天吃得特别多，也不像以往那样到处撒饭，还讨论了很多关于山芋的话题。"[①]

单元2　幼儿园生活活动的组织与指导

学习笔记

幼儿园生活活动是进行保教结合的重要途径。幼儿园教师要不断优化幼儿园生活活动内容，有效组织幼儿的入园、离园、进餐、饮水、如厕等环节，探讨幼儿园生活活动的组织策略，既要把生活活动作为幼儿园的课程来实施，又要把生活活动作为幼儿园课程实施的手段，树立整体观，使幼儿园生活活动与其他教育活动一体化，提高幼儿一日活动的质量。

▶▶ 一、入园与离园的组织与指导 ＞＞＞＞＞＞＞

为了使幼儿愉快地度过在幼儿园里的每一天，入园与离园的组织与指导尤为重要，它可以调整幼儿情绪，使幼儿感受到幼儿园生活的乐趣。

（一）入园的组织与指导

1. 幼儿入园前的准备

每天在幼儿入园前，教师要对本班活动室的卫生、安全进行检查，准备图书、教具、玩具，做好晨间接待的准备。

---

① 李晓春. 将食谱与教学活动结合起来[J]. 幼儿教育，2010(11).

2. 晨间接待的组织

当幼儿每天早晨来到幼儿园时，教师应做好晨间接待工作。

第一，在幼儿入园时，要以饱满的热情接待幼儿和家长。

第二，指导家长和幼儿做好晨检，了解幼儿的健康状况。

第三，和家长进行简短交谈，做好与家长的交接工作，必要时给予一些家庭教育指导。

第四，组织陆续入园的幼儿在室内进行分散、自选活动，也可以安排一些值日工作。

3. 入园指导的注意事项

在进行入园指导时，教师应注意以下几点。

第一，热情，精神饱满。

第二，培养幼儿仪容整洁入园的习惯。

第三，培养幼儿有礼貌地向教师问好和向家长道别的习惯。

第四，培养幼儿主动向教师陈述要求的习惯。

第五，引导幼儿积极参加活动和值日生工作，遵守常规。

📎 资料卡片 ▶▶▶▶▶▶

我是如何做好晨间接待工作的

能否做好晨间接待，关系到幼儿能否在园度过安全、愉快的一天，关系到教师能否顺利地完成一天的教学任务。我认为幼儿园教师要做到以下几点。

首先，把快乐和关爱送给每个幼儿。在晨间接待过程中，教师的态度、情绪会对幼儿在园一日生活及家长一天的工作产生重要的影响。保教人员每天首先要把自己的烦恼和倦怠放到一边，调整好自己的情绪和心态，以饱满的精神、热情的态度、亲切的话语去迎接每一个入园幼儿，使幼儿感到安全、温暖，把快乐和关爱送给每个幼儿，使家长放心地做好自己的工作；还应特别注意不能顾此失彼，要恰当地分配与每个幼儿交谈的时间，使他们都能感受到老师喜欢自己，从而以愉快的心情开始在园的一日生活。

其次，与家长沟通，了解幼儿在家情况。晨间接待时，主班老师在活动区指导幼儿活动，同时生活老师要主动向家长了解幼儿在家的情况以及需要老师关心的事宜，并把了解的情况及时反馈给主班老师，以帮助其有针对性地做好教育教学工作。

再次，设置记事本。晨间接待时，家长会提出各种各样的要求和问题，如孩子牙齿不太好，孩子身体不舒服，孩子不能吃硬东西，晚上可能晚一点接孩子或让某某小朋友的家长接孩子，等等。幼儿多，工作繁杂，所以老师有时候难免会漏掉一两件事情。家长对这些事看得很重，往往以此来评价老师的责任心。为此，我准备了一个记事本，把家长的问题当面记下来，使家长所嘱托的事情件件都落到实处。

最后，中、大班生活老师在晨间接待时还有一项任务，就是指导值日生的工作，如协助小朋友整理衣服、摆放桌椅等。这样既做到了保教结合，又培养了幼儿爱劳动的品德。①

(二)离园的组织与指导

1. 幼儿离园前的准备

学习笔记

幼儿完成在园一天的愉快活动，等待家长接回家。教师在幼儿离园前要做好以下准备。

第一，在幼儿离园前，组织幼儿整理活动室和自己的物品。

第二，简要总结幼儿在园一天的表现。

第三，安排集体或分散的安静活动，让幼儿在自由活动中等待家长。

2. 幼儿离园时的组织

等待家长接幼儿回家的过程中，教师要做好如下组织工作。

第一，家长来时，可用简短的语言向家长介绍幼儿在园的情况，交换教育幼儿的意见。

第二，要照顾好不能按时离园的幼儿。

3. 离园指导的注意事项

在进行离园组织与指导时，教师应注意以下几点。

第一，充分发挥离园环节的教育作用。

第二，严格执行幼儿接送制度，保证幼儿安全。

第三，指导幼儿参加离园前的整理活动，使幼儿养成清洁环境和将用过的物品放回原处的习惯。

第四，指导幼儿学会检查自己的仪容和收拾自己的物品。

第五，指导幼儿离园时要向教师告别。

🔗 资料卡片 ▶▶▶▶▶

离园前的检查不能少

每天离园前五分钟，我总要对孩子们说："请大家看看自己的衣服和鞋子穿整齐了吗？"孩子们会七嘴八舌地说："我里面的衣服露出来了。""我的裤子快要掉下来了。""我的鞋带松了。"……我一边帮孩子们整理一边说："老师看谁的小手会把自己打扮得整整齐齐、漂漂亮亮的。"接着我带领孩子们念儿歌："快把衣服拉拉好，裤腰提提高，鞋带系系牢，爸爸妈妈笑哈哈，夸我是个好宝宝。"这时，孩子们的积极性很高，努力按照儿歌里的要求去做。穿戴整齐的孩子主动帮助动作慢的孩子。对于个别自理能力较差的孩子，我就手把手地教他们，并逐一检查。

① 胡咏梅．如何做好晨间接待工作[J]．现代家教，2000(4)．

实行每天离园前检查后，孩子们变得能干了。家长从我手上接过衣着整齐的孩子，总会露出信任与赞许的目光。[1]

▶▶ 二、餐饮的组织与指导 >>>>>>>

幼儿园的餐饮活动包括早餐、午餐、晚餐以及点心的进餐活动和日常饮水活动。

✎ 学习笔记

(一)进餐的组织与指导

1. 进餐前的准备

教师在幼儿进餐前要做好以下准备。

第一，进餐前半小时左右结束各种游戏活动，请幼儿收拾玩具，整理活动室。

第二，安排餐桌，用消毒水擦餐桌，分发碗筷、餐巾。碗筷的摆放要统一：饭碗靠近桌沿，菜碗放在饭碗的前面，筷子放在碗的右边，餐巾放在碗的左边。中、大班可以安排值日生协助教师分发餐具。

第三，组织幼儿如厕、洗手。对于小班幼儿，教师应帮助他们卷衣袖，并认真仔细地组织、指导他们如厕、洗手，提醒幼儿洗手后要保持手的清洁，不能乱摸其他东西。

第四，在等待进餐的时间里，可以放一些优美、轻松的音乐或故事，也可以开展一些语言或手指类的安静游戏，安抚幼儿的情绪，培养他们安静等待同伴一起进餐的习惯。

第五，在进餐前应创造愉快安静的进餐气氛，不处理问题，以免影响幼儿的情绪。

第六，向幼儿介绍当天的食物，唤起幼儿的食欲，帮助他们改掉挑食和偏食的毛病，培养他们良好的饮食习惯。

2. 进餐过程的组织与指导

在幼儿进餐过程中，教师应做好以下指导工作。

第一，对于那些吃饭较慢的幼儿，可以让他们提前进餐；盛第一碗饭的时候，给他们盛得略少些，鼓励他们来添饭。

第二，在幼儿进餐时，应认真细致地观察幼儿的进餐情况，如观察幼儿餐具的使用方法，特别是中、大班幼儿筷子的使用方法；观察幼儿进餐时的坐姿，幼儿嚼、咽食物的方法及幼儿进餐时的情绪状态等。

第三，根据幼儿饭量随时添饭，不催食；对于进餐情况不佳的幼儿，应先弄清楚原因，然后针对幼儿的实际情况给予照顾或指导、帮助，切勿大声呵斥幼儿。

第四，在幼儿添饭的时候，要求他们把碗里的饭吃干净、把嘴里的饭咽干

---

① 周健美. 离园前的检查不能少[J]. 山东教育，2002(36).

净，要求他们不要拿着勺子和筷子来添饭。

第五，对于吃得太快和体形较肥胖、饭量大的幼儿，要提醒他们细嚼慢咽；对于饭量小、吃饭慢的幼儿，要注意个别照顾；对于身体弱、有特殊需要的幼儿，如生病或对某种食物过敏的幼儿，要告知厨房区别对待。

第六，在进餐过程中，对小班幼儿主要应注意培养他们独立进餐的习惯和进餐的技能，对中、大班幼儿则注重进餐习惯的养成。

3. 进餐结束的组织与指导

在幼儿进餐结束时，教师应做好以下工作。

第一，要求幼儿收拾自己的餐具，放在指定的地方，然后有礼貌并轻轻地搬椅子。小班幼儿可以先吃完先离开；中、大班则可以请值日生专门在指定地点收拾整理餐具。

第二，进餐后，可以举行"谁的小碗最干净""比比哪桌最干净""谁是爱惜粮食的好娃娃"之类的比赛，培养幼儿爱惜粮食、珍惜成人劳动成果的良好品质。

第三，让幼儿养成饭后洗手、漱口、擦嘴的好习惯。

第四，餐后安排轻松安静的活动，可以请先吃完的幼儿观看动画片、阅读图书、散步等。

(二)饮水的组织与指导

水是生命的摇篮，是人体含量最多的成分和最重要的组成部分。3～6岁幼儿身体的含水量约占体重的65%，他们每天需要摄入1 500～2 000毫升的水。一般而言，1岁以下的婴儿每千克体重每日需水量为110～155毫升，1～3岁幼儿为100～150毫升，4～6岁幼儿为90～110毫升，才能满足身体的基本需求。[①]除去从食物中摄入的水分和体内自身产生的外，每个幼儿每天需要饮用一定量的水，才能确保健康。所以幼儿园培养幼儿良好的饮水习惯，对于正在成长中的幼儿非常重要。教师在组织幼儿饮水时要做好以下工作。

第一，给幼儿的水杯做记号，并将水杯放在固定位置。

第二，指导并提醒幼儿用自己的水杯接水，培养幼儿一人一杯的良好习惯，并通过讲故事等形式告诉幼儿一人一杯更卫生的道理。

第三，指导并提醒幼儿喝多少接多少，不浪费水。

第四，指导幼儿自己排队接水，不拥挤。喝水的地方常常拥挤，以致幼儿打翻水杯，所以教师要组织幼儿有秩序地排队接水，可运用图示等小策略。

第五，在一日活动的各环节注意提醒幼儿随时喝水，养成饮水的好习惯。

许多幼儿不愿意喝水。教师应像本模块开头案例中的教师那样，通过丰富多彩的活动和环境的创设，培养幼儿饮水的兴趣与习惯。

---

① 朱家雄，汪乃铭，戈柔．学前儿童卫生学[M]．上海：华东师范大学出版社，2006：125.

📎 **资料卡片** ▶▶▶▶▶▶

培养良好的进餐习惯

　　幼儿进餐的基本要求包括：饭前洗手，饭后漱口；正确使用餐具，不用手抓饭；不让餐具碰撞发出过大响声；不厌食，能愉快进餐；不挑食，能细嚼慢咽地吃完自己的一份饭菜；餐后能将餐具放回原处；等等。

　　以往在培养幼儿进餐习惯时，尽管我们反复强化、严格要求，但总是不能将要求转化为幼儿的自觉行为。在实践中，我们发现幼儿的需要就是最好的教育切入点。习惯的养成需要教师从细节入手，持之以恒，用儿童化的、富有感染力的语言将要求落实为幼儿的行为。下面以部分进餐要求为例加以说明。

　　要求一：坐正，两脚自然放在座位前。指导语：①宝宝的小脚藏得真好，小朋友走过他身边时就不会被绊倒了。②宝宝坐姿很端正，这样营养很快就会到达身体里，宝宝一定可以长得又高又大。

　　要求二：一手扶碗，一手拿勺子。指导语：①一只手和碗做朋友，另一只手和勺子做朋友。②轻轻扶住小碗，它就不会逃走了。③用力拿住勺子，它就不会掉了。

　　要求三：一口饭一口菜，会用磨牙咀嚼。指导语：①一口饭和一口菜做朋友，放在嘴里一起嚼，味道会更好。②你的牙齿比大老虎还要厉害。还有没有更厉害的？呀！你这是大狮子的牙齿，太厉害了！③（用手轻轻抚摸幼儿嚼饭菜的脸部肌肉）来，我来给它加加油……

　　要求四：咽完最后一口饭才能离开座位。指导语：①宝宝的嘴巴里没有一颗饭粒，真棒！②（举起空碗向众幼儿展示）他的小碗很干净，饭菜一点儿都不剩。

　　要求五：用餐完毕将桌面上的饭粒及骨头等收拾干净。指导语：①宝宝真厉害，把桌上的脏东西捡得干干净净。②有你这样的朋友，桌子真高兴。你是个爱干净的宝宝。

　　要求六：能把碗内的残渣轻轻倒入指定的地方。指导语：看，他的本领多大呀！他会蹲下来弯弯腰，轻轻倒，一点儿都不会倒在外面。地板在说："谢谢你，小宝贝。"

　　要求七：正确摆放空碗、勺子。指导语：①轻轻放，不能造高楼哦（指碗不要摆得太高）！②把勺子送到"家"后再放手，这样勺子就不会"痛"了。①

▶▶ 三、 盥洗的组织与指导 ▷▷▷▷▷▷▷▷

🖊️ *学习笔记*

　　幼儿园的盥洗活动包括洗手、洗脸、刷牙和漱口、如厕等。在幼儿园盥洗活动中，教师要让幼儿学会正确的洗手方法，养成餐前便后洗手的习惯，学会正确地洗脸、刷牙和漱口，逐步养成早晚刷牙、洗脸及饭后漱口的卫生习惯，学会自己上厕所，会使用卫生纸等。

（一）盥洗设备的准备

　　盥洗活动的主要地点在盥洗室。为了满足幼儿盥洗活动的需要，教师必须对盥洗设备进行精心准备，做好以下工作。

---

① 吴颖莹. 培养良好的进餐习惯[J]. 幼儿教育，2004(23).

第一，盥洗室的安排要合理，要有较宽敞的场所。

第二，幼儿的洗手池、便池、毛巾架等要符合幼儿的身高、体形。

第三，盥洗室内应常备香皂、毛巾、卫生纸等物品。

第四，便池、水龙头的数量要够幼儿使用。

第五，幼儿的盥洗设备、物品应与成人的分开。

第六，盥洗室的地面要防滑，以防幼儿滑倒、撞伤；挂物品的挂钩、钉子应固定在幼儿碰不到的地方。

第七，洗衣粉、消毒水等物品的放置要安全、隐蔽，以防幼儿误碰、误食等。

第八，盥洗室要保证干净无异味，定期消毒。幼儿的毛巾等物品要常洗、常晒、常消毒。

(二)盥洗活动的组织与指导

组织与指导幼儿园盥洗活动时，教师要注意以下策略。

第一，帮助幼儿养成良好的盥洗习惯，教给他们正确的盥洗技能，如洗手、洗脸的程序，使用便池的方法，以及中、大班幼儿在便后自己擦拭的技能。

第二，合理安排幼儿盥洗的时间：饭前、外出前、集体活动前及入睡前安排、提醒幼儿如厕；允许幼儿按需要随时大小便；使幼儿养成手脏时、进餐前、大小便后用流水洗手的习惯。

第三，在盥洗活动中，对幼儿提出明确具体的要求：①有秩序地排队如厕、洗手，不推不挤；②不在盥洗室内大声喧哗吵闹，不妨碍他人如厕、洗手，不在盥洗室内追逐嬉戏；③学习怎样卷袖子，年龄小的幼儿可以让教师帮着卷，中、大班幼儿可以相互帮助卷袖子；④不玩水和香皂；⑤洗手完毕要在水池中甩掉手上的水再离开，不把水甩在别人身上或地上。

资料卡片 ▶▶▶▶▶▶▶

我指导孩子们保持厕所干净

一天，晨间活动结束了，孩子们像往常一样洗手、如厕，把脏兮兮的厕所留给了教师去打扫，但今天我特意不去收拾。第一个集体活动结束后，有的孩子刚走到厕所门口就惊叫起来："好脏啊！老师，厕所里好难闻！怎么没冲啊？老师忘了吧！"我假装才发现这一情况，皱着眉头说："是啊，这么脏，怎么搞的？刚才还很干净啊！"我边走到水箱边轻轻地一拉绳子边说："这不是很简单吗？冲一下就干净了。"孩子们都不作声了。

接着，我把曾在杂志上看到的别的国家批评中国厕所又脏又臭的事讲给孩子们听。听完后，孩子们议论开了："我们中国的厕所怎么那么脏？"他们批评叔叔阿姨不讲卫生，行为习惯不好。这时，我说："我们的厕所干净吗？""今天不干净，以前挺干净的。"孩子们解释道。"为什么今天不干净？""因为今天老师没打扫！"孩子们似乎振振有词。我说："为什么要老师打扫呢？你们使用的厕所应该由你们自己冲洗，这样才能保持清洁。"沉默片刻后，孩子们终于明白了："如果我们以后注意些，就可以保持厕所干净！""我们自己设计一些标志贴在墙上，提醒大家要及时冲洗厕所！"于是，孩子们列举了以前的坏习惯，又讨论了怎样一一避免和改正。我立即给予肯定："对，只要我们每个人都负起责任来，我们的厕所就能保持干净，我们也就不会成为不受欢迎的人了。"

从此以后，孩子们如厕时格外小心，而且用完厕所后会主动冲洗。他们不仅注意自身的行为，还提醒他人。一直以来，收拾洗手间，给幼儿一个整洁干净的生活环境似乎是教师的职责，但是我们忘了幼儿也应承担责任，如他们可以冲洗便池，用轻便的拖把清理脏兮兮的地面。这些都是孩子们完全有能力做到的，也是他们应该具有的良好的卫生习惯。我想，提高国民的素质，是需要从如厕这样的生活小事抓起的。[①]

四、 睡眠的组织与指导 >>>>>>>>

学前期是幼儿生长发育的重要时期。保证幼儿充足的睡眠，对他们身体的发育有着重要的作用，所以幼儿园要做好幼儿睡眠活动的指导。幼儿园的睡眠活动主要是指幼儿的午睡，寄宿制幼儿园还包括晚间睡眠。教师组织幼儿的睡眠活动，除了满足幼儿生理发展的需要外，还可以养成幼儿安静入睡的习惯，锻炼他们穿脱衣裤、鞋袜和整理被子的能力。

(一)睡前的准备

要保证幼儿睡得好，教师必须为幼儿创造良好的睡眠条件，做好睡前的准备。

第一，在幼儿睡觉前，开窗通风换气，并调节好室温。

第二，随季节变化为幼儿安排合适的睡床、被褥、枕头。

第三，睡前应检查床铺上有无杂物，禁止幼儿将小绳、橡皮筋、串珠、纽扣等物品带进寝室，以免幼儿玩弄，将它们塞入鼻子、耳朵造成危险。

第四，睡前可组织幼儿散步或进行安静的游戏活动，要保持他们情绪的稳定。

第五，预先拉上窗帘，使寝室保持午睡氛围。

(二)睡眠过程的组织与指导

在幼儿入睡到起床的整个过程中，教师应认真、细致地进行组织与指导。

① 吴培娟. 如厕时你负责任了吗[J]. 幼儿教育，2006(23).

第一，午睡时指导或帮助幼儿脱去外衣裤，要求中、大班幼儿自己脱衣服和鞋袜，并折叠整齐，摆放在指定的地方。

第二，提醒幼儿睡前先大小便，提醒幼儿睡时保持正确的睡姿。

第三，新入园的小班幼儿会有恋家、恋床、恋物等表现。对于有特殊需要的幼儿，教师可给予特殊关照，慢慢帮助他们改变这些习惯。

第四，对于入睡晚和入睡困难的幼儿，教师应坐在他们身边帮助他们尽快入睡。

第五，在幼儿睡眠时，值班人员应进行巡视，检查盖被情况，纠正不良睡姿，照顾幼儿入睡等；观察幼儿面色，注意个别幼儿的危险小动作，尤其是幼儿多在被窝里做的事情。比如，有的幼儿带小豆豆或石子入睡，很有可能会将它们塞到耳朵或者鼻子里；还有一些患有癫痫的幼儿如果在睡眠时间犯病，很可能错过抢救的时间，直接导致悲剧的发生。

第六，对于幼儿的晚间睡眠，教师要了解幼儿夜间小便的习惯和时间，提醒他们起来小便；对于尿床的幼儿，要细心地照顾并找出原因，如是否睡前太兴奋或身体不适等，不可因此斥责幼儿或表现出不耐烦、厌恶等情绪情感。

（三）睡眠结束的组织与指导

幼儿睡眠结束后的起床、穿衣、整理床铺等都需要教师悉心地组织与指导。

第一，睡眠结束后，小班幼儿可以逐个起床。教师可以让体质弱需要睡眠的幼儿和入睡晚的幼儿多睡一会儿。中、大班幼儿则可以在规定时间内同时起床，并学习自己整理床铺。

第二，起床前，要提醒幼儿"今天外面风很大，请你们多穿一件衣服""今天天气很热，请你们不要穿长袖衣服了"等，请他们根据天气增减衣物。

第三，指导或帮助幼儿穿衣、整理床铺；要鼓励先整理完床铺的幼儿帮助其他幼儿整理床铺；可以请幼儿相互帮助整理衣物，如扣纽扣、拉拉链、系鞋带等；可以组织幼儿互相检查着装是否整齐。

第四，起床后应先组织幼儿小便、喝水，稍作调整后，再组织幼儿进行户外活动。

第五，和配班人员一起为女孩梳头，并每天清洗梳子。

▶▶ 五、 幼儿园生活活动中体弱、 生病幼儿的护理 ▷▷▷▷▷▷▷▷

幼儿园各班级中经常会有一些体弱或生病的幼儿，他们的健康状况不佳，抵抗能力差。在这些幼儿入园后，教师在日常生活活动中要对其加强照顾，给予特殊护理。

（一）及时与家长沟通幼儿情况

对于体弱或生病的幼儿，教师要及时与家长沟通，了解幼儿的详细情况，便于在园中对其进行照顾和护理。

第一，在幼儿入园时，和家长进行简短交谈，问清幼儿病情，判断幼儿是否适合入园。

第二，做好与家长的交接工作，特别是一定要记下幼儿吃药的时间和剂量。

第三，离园时，可用简短的语言向家长介绍幼儿在园的情况、用药情况，必要时给予一些家庭护理指导。

第四，在生活活动过程中，如果幼儿出现异常情况，应及时与家长沟通。

(二)对幼儿进行全日观察

教师与保育员配合，根据保育员提出的要求观察本班体弱或生病幼儿的情况，进行观察记录。对有特殊症状的幼儿，根据症状观察，对他们体温的变化、是否咳嗽、是否呕吐等情况给予时刻关注，如对咳嗽幼儿重点观察其白天咳嗽情况，对哮喘幼儿重点观察其气喘情况等，并做好个案记录，一般每日上午、午餐后、下午起床后各记录一次，并在饮食、大小便上细心护理，给予照顾。

(三)在生活活动中给予幼儿特殊护理

在各项生活活动中，对于体弱或生病的幼儿，教师应给予细心照顾和特殊护理。

第一，对于需要吃药的幼儿，要按照家长交代的要求，按时、按剂量让幼儿吃药。药品应放在幼儿不易拿到的地方。

第二，进餐时，针对生病幼儿的实际情况给予照顾或指导、帮助；对于身体弱、有特殊需要的幼儿，要告知厨房在伙食上特殊对待。

第三，提醒生病幼儿多喝热水。

第四，睡眠时让生病幼儿先睡，避开窗户，避免受凉；睡眠过程中要加强对生病幼儿的巡视，注意观察；睡眠结束后，让体弱、生病幼儿多睡一会儿。

第五，对于病情较重的幼儿，可以根据需要喂他饭、药，扶他如厕等。

第六，适当减少活动次数与活动强度。

第七，正确对待生病幼儿的心理需要，给予幼儿适当的心理护理；引导他们保持积极、乐观的精神状态，帮助他们树立战胜疾病的信心。

第八，对患有传染性疾病的幼儿要及时给予隔离治疗。

▶▶ 六、 幼儿园生活活动的指导原则 >>>>>>>>

(一)保教结合原则

保教结合原则是指在全面、有效地对幼儿进行教育的同时，重视对幼儿生活的照顾和保护，保教合一，确保幼儿真正能全面发展。[①] 幼儿生活习惯的形成和

---

① 李季湄. 幼儿教育学基础[M]. 北京：北京师范大学出版社，1999：49.

学习笔记

自理能力的培养是长期教育的过程。教师应根据生活活动的特点，坚持保教结合原则，注重在生活活动中加以引导和培养，结合生活活动的各个环节进行教育，以实现生活活动的目标，促进幼儿全面和谐发展。例如组织幼儿午睡时，一方面，教师要为幼儿营造安静舒适的睡眠环境，保证幼儿充足的睡眠。另一方面，教师可以利用午睡环节指导幼儿正确穿脱衣裤、叠放衣服，培养生活自理能力；引导幼儿在穿脱衣服、整理床铺等方面互相帮助，培养助人为乐的品德；引导幼儿在睡眠过程中遵守不说话、不影响他人睡眠等集体规则。幼儿在餐厅进餐时可进行"学用筷子""自己吃饭真能干"等生活活动。只要教师树立牢固的保教结合观念，心中装有教育目标，就能将教育渗透于一日生活中，发挥生活活动的最佳效益。

（二）主体性原则

主体性原则是指在幼儿园教育活动中，教师应始终将幼儿作为实践活动的主体，让幼儿在学习过程中充分体现出自主性、能动性、创造性。过去的保教工作较多地从保教人员的主观出发，较少考虑幼儿的主体性，较少发挥幼儿的主动性。幼儿往往被动地接受养护，吃好、玩好、睡好就行了。而现代社会越来越强调人的主体发展，主体性已成为现代人的重要特征。因此，幼儿园应打破旧的保育观，认识到幼儿既是教育的主体也是保育的主体，要让幼儿成为生活的小主人。幼儿在生活活动中具有强烈的主体意识，所以教师应为幼儿提供形式多样、生动有趣的练习机会，引导幼儿主动活动，同时辅以讲解、示范和提示。教师通过幼儿的主动学习和反复练习，让幼儿获得经验、提高能力、养成习惯。在进餐过程中，教师可以引导幼儿主动做餐前、餐后的准备整理工作，如擦桌子，添饭，漱口，擦嘴，将餐具、餐巾放到指定位置等。教师将这些多数由成人来做的事变成幼儿自身的事，让他们在参与中体验生活、增强生活能力。

（三）个别化原则

个别化原则是指在教育过程中，教师在关注全体幼儿的同时，还应重视幼儿的个别差异，有针对性地采取不同的方式，促进每个幼儿的发展。在生活活动中，教师应尊重幼儿生活习惯的差异，促进幼儿健康发展。幼儿来自不同的家庭，而每个家庭都有各自的生活习惯，所以教师开展生活教育应考虑到幼儿不同的生活背景和不同的体质等，切忌"一刀切"的做法。在对待一些比较特殊的幼儿时，教师应给予他们更细致入微的呵护、照顾和指导。

（四）一致性原则

一致性原则即指教育要求的一致性。幼儿园各年龄班幼儿生活活动的内容基本相同，但要求在逐步提高。从小班到大班，幼儿园应一致地、一贯地对幼儿加以培养。保教人员之间也应相互协调，要求一致。此外，幼儿园还应与家庭相互协调、步调一致地做好幼儿生活活动的指导。① 幼儿园应通过多种途径，了解幼儿在家里的生活情况，有的放矢地开展家庭教育指导，争取让家长在节假日也安排好幼儿的一日生活，使幼儿保持良好的卫生习惯，保证幼儿饮食、起居有规律。家园共同对幼儿实施生活教育，培养幼儿良好的生活与卫生习惯。

云测试：模块六单元 2

小 结

• 幼儿园生活活动是指幼儿一日活动中的生活环节，是满足幼儿基本生活需要的活动，主要包括入园、离园、进餐、饮水、盥洗、如厕、睡眠等常规性活动。幼儿园生活活动具有生活性和实践性。

• 幼儿园生活活动的意义：促进幼儿的生长发育；培养幼儿的生活自理能力和劳动观念；培养幼儿良好的生活与卫生习惯；培养幼儿良好的心理素质。

• 幼儿园生活活动的基本目标：建立生活制度，形成生活常规；学习生活与卫生常识，培养生活与卫生习惯；掌握基本的生活技能，提高自理能力；养成良好的生活态度。

• 幼儿园生活活动与幼儿园其他教育活动的关系：幼儿园教育活动各具教育作用，不可偏废；幼儿园教育活动有机统一，不可分割。

• 幼儿园生活活动的组织与指导：包括入园与离园、餐饮、盥洗、睡眠的组织与指导。

• 幼儿园生活活动中体弱、生病幼儿的护理：一是及时与家长沟通幼儿情况；二是对幼儿进行全日观察；三是在生活活动中给予幼儿特殊护理。

• 幼儿园生活活动的指导原则：包括保教结合原则、主体性原则、个别化原则、一致性原则。

思考与练习

1. 名词解释：生活活动、生活常规。

2. 简述幼儿园生活活动的基本目标。

3. 幼儿园生活活动的意义何在？

4. 幼儿园生活活动与幼儿园其他教育活动的关系是怎样的？

5. 幼儿园生活活动的指导原则有哪些？

6. 幼儿园教师在生活活动中应给予体弱、生病幼儿哪些特殊护理？

7. 观察并记录幼儿园的半日活动，记录每一项活动的具体要求，并分析每项活动包含的教育因素。

学习笔记

---

① 阎水金. 学前教育学[M]. 上海：上海教育出版社，1998：151.

8. 观察并分析幼儿园教师开展入园、离园、盥洗、睡眠以及病儿护理的策略。

云测试：模块六
幼儿园生活活动

学习笔记

学习反思

实习生对一次美术教育活动的反思

我们学院每周都要组织学前教育专业的同学去幼儿园进行实践。我已经连续去了两学期。这学期我去幼儿园实践的主要任务是学习设计并组织实施幼儿艺术和科学教育活动。这周由我带小班的美术活动。整节课结束后，我自己觉得比较失败。

我组织的这次美术活动的题目是"对称的蝴蝶"。我设计这次活动的主要目的首先是让幼儿在感受蝴蝶美丽外形的基础上能够认识对称美；其次是让幼儿发挥想象力，尝试画出各种颜色和花纹对称的蝴蝶。活动前，我做了比较充分的准备，为每个幼儿都准备了一张只有蝴蝶轮廓的图片，以及画有对称图案的两张范画。活动开始时，我先让幼儿讲一下他们以前所见过的蝴蝶都是什么样的，然后再展示课前准备的两张范画，让幼儿结合图片来谈谈我所展示的两张范画与他们平时见到的蝴蝶有什么不同。在这个环节里，我发现仅有少数幼儿能够理解我所要表达的意思，而大部分幼儿对"对称"这个概念还不能理解，对我的问题也往往不能回答到点子上。由于这一环节处理得不好，轮到幼儿作画时，我发现大部分幼儿都不能够按照我的要求完成，而仅仅是按照以往的习惯给蝴蝶上色。

课后，带班指导老师对我进行点评，指出了我这次活动存在的很多问题，如引入时间把握得不好、开头的新颖性不够。同时，她还指出，这次活动对于小班的幼儿来说难度大了点，而且在跟幼儿交谈的过程中，我用词不够紧凑。确实，我自己也有这种感觉，因为上课的时候我总是担心他们听不懂我所要表达的意思，所以很多语言的表达都比较啰唆。总之，我第一次带美术活动，还有很多的问题需要思考，也有很多方面需要改进，希望下次再带美术活动的时候能够有所提高。①

分析：上述案例是一位学前教育专业的同学对自己在幼儿园首次学习组织小班美术教育活动的记录和思考。为了上好这次美术教育活动，该同学做了比较充分的准备，明确了目的，准备了蝴蝶的图片和范画，而且活动各环节是比较清晰和连贯的。但是，由于对活动内容难易度、语言表达技巧、师幼交流方式等把握不到位，不仅这位同学自我评价"比较失败"，指导老师也指出了一大堆问题。应该说，该同学首次尝试组织美术教育活动，能达到这个水平，并能很好反思，已属不易。事实上，一名

---

① 由编者根据一位学前教育专业学生的实习日志整理而成。

幼儿园教师，要熟练掌握幼儿园教学活动的设计与实施策略，绝非一日之功。这需要幼儿园教师具备从活动设计、组织实施到评价与反思等各环节的知识与技能，还需要丰富的实践经验，形成相应的能力。本模块主要阐述幼儿园教学活动的相关理论知识和实践原则、实践方法，为初学者形成幼儿园教学活动能力做准备。

学习目标

了解幼儿园教学活动的含义、特点、原则和方法以及幼儿园教学活动设计与实施的含义。

理解幼儿园教学活动的设计与实施要点；初步尝试拟订教学活动方案，创设教学材料和环境，开展教学活动。

运用所学的理论对幼儿园教学活动案例进行分析和评价。

思维导图

```
                                    ┌── 幼儿园教学活动的含义、特点和意义
                    ┌── 幼儿园教学活动概述 ┤── 幼儿园教学活动的组织形式与常用方法
                    │               └── 幼儿园教学活动的原则
幼儿园教学活动 ──┤
                    │               ┌── 幼儿园教学活动设计的指导
                    └── 幼儿园教学活动的指导 ┤
                                    └── 幼儿园教学活动实施的指导
```

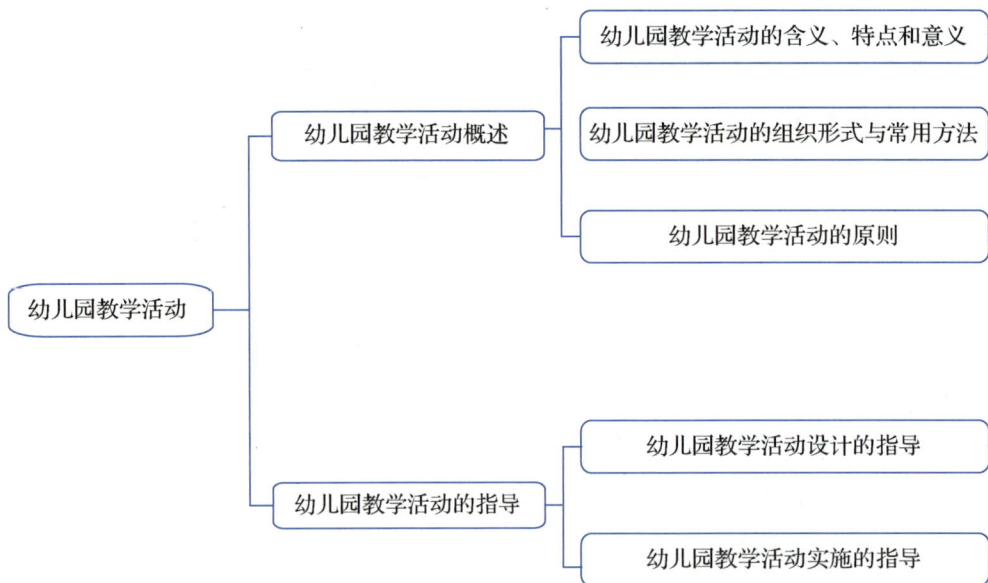

单元 1　幼儿园教学活动概述

▶▶ 一、 幼儿园教学活动的含义、 特点和意义 >>>>>>>>

（一）幼儿园教学活动的含义

《幼儿园教育指导纲要（试行）》指出："幼儿园的教育活动，是教师以多种形式有目的、有计划地引导幼儿生动、活泼、主动活动的教育过程。"教学活动是我国幼儿园形式多样的教育活动的重要组成部分，也是幼儿在园一日活动的重要内

容。所谓教学，是以课程内容为中介的师生双方教和学的共同活动，其特点是通过系统知识、技能的传授与掌握，促进学习者的身心发展。[①]显然，从系统传授和学习知识、技能的角度看，教学并不完全适合幼儿园。但是，幼儿园内确实存在初步的知识、技能的教与学的活动，尤其是在我国幼儿园中，教学活动事实上占有重要地位。

根据我国的实际情况，我们可以把幼儿园教学活动理解为幼儿园教师和幼儿在《幼儿园教育指导纲要（试行）》和《3～6岁儿童学习与发展指南》的指导下，有目的、有计划地开展健康、语言、社会、科学、艺术各领域的基础知识与技能的教与学的活动，目的在于促进幼儿身心健康和谐发展。幼儿园教学活动的核心是幼儿园教师对幼儿各种学习活动的组织与指导。[②] 正因如此，幼儿园教学活动和幼儿园生活活动、幼儿园游戏等才构成了性质不同的教育活动。

幼儿园教学活动首先是一种教学活动，所以它应遵循一般的教学活动规律。比如，幼儿园课堂的集体教学活动同中小学的课堂教学活动一样，也是由开始部分、展开部分和结束部分等环节构成的。当然，由于幼儿园教学活动有自己的特点，因此，它有自己独特的组织与实施的方式。幼儿园教学活动主要通过课堂集体教学来实施，但也可以在生活活动、游戏活动、区角活动等环节中渗透。

（二）幼儿园教学活动的特点

幼儿的身心特点决定了幼儿园教学活动不同于中小学等其他教育机构的教学活动。幼儿园教学活动在目标、形式和内容等方面与中小学的教学活动有着显著不同。幼儿园教学活动具有整合性、生活性、趣味性、启蒙性等特点。

1. 整合性

整合性是指幼儿园教学活动是综合性的，而非分科的、单一的。幼儿园教学活动的整合性主要表现在以下两个方面。一是内容选择上的整合性。幼儿园教育内容相对划分为健康、语言、社会、科学、艺术五个领域，每个领域都是整合性的，而非分科的。同时，幼儿园要在分领域的基础上，考虑不同领域教育内容的相互渗透与整合。二是形式选择上的整合性。在同一个教学活动中，教师可以选择多种教学形式，形成教育合力，促进幼儿发展。例如，在以"认识水"为主题的一次科学领域的教学活动中，教学内容不仅仅涉及科学领域的水的形态，还可能涉及社会领域的我国的大江大河，以及艺术领域的画河流等内容；教学可以在室内，也可以到户外甚至户内外结合。

2. 生活性

生活性是指幼儿园教学紧贴幼儿的生活，紧扣幼儿的直接经验。幼儿园教学

---

① 顾明远. 教育大辞典（第1卷）[M]. 上海：上海教育出版社，1990：178.

② 刘焱. 在游戏中教师应当"教"还是"不教"[J]. 学前教育，2001(2).

活动的生活性主要表现在以下两个方面。一是内容应主要源于幼儿的生活。幼儿的生活包括家庭生活、幼儿园生活和社会生活。幼儿园教学活动的内容选择要尽量贴近幼儿的生活经验。只有这样的经验、知识，才是他们比较熟悉和容易掌握的，也是他们逐渐适应社会生活所必须掌握的。二是幼儿园教学活动环境的创设应生活化。教师要努力营造与幼儿生活相一致、密切贴近幼儿生活世界的生活和学习环境，让幼儿在生活中学习，在生活中发展。

3. 趣味性

趣味性是指幼儿园教学活动的内容和形式生动有趣，能吸引幼儿主动、活泼地参与学习活动。幼儿由于其生理心理特点，不能保持长久的注意力，但喜欢游戏和运动；新奇、有趣是幼儿进行探究活动的最直接而朴素的缘由。因此，幼儿园教学活动的生动有趣和丰富多样就成为一个显著的特点。幼儿园教学活动的趣味性主要体现在以下四个方面：活动内容的选择、活动形式的组织、活动环境的创设以及活动材料的投放。其中，为使教学活动富有童趣，让教学"游戏化"是常用的策略。例如，为激发幼儿学习数学的兴趣，教师所选用的教学活动应该符合幼儿的年龄特点。小班应该以直观的、带有情节的、幼儿能扮演角色的教学游戏为主，如情境游戏"送小动物回家""小白兔采蘑菇"等；中、大班幼儿应该以有一定挑战性的、有更多发挥余地的教学游戏为主，如竞赛性游戏、可操作性益智游戏等。

4. 启蒙性

启蒙性是指幼儿园教学活动的目标是为幼儿的身心发展奠基。幼儿园教学活动的启蒙性是学前教育启蒙性、基础性的体现。学前阶段是人生发展的重要阶段，也是人生启蒙的阶段。虽然幼儿园教学活动必须以促进幼儿在身体、认知、情感、个性、社会性等方面的全面和谐发展为目标，教学活动的目标也应使幼儿在原有发展水平的基础上得到初步的身心锻炼和启迪，但是鉴于幼儿的身心处于初步发育、成长阶段，各方面的能力均未成熟，教师在选择教学活动内容时要选择那些粗浅的、利于幼儿接受的、具有启蒙性的知识，使他们的身心得到与其发展水平相适应的发展。

资料卡片 ▶▶▶▶▶

对幼儿园教学特点的别样认识

1. 幼儿园教学目标在于促进幼儿的一般发展

幼儿园教学目标在于提高幼儿的基本素质，培养幼儿终身受益的品质，而不是掌握学科知识和专门的技能。这是幼儿园教学区别于中小学教学的重要特点之一。

2. 幼儿园教学内容具有整合性、生活性和直接经验性的特点

幼儿园教学内容的整合性主要表现在两个方面。首先，整合是同一个领域的各个不同方面内容的整合。幼儿园教学内容相对划分为健康、语言、社会、科学、艺术五个领域，把相关的知识囊括在一个相对大的领域之内。其次，不同领域的教学内容之间需要整合。

幼儿园教学内容的生活性和直接经验性是紧密联系的。幼儿园教学必须与幼儿的生活密切结合，为幼儿提供实际活动的机会，使他们能够直接接触、操作、摆弄各种物体与材料，观察与体会事物的特性、事物与事物之间的关系，积累更多的感性经验。

3. 幼儿园教学以游戏为基本活动

中小学的课堂教学以教师讲授和学生接受为基本特征之一。幼儿园教学不同于中小学的重要特点之一就是以游戏为教学的基本活动。

4. 幼儿园教学是教师与幼儿共同建构认识的过程

幼儿园教学过程是教师与幼儿、幼儿与幼儿之间共同建构认识的过程。幼儿园教学是通过创设健康、丰富的生活和活动环境来帮助幼儿学习的。幼儿是通过在环境中与他人共同生活来获得经验的，而不像中小学生那样主要通过学科教学来获得间接经验。

5. 幼儿园教学评价具有过程性和多元性的特点

幼儿园教学评价应重视对知识建构过程而不是结果的评价。过程取向评价强调把幼儿在教学过程中的全部情况都纳入评价的范围。幼儿园教学评价是以促进幼儿全面整体的发展为目的的，它不仅关注幼儿认知的发展，更关注幼儿的兴趣、个性特点、学习方式等多方面的发展；不仅关注幼儿目前的发展状况，同时还关注过去和将来。[1]

（三）幼儿园教学活动的意义

✎ 学习笔记

幼儿园教学活动作为幼儿园关注幼儿学习的主要教育活动之一，对幼儿身心健康和谐发展具有重要意义。幼儿园教学活动的意义主要体现在以下五个方面。

1. 促进幼儿身体健康发展

相对于成人而言，幼儿的身体还非常柔弱。首先，幼儿的身体还比较弱，运动和适应能力比较差，容易生病和受到伤害。其次，幼儿的心理还远未成熟，其神经兴奋强于抑制，自我保护意识和能力较差，容易发生意外。可见，身体的健康成长是幼儿发展的首要任务。在幼儿园教学活动中，幼儿园教师通过各种幼儿园健康教育的内容，引导幼儿参加体育活动，练习生活卫生技能，了解安全、营养知识，从而增强幼儿的体质，使他们养成健身的习惯和技能，为其一生的发展奠定良好的身体基础。

2. 丰富幼儿的经验和知识，促进智力发展

幼儿园教师通过幼儿园教学活动，为幼儿创设接触周围生活的环境，激发和

---

[1] 苍翠. 论幼儿园教学的特点[J]. 黑龙江教育学院学报，2007(8).（有删节，题目为编者所加）

引导他们观察周围世界，在帮助他们获得有关自然和社会现象的具体的、形象的、粗浅的感性知识的同时，也能培养他们的学习兴趣和求知欲望，使他们形成初步的有关时间、空间和周围物品的概念，锻炼他们的观察能力和思考能力，为幼儿智力的发展奠定坚实的基础。

3. 培养良好的行为习惯，为幼儿健全人格的形成奠基

幼儿园教师通过各领域的教学活动，引导幼儿参加各种集体活动，体验与教师、同伴共同生活的乐趣，学习初步的人际交往能力，学习、遵守生活和学习常规，懂得保持自身与环境卫生的知识与方法，体验热心助人等，从而培养幼儿良好的行为习惯，为他们今后健全人格的形成奠定基础。

4. 促进幼儿语言能力的发展

幼儿正处于语言发展的敏感期，因此，促进他们语言能力的发展是幼儿园教学活动的任务。《幼儿园教育指导纲要（试行）》将"语言"设为幼儿园教育的五大领域之一。幼儿园教师在教学活动中，可以通过形式多样的语言教育活动，有计划地对幼儿进行语言教育，使他们逐渐听懂成人的语言，发音清楚、正确，会说普通话、词汇丰富；培养幼儿清楚地回答问题、比较完整地表达自己的意思的能力；初步培养幼儿对文艺作品的兴趣。这些活动有助于促进幼儿语言能力的进一步发展。

5. 培养幼儿对美的兴趣和初步感受美、表现美的能力

幼儿园教师在教学活动中，通过艺术等领域的教育活动，引导幼儿接触周围环境以及生活中美好的人、事、物，丰富他们的感性经验，激发幼儿表现美、创造美的情趣。教师在帮助幼儿初步感受美的同时，引导幼儿学习初步表现美的知识、技能，使幼儿形成初步表现美的能力。

▶▶ 二、 幼儿园教学活动的组织形式与常用方法 〉〉〉〉〉〉〉〉

(一)幼儿园教学活动的组织形式

幼儿园教学活动时间短，只占幼儿一日活动的一小部分，其组织形式一般有三种：集体教学活动、分组教学活动、个别教学活动。

1. 集体教学活动

集体教学活动是由幼儿园教师有目的、有计划地组织全班幼儿在统一时间、同一空间进行的教与学的活动。集体教学活动的优点表现为计划性较强，组织比较严密，时间比较固定，可同时对全体幼儿实施教育，省时省力。缺点表现为教师容易把精力放在知识的传授和组织幼儿的注意力上，而对幼儿的学习过程、学习效果和个别幼儿的学习特点顾及不到。

2. 分组教学活动

分组教学活动是由幼儿园教师创设一定的环境，提供相应的材料并给予一定

的间接影响的教学活动类型，如课堂集体教学之后的分组活动、幼儿在各种活动区角的活动等。分组教学活动的优点表现为幼儿可以在比较宽松的环境中，在同一时间单元里选择不同的活动内容相互合作或个别学习。缺点表现为同时开展多种教学活动分散了教师的精力，不利于整体教学活动效果的发挥。

3. 个别教学活动

个别教学活动是幼儿园根据个别幼儿的特殊需要安排的教学活动，一般包括对具有特殊才能或发展有障碍的幼儿的个别教育以及个别幼儿自由选择的区域活动。个别教学活动的优点表现为教师可以关注到每一个幼儿的个别差异，并对其因材施教。缺点表现为费时费力，对班级规模有限制，人数过多就无法开展个别教学活动。

上述三种教学形式各有优缺点，因此，在组织教学活动时，教师要尽量将多种形式结合在一起，避免单一教学形式的不良后果出现。

(二)幼儿园教学活动的常用方法

1. 游戏法

游戏法是幼儿园教师在教学中借助游戏完成教学任务的方法。游戏法是幼儿园教学活动使用的主要方法。游戏是幼儿的基本活动方式。运用游戏法来组织教学，符合幼儿好奇、好动的特点，能够激发幼儿的学习兴趣，集中他们的注意力，充分调动他们学习的主动性、积极性，让他们在玩中学。教师在教学中有效运用游戏法，真正实现教学游戏化，有助于教学目标的充分实现。

教师在使用游戏法时应注意：①游戏既可以是教师教学活动的一个环节，也可以贯穿教师教学活动的整个过程。比如，在语言领域"小花猫"教学活动的开头，教师可以设计小花猫白天睡觉、晚上抓老鼠的情境游戏，吸引幼儿对语言学习的兴趣。②教学中的游戏为教学活动服务，所以教师在组织教学游戏时千万不能舍本逐末，过多关注幼儿的游戏，而忽略教学活动原定的教学目标和要完成的教学任务。比如，"熊和石头人"是非常经典的一个传统游戏，其高潮是"大熊走出来，小朋友变成石头人"的场景。教师可以利用这个游戏引导幼儿感受音乐中情绪的变化和大熊出来时的重音。在实际游戏中，许多幼儿在大熊还没走出来时就已经开始尖叫，思想专注于摆好固定的姿势等大熊出现，而忽略了音乐和情绪的变化。③游戏法应紧扣教学内容，符合游戏的特征，具有游戏性。有的教师在教学中所设计的游戏，名为游戏，实为变相的知识传授，对幼儿没有吸引力。

2. 实操法

实操法是幼儿在教师的指导下，按照一定的要求和程序通过自身的操作活动进行学习的方法，具体运用中可分为实验法和操作练习法两种。运用实操法组织教学，符合幼儿好模仿及认识事物以具体想象思维为主的心理特点。通过具体操作，幼儿可以获得更多的感性经验，有利于他们对经验、知识、技能等的理解和掌握。

（1）实验法

实验法是教师通过为幼儿提供材料，指导他们通过一定的方法亲自动手来验证他们生活中的某些疑问，从而帮助他们获得知识和经验的方法。教师运用实验法时应注意：①实验所选用的材料和工具必须符合安全卫生的原则，且实验应当是幼儿在教师的指导下独自操作的；②教师事先体验实验的过程和结果，在指导幼儿的实验时要做到心中有数，并能对幼儿的各种实验结果做出科学的解释；③实验法的运用贵在提倡幼儿自己动手，教师千万不可包办代替。

（2）操作练习法

操作练习法是教师为了让幼儿掌握和巩固某种技能或知识，指导他们通过自身的操作练习获得经验与技能的方法。教师使用操作练习法时应注意：①教师要注意观察和适当引导，对有困难的幼儿要给予帮助，如提供不同的材料、进行示范等；②教师在引导幼儿的操作活动时要明确目标，不可盲目进行；③教师在引导幼儿的操作活动时，要注意趣味性，使操作在愉快的气氛中进行。

3. 直观法

直观法是一种让幼儿直接感知认识对象的方法。在幼儿园教学活动中，教师一般会用到三种直观的教学方法。

第一，演示法。即教师通过向幼儿展示各种实物或直观教具，引导幼儿观察物体的特征或现场的操作环节，从而使幼儿获得关于某一事物的完整经验。

第二，示范法。即教师通过自己的表演，现场向幼儿提供可以参照的榜样，常常分为语言示范和动作示范两种。

第三，范例法。即教师按照教学要求向幼儿提供学习范本，如事先准备好绘画、泥工、手工的样本，出示幼儿学习、模仿的对象。教师使用直观法时应注意：①演示、示范、范例要求教师做到色彩鲜明、速度适当、动作到位，并与语言相结合，便于全体幼儿正确地理解和模仿；②在三种直观法的运用中，教师可以根据需要挑选幼儿参与示范的过程，以此来激发幼儿自己动手的欲望，增强他们参与活动的兴趣。

4. 口授法

口授法是教师运用语言开展教学活动的方法。幼儿园常用的口授法有讲述法和谈话法。

第一，讲述法。是指教师通过口头语言描述、讲解某一事物、现象或作品的一种方法，是幼儿园常用的教学方法。

第二，谈话法。是指教师根据幼儿已有的知识或经验，通过相互提问、答问、谈论、延伸，引导幼儿交流、分享并获得相应的知识、经验的一种互动性很强的教学方法。

教师在使用口授法时应注意：①讲述法要求教师语言生动、形象、清晰、准确，富有情感，重在让幼儿听清楚，激发他们学习、探究的兴趣；②谈话法的使用必须是在幼儿具有了相当丰富的知识的基础上进行的。在谈话过程中，教师要做到心中有数，正确引导幼儿的思路；谈话结束要小结，以便幼儿整理获得的经验、知识。

幼儿园教学活动方法很多，但具体到某一次教学活动时，教师要根据教学内容、组织形式的特点选择恰当的方法；同时，不应拘泥于某一种方法，应灵活综合使用多种或几种方法，以期达到最好的教学效果。

▶▶ 三、 幼儿园教学活动的原则 >>>>>>>>

原则指的是行动的基本准则。幼儿园教学活动的原则就是指幼儿园教师在组织幼儿园教学活动时必须遵守的基本要求，主要有以下六点。

(一)科学性原则

科学性原则是指幼儿园教师在教学活动中组织、引导幼儿所学习的知识和技能应该是正确的，符合知识本身的逻辑规则；所采用的组织形式和方法也应该符合幼儿身心发展的特点。贯彻科学性原则，教师应做到以下两点。

第一，幼儿在幼儿园所接触和学习的知识虽然是粗浅的、启蒙的，但是，教师一定要注意知识的正确性，不能出现知识性错误。教师可以将一些枯燥的知识转化为符合幼儿心理特点的内容，但教师对知识的解释不能随意，避免给幼儿留下错误的第一印象，影响幼儿将来对正确知识的学习和理解。

第二，教师在对幼儿实施教学的过程中，要注意将幼儿的道德品质和社会性的发展融入各领域的知识教学中，为教学活动注入灵魂。

(二)安全性原则

安全性原则是指幼儿园教师在组织教学活动时要始终以幼儿的健康、安全为前提。任何有碍幼儿身心安全的教学都是不允许的。贯彻安全性原则，教师应做到以下两点。

第一，教师在选择教学活动的内容时，要预见是否会出现不安全的因素。

第二，教师在选择教学活动的方式方法时，要考虑活动对象的身心特点和年龄特点，确保万无一失，如运用游戏法、操作练习法等方法时，要充分检查材料、环节是否安全。

(三)全面性原则

全面性原则是指幼儿园教师在组织教学活动时要面向全体幼儿，立足全体幼儿身心全面和谐发展的目标。片面开展某一方面内容的教学或片面关注幼儿某一方面发展的教学都是不允许的。贯彻全面性原则，教师应做到以下两点。

第一，幼儿园教育目的不是择优，而是启蒙。教师在组织教学活动时要照顾到所有幼儿的发展，关注每一个幼儿的现有发展水平，确保教学活动能促进所有幼儿在原有水平上的发展。

第二，幼儿园教学活动是一种有目的、有计划、有意识、有组织的活动，其目的不在于教会幼儿多少知识，而是在传授浅显的生活常识的过程中，促进幼儿身体素质、情绪情感、智力、意志和性格等的全面和谐发展。

(四)主体性原则

主体性原则是指幼儿园教师在组织教学活动时必须正确地处理教师的教与幼儿的学之间的关系，既要发挥教师的主导地位，也要十分重视幼儿作为学习主体在学习过程中的能动性、主动性。幼儿园教学活动中，放弃教师的指导作用和不顾幼儿的主动性的做法，都是不符合主体性原则的。贯彻主体性原则，教师应做到以下两点。

第一，幼儿园教学活动是教师的教与幼儿的学构成的双边活动。教师在充分发挥引导、指导作用的同时，不可忽视幼儿的主观能动性，务必使幼儿的学习成为主动、活泼的学习。

第二，教师在组织教学活动时要以幼儿为主体设计教学方案，制定教学策略，选择教学方法，组织教学过程，培养幼儿的主体意识、参与意识和创造意识，真正使幼儿成为学习的主人。

(五)活动性原则

活动性原则是指幼儿园教学活动要为幼儿提供尽可能多的动手、动脑的机会，让幼儿在活动中得到发展。充分利用幼儿的活动，特别是他们的游戏活动开展教学，应成为幼儿园教学活动最为基本的原则。把幼儿园教学完全变成小学化课堂的做法，是不符合活动性原则的。贯彻活动性原则，教师应做到以下三点。

第一，教师在组织教学活动时要紧密结合生活实际，因地制宜地组织幼儿开展接触自然、接触社会的实践活动，使幼儿获得直接经验，培养幼儿自主参与的精神和能力。

第二，教师要为幼儿创设各式各样的活动环境，引导他们积极参与动脑、动口、动手的学习活动，形成师幼合作、幼幼合作的教学民主氛围。

第三，教师要特别重视游戏在教学中的运用。

(六)有效性原则

有效性原则是指幼儿园教学活动相对幼儿的发展应该是有效的。虽然幼儿园教学活动以游戏活动为基本形式，不以知识、技能的掌握为目标，但这并不意味着幼儿园教学活动可以不顾效果，走走过场。相反，幼儿园教学活动同样要考虑是否有效，是否为幼儿的发展提供了某种经验、推动力。那种对幼儿的情感态度、经验、知识、技能、能力等方面不产生任何影响的教学是无效的。贯彻有效性原则，教师应做到以下两点。

第一，教师在组织教学活动时一定要充分挖掘和利用各种教学资源，运用多种教学媒体，激发幼儿学习、探索的求知欲，让幼儿在积极参与中充分体验、主动探索，真正获得相应的经验、知识，学有所获，得到发展。

第二，教师应避免利用语言或行为技巧搞花架子，否则会导致教学过程看起来花里胡哨、热热闹闹，而活动后幼儿没有什么收获。

云测试：模块七单元1

🔗 **资料卡片** ▶▶▶▶▶

幼儿园集体教学有效性的调查与思考

教学的有效性是所有教育教学改革的共同追求，也是当前幼儿园集体教学所面临的挑战之一。如何实施有效教学成为当前教学实践关注的热点问题。通过参与某市 11 所幼儿园一日活动跟踪评析，笔者对集体教学的有效性有了如下思考。

1. 选择、挖掘适宜的教学内容，是教学有效性的前提

集体教学的内容要贴近幼儿生活，要在幼儿的已知和未知之间选择教学内容，要观察和发现幼儿的兴趣点，知道他们想学什么，并考虑不同幼儿的需求。①要贴近幼儿生活，注重幼儿的体验；②要善于研读、挖掘教材的价值；③要善于开发、生成教材资源。

2. 教学目标的设定是教学有效性的核心

教学的各个环节是围绕着教学目标来设计的，教学目标是教学的出发点和归宿。目前，多数教师能从知识、能力、情感三个维度来设定目标。然而，教师设定的目标是否符合幼儿的经验水平和"最近发展区"呢？我们发现并不尽然。①目标空泛、含糊，缺乏可操作性；②目标缺乏挑战性。

3. 有效的师幼互动是教学有效性的助推器

在教学中，提问是师幼交流的重要方式，也是教师、知识和幼儿三者之间的桥梁和媒介。教师通过提问来激发幼儿的兴趣和思维，引发幼儿的主动探究行为。据跟踪统计，教学中教师的有效提问约占 30%，近 70% 的提问是低效或无效的，主要表现为：①一问一答，频繁问答；②提问只关注结果；③提问措辞不当，幼儿难以回答。

在跟踪过程中，我们同时也欣喜地发现了许多教师与幼儿互动积极有效，使得教学活动精彩而生动。特点有二：①善于追问的智慧让课堂活跃；②临场调控的智慧让活动精彩。具体表现为：①对生成问题的取舍把握有度；②对偶发事件的调控有力。[1]

单元2　幼儿园教学活动的指导

幼儿园教学活动的指导是指幼儿园教师对教学活动各环节的组织、引导。幼儿园教学活动一般包括幼儿园教学活动的设计和实施两大环节，所以幼儿园教学活动的指导就包括对这两大环节的指导。

---

[1]　王朝晖. 对幼儿园集体教学有效性的审视与思考[J]. 山东教育，2010(1/2).

▶▶ 一、 幼儿园教学活动设计的指导 >>>>>>>

（一）幼儿园教学活动设计的含义

幼儿园教学活动设计是对师幼双方教与学的目标、内容、实施与评价方法等的选择与规划，进而提出具体的实施方案。它要求幼儿园教师充分分析和把握幼儿的学习特点，有计划、有目的地制定适宜的教学活动目标，合理选择教学活动的内容和形式，创设适宜的教学活动环境，并能预见教学活动的过程。

幼儿园教学活动设计是幼儿园教师进行教学的蓝图，也是其取得良好的教学效果需要做的十分必要的准备工作。教学活动设计的好坏关系到教学活动的成效。

幼儿园教学活动设计由两部分组成。一是幼儿园教学活动的整体设计，由幼儿园根据《幼儿园教育指导纲要（试行）》和《3～6岁儿童学习与发展指南》的要求和本园的实际，统一安排幼儿园各年龄段的教学活动，如设计每学期、每月、每周、某一主题的教学活动计划。二是具体教学活动的设计，即编写教案，一般由幼儿园教师根据幼儿园整体教学活动计划和本班幼儿特点，为某项具体教与学活动的目标、内容、过程、方法等设计出具体的实施方案。就具体教学活动的方案而言，幼儿园教师一般要考虑集体教学活动的内容、目标、准备、过程与方法等多种要素的有机组合。下面主要介绍幼儿园教师设计教案时应注意的策略。

（二）幼儿园教学活动设计的指导策略

1. 选择具体的教学活动内容

幼儿园教师在设计具体教案时，应考虑选择什么内容，即某一集体课堂教学活动的具体主题是什么，通俗地讲，就是一节课的名称、题目。教学主题选择的依据有两个。一是《幼儿园教育指导纲要（试行）》和《3～6岁儿童学习与发展指南》。《幼儿园教育指导纲要（试行）》将幼儿园教育教学活动相对划分为健康、语言、社会、科学、艺术五个领域，《3～6岁儿童学习与发展指南》则将各领域的内容规划到各年龄阶段，这为幼儿园教学内容的选择提供了大方向。而幼儿园具体每学期、每月、每周的教学安排，则提供了比较具体的教学内容的选择范围。二是本班幼儿的特点。各班幼儿的发展与学习特点、已有经验和知识准备等，是幼儿园教师选择最终教学主题的重要依据。幼儿园教师在选择、设计具体的教学主题时，应注意以下策略。

（1）从幼儿的兴趣入手选择具体的教学活动内容

在幼儿园教学活动设计中，从幼儿的兴趣入手，是幼儿园教师设计教学活动的一条基本原则。如果所选内容或主题不符合幼儿的兴趣，教学活动就很难在幼儿积极、主动的参与中展开。当然，幼儿园的实际教学活动中，不乏教师"虚构兴趣"的现象，即教师把兴趣当成教学活动开始时的点缀，仅仅让兴趣成为教师利用的手段和满足幼儿即时娱乐之需的工具。实际上，兴趣应当是教师在活动设计之初就已经深思熟虑过的。教学内容乃至整个教学活动过程，都应立足于幼儿的活动与学习的兴趣，并指向促进幼儿自身发展的目标。

（2）从幼儿的经验入手选择具体的教学活动内容

幼儿的学习离不开他们的活动以及已有经验。因此，教学活动内容的选择必须从幼儿的经验出发；所设定的教学主题应贴近他们的生活经验，应是他们比较熟悉或接触过的内容。只有来自幼儿生活经验的内容才能引起他们的探究兴趣，符合他们的认知水平，唤起他们的表现欲望，进而使他们获得可能的发展。

（3）从幼儿园提供的教材入手选择具体的教学活动内容

幼儿园除了安排整体的教学计划为幼儿园教师选择教学内容提供着手点外，往往还会提供某个教学领域可以选用的教材，这是教师选定具体教学内容的主要依据之一。教材能够为教师提供一个内容范围以及教学活动的具体内容，提供不同的主题素材和活动提示，但教师要把它们真正变为适合本班幼儿、促进幼儿发展的活动内容，这需要教师再次筛选、加工和设计，需要教师通过自己的研究，将教材内容所蕴含的意义、背景和内在关系转变为本班幼儿的学习需要和学习过程。

（4）从知识和经验的关联性入手选择具体的教学活动内容

幼儿园教师在设计和安排具体的教学活动内容时，从知识和经验的关联性入手包括两层含义：①必须关注活动内容所涉及的知识和经验之间的纵向联系，确保知识和经验由已知到未知，由整体到部分，由一般到个别，由初级到高级，不断丰富、分化；②要注意不同教学活动内容之间的横向联系，在横向上加强不同领域的内容所涉及的相关经验、情感、知识、技能等部分之间的衔接，促进幼儿经验、态度、知识、技能的融会贯通、协调发展。

2. 设计具体教学活动的目标

幼儿园教师选定了具体的教学内容以后，就要设计该项具体教学活动的目标。所谓具体教学活动的目标是指某一具体的教学活动所要达到的结果。它是月、周、主题单元教学目标的具体化，是对某集体教学课时所要达到的要求的描述，具有针对性和可操作性。具体教学活动的目标设计应注意以下策略。

（1）具体教学活动的目标表述要清晰准确

一个完整的教学活动目标的表述包括行为、条件和标准等，其中核心要素是行为的表述，即幼儿通过本次教学活动在行为方面要达到的结果，它应该是清晰准确的。幼儿园教师在设计活动目标时容易出现用活动过程或方法手段代替行为结果的现象，比如，科学活动"坐公共汽车"目标之一：在观察、游戏的过程中，把对汽车的兴趣转化为了解汽车的好奇心。很明显，教师在表述目标时混淆了活动过程、方法手段与行为结果的区别。

（2）具体教学活动的目标要体现综合性、整体性

幼儿身心发展具有综合性、整体性，所以幼儿园具体教学活动的目标设计也应体现这一特点。幼儿园教师设计具体教学活动的目标时，既要从幼儿的情感、态度、经验、知识、技能、能力等多个维度去考虑，同时也应在主要满足某个学习领域目标的同时，适当兼顾、融合其他领域的目标。教师应善于根据具体教学活动的内容与特点，围绕某个核心目标，有机统整其他学习领域或发展纬度的目标，最大限度地发挥某一教学活动的功效。

（3）具体教学活动的目标设计要具有可操作性

从幼儿园教育目的的体系来看，从低到高，各层次目标越来越抽象、概括、笼统。最具体、最底层的幼儿园具体教学活动的目标，其特点就是具体、可操作性强，能具体指导、调控师幼双方的教学过程，否则它就丧失了作用。比如，健康领域"刷牙"活动的目标之一：学习正确的刷牙方法，养成早晚刷牙的好习惯。这样的目标就比较具体，有可操作性。

3. 设计教学活动准备

教学活动准备是指幼儿园教师对具体教学活动开展所需条件的筹备和规划，即考虑从哪些方面为教学活动的开展准备条件。教学活动准备应从以下三个方面入手。

（1）教学活动材料的准备

一项具体教学活动的开展，需要为师幼双方提供教具、玩具等活动材料，如与教学主题相关的实物、模型、照片、录像、图表、半成品作品等。教师必须设计好应准备哪些教学活动材料、准备的数量、分配和使用的方式等。

（2）知识经验的准备

具体教学活动必须以幼儿已有的知识经验为基础。因此，幼儿园教师在设计教学活动时，也要考虑从知识经验的角度做好准备。一是教师自己需要做好知识经验的准备，要充分考虑到在教学过程中，幼儿可能遇到的一些关键知识经验，事先做好准备。二是幼儿知识经验的准备。根据本班幼儿的学习特点，教师应事先考虑需要为幼儿提供哪些知识经验的准备以及怎样做好这些准备。

（3）学习情境的创设

幼儿的学习兴趣和学习愿望总是在一定的情境中发生的。适宜的情境能够激发幼儿参与活动的兴趣。在教学活动准备的设计中，教师可以根据教学内容、幼儿的年龄和生活经验，同时考虑如何为师幼双方教学活动的展开创设一个丰富、生动的教育情境，以保证教学活动顺利开展。

4. 设计教学活动过程

幼儿园教学活动过程的设计是指幼儿园教师对教学活动展开过程的预想和规划。教师在设计中，要通盘考虑一节集体教学课的展开需要哪些环节、师幼双方如

何互动、采用怎样的教学方法、教师语言如何使用、分组如何进行、教具材料如何分配等细节。详细的过程设计有利于保证教学活动有效进行。教师设计教学过程要注意以下两点。

(1)教学活动过程的设计要全面

教学过程一般包括开始环节、展开环节、结束环节。教师要全面考虑各个环节如何展开、如何衔接，尽量设想教学过程中可能会出现的问题，如幼儿可能提出的问题、遇到的困难等。只有全面、细致地设计教学活动过程，才能确保教学活动顺利开展。

(2)师幼双方在各环节的互动是教学过程设计的重点

幼儿园教学活动是由教师与幼儿的教与学共同组成的。在这一过程中，教师和幼儿的互动是关键。因此，教师在设计教学活动过程时，要充分考虑每一环节中师幼如何互动，包括语言的互动、行为的相互影响等。没有互动的教学，不能算是有效的教学；没有师幼互动的设计，不能算是完整的设计。

总之，一个好的教学活动方案既是教师创造性劳动的成果，也是教师综合能力的再现，更是教师教育观念的体现。幼儿园教师只有不断地努力学习、潜心研究、勇于实践、勤于思考、不断反思，才能不断提升自己的专业能力，设计出一个个成功的教学活动方案。

🔗 **资料卡片** ▶▶▶▶▶▶

教学活动设计(教案)举例
月亮姑娘做衣裳(中班上)

一、活动目标
①理解故事内容，感受故事的幽默，对月亮的变化感兴趣。
②学习故事中描述月亮变化的语句。

二、活动准备
故事磁带、挂图(将月亮姑娘的变化图剪下制作成贴绒教具)。

三、活动过程

1. 以猜谜语的形式导入活动

教师交代谜面：有时落在山腰，有时挂在树梢，有时像面圆镜，有时像把镰刀。这是天上的什么东西呢？

导入：月亮姑娘想做一件衣裳，可总是做不好。这到底是怎么回事呢？我们来听一个故事。

2. 讲述故事

教师完整讲述一遍故事后提问：这个故事的题目是什么？故事说了件什么事？

3. 教师边演示挂图边讲故事，帮助幼儿进一步理解故事内容

月亮姑娘为什么要做衣裳？这时月亮是什么样的？像什么？

五天过去了，月亮姑娘拿到衣裳了吗？为什么？

又过了五天，月亮姑娘拿到衣裳了吗？为什么？

又是五天过去了，月亮姑娘拿到衣裳了吗？为什么？

为什么裁缝说没法给月亮姑娘做衣裳？

4. 完整欣赏故事录音

提问：在故事里，月亮姑娘一共有几种模样？你能用故事里的话说一说吗？

（"像小姑娘的眉毛""好像弯弯的镰刀""弯弯的像只船""圆圆的像圆盘"）

5. 讨论与练习

如果你是裁缝，你有办法为月亮姑娘做衣裳吗？

想一想，月亮到底在怎样变化呢？（鼓励幼儿晚上观察月亮并做记录）

你看到过月亮的哪些模样呢？请你画一画。

四、活动延伸

①教师引导幼儿听听并讲讲有关月亮的故事。

②教师将幼儿的兴趣可视化，引导幼儿运用健康的废旧材料学习根据月亮的变化来制作衣裳。①

▶▶ 二、 幼儿园教学活动实施的指导 >>>>>>>>

幼儿园教学活动实施是指幼儿园教师与幼儿一起根据预先设计好的教学方案完成既定的教学任务的过程。教学活动实施过程包括开始、展开和结束三大环节。

（一）开始环节的指导

开始环节是教学活动的起点，关系到整个教学活动的完成效果，因此，幼儿园教师应该认真对待。幼儿园教学活动是教师有目的、有计划、有组织地引导和开展的活动。幼儿园教师作为活动的组织者、指导者，应承担引导幼儿进入学习主题的责任。教学活动的开始环节，要解决的主要问题就是如何尽快将幼儿导入将要开始学习的主题，在较短时间内吸引幼儿的注意力，激发他们参与活动的兴趣，引导他们主动探究与思考。为确保开始环节合理、有效，幼儿园教师可以采用以下方法开始教学活动。

1. 兴趣导入

兴趣是幼儿参与活动最好的动力。幼儿园教师运用激发幼儿兴趣的方式导入主题，开始教学，是常用的教学策略。激发兴趣的形式可以根据幼儿的年龄特

学习笔记

---

① 浙江省《幼儿园课程指导》编写委员会. 教育活动设计（中班上册）[M]. 北京：新时代出版社，2009：67.

点、活动内容以及活动材料等确定。对低龄幼儿，教师可以更多地借助玩具、材料、学具、生动夸张的语言及行为表演等外部因素的新奇性激发他们的兴趣；对于年龄稍大的幼儿，教师可以更多地借助对他们内在参与态度和情感的激发来增强他们参加活动和探究的兴趣。

2. 游戏导入

游戏是幼儿最喜欢的活动方式，也是幼儿园教学的基本途径。在教学的开始环节，教师可以结合教学内容，创设相应的小游戏，在游戏所带来的愉快情绪中，将幼儿导入学习的主题。教师应根据不同种类教学活动的特点，选择诸如语言游戏、音乐游戏、手指游戏、建构游戏等不同的游戏活动来启动教学的开始环节。

3. 情境导入

在教学活动的开始环节，创设情境导入学习主题，也是幼儿园教师常用的导入策略。导入活动的情境可以是真实的生活情境，也可以是教师预设的相关情境。情境导入，可以避免幼儿因为对教学活动形式的厌倦而出现"慢热"现象，同时也给他们提供了一个思考和解决问题的背景，有利于调动他们的已有经验，在迁移性的学习中促进新经验的获得。

4. 问题导入

好奇、好问、好动、好模仿是幼儿的天性。利用巧妙设计的问题激发幼儿的学习愿望，可以帮助他们尽快进入新的学习主题。教师采用问题导入的方法，可以有效地调动幼儿的参与热情，使他们在积极互动的问与答的活动中，不经意地进入学习主题。[①]

(二)展开环节的指导

展开环节是教学活动的核心环节。在这一环节，幼儿园教师要根据设计好的教案和幼儿现场的实际反应，将所要完成的教学任务逐一展现，通过师幼之间的积极互动，让幼儿在主动参与教学活动中受益。展开环节作为教学过程的中心环节，其成功与否，取决于教师能否对教学进程巧妙把握、对师幼互动有效运用。达到这一目标，绝非一日之功，需要幼儿园教师扎根实践，在实践中提升自己的教学艺术水平。以下三个方面的工作，是确保幼儿园教师有效展开教学活动的关键。

1. 注意观察，及时捕捉教学契机

在教学展开环节，教师无法预料的新情况随时会出现，比如，幼儿对教师设计的情境没有兴趣，教师所用词语他们不能理解，有时甚至会发生一些冲突。因此，教师在实施教学过程中，要注意观察，及时捕捉幼儿的反应，抓住他们身上

---

① 黄瑾. 幼儿园教育活动设计与指导[M]. 上海：华东师范大学出版社，2007：146-147.

出现的稍纵即逝的困惑、冲突、疑问、语言、动作等信息，及时调整教学的进程、策略，确保整个教学过程有效顺利展开。

2. 善于提问，推进教学进程

提问是幼儿园教师在组织教学活动过程中最常用的教学方法。在教学展开环节，幼儿园教师根据设计好的环节，通过提问，将幼儿的注意力一步步引向深入。教师也可以根据幼儿在活动过程中出现的新情况，提出相应问题，引发师幼互动，将教学进程维持在正常的轨道。在教学活动的不同情境中，教师的提问策略是灵活多变的，有时提前置式的问题，有时提后置式的问题；有时设问，有时反问、追问；有时提启发性的、开放性的问题，有时提简单的、封闭的问题。教师通过层层深入的问题情境，不断推进幼儿的学习活动。

3. 积极回应，引发互动

回应是指幼儿园教师在教学展开过程中，对幼儿的言行给予及时的应答、反馈。这是师幼在教学过程中的"对话"，是一种积极的互动。教师作为教学活动中有目的、有意识的组织者、指导者，其指导的一个重要策略就是捕捉恰当的教育契机以对幼儿做出积极的回应。教师对幼儿在教学过程中的反应，可以即时回应，也可以让幼儿稍作等待。通过回应，师幼之间的互动技能被激发出来，尤其是幼儿的活动积极性能够得到很好的发挥，有助于提高教学的有效性。

(三)结束环节的指导

结束环节是幼儿园课堂教学活动的收尾阶段。收尾阶段能否巧妙、完整，也会影响教学活动的效果。幼儿园教师设计好教学的结束环节，应注意以下工作。

1. 注意教学活动结束的策略

教师对教学活动的结束，可以采用语言和行为两种方式。

第一，教师用语言结束教学活动，可以简单总结教学内容，归纳关键经验，明确告诉幼儿课堂教学活动结束。

第二，教师用行为结束教学活动，可以通过带领幼儿做游戏，或引导他们在收拾玩具、整理场地的活动中结束教学活动。

2. 做好延伸活动

一次教学活动往往不会戛然而止，往往还有延伸型的活动，这能够扩充幼儿的学习经验，拓展教学效果。因此，在教学的结束阶段，幼儿园教师要将与本次活动相关的延伸活动布置给幼儿。有的教学活动就是在延伸活动中结束的，而更多的延伸活动是需要幼儿在课后甚至在家中去完成的。

3. 及时做好教学评价

教学评价是幼儿园教学活动的重要组成部分，可以对幼儿园教师的教学活动进行诊断、评估，为提高教学活动质量提供依据。对具体教学活动的评价，主要在教学活动的结束阶段通过讲评的方式进行，也可以通过课后教师的交流进行。

评价可以由教师自己和其他同事进行。结束阶段的教学评价，主要是对本班幼儿在教学活动中的表现、收获和问题进行揭示。课后的评价则会更多地关注幼儿园教师在教学活动中的表现。

小 结

云测试：模块七单元 2

学习笔记

• 幼儿园教学活动：幼儿园教学活动可理解为幼儿园教师和幼儿在《幼儿园教育指导纲要（试行）》和《3～6 岁儿童学习与发展指南》的指导下，有目的、有计划地开展健康、语言、社会、科学、艺术等领域的基础知识与技能的教与学的活动，目的在于促进幼儿身心健康和谐发展。幼儿园教学活动的核心是幼儿园教师对幼儿各种学习活动的组织与指导。它具有整合性、生活性、趣味性、启蒙性等特点。

• 幼儿园教学活动的意义：促进幼儿身体健康发展；丰富幼儿的经验和知识，促进智力发展；培养良好的行为习惯，为幼儿健全人格的形成奠基；促进幼儿语言能力的发展；培养幼儿对美的兴趣和初步感受美、表现美的能力。

• 幼儿园教学活动的组织形式与常用方法：幼儿园教学活动的组织形式一般有集体教学活动、分组教学活动、个别教学活动三种；幼儿园教学活动的常用方法有游戏法、实操法、直观法、口授法四类。

• 幼儿园教学活动的原则：幼儿园教学活动的原则就是指幼儿园教师在组织幼儿园教学活动时必须遵守的基本要求，主要有科学性原则、安全性原则、全面性原则、主体性原则、活动性原则、有效性原则等。

• 幼儿园教学活动的指导：幼儿园教学活动的指导是指幼儿园教师对教学活动各环节的组织、引导，包括幼儿园教学活动设计的指导和幼儿园教学活动实施的指导。

• 幼儿园教学活动设计：幼儿园教学活动设计是对师幼双方教与学的目标、内容、实施与评价方法等的选择与规划，进而提出具体的实施方案。它由两部分组成：一是幼儿园教学活动的整体设计；二是具体教学活动的设计，即编写教案，一般包括选择具体的教学活动内容、设计具体教学活动的目标、设计教学活动准备、设计教学活动过程等环节。

• 幼儿园教学活动实施：幼儿园教学活动实施是指幼儿园教师与幼儿一起根据预先设计好的教学方案完成既定的教学任务的过程。教学活动实施过程包括开始、展开和结束三大环节。

思考与练习

1. 名词解释：幼儿园教学活动、幼儿园教学活动设计、幼儿园教学活动实施。

2. 简述幼儿园教学活动的意义。

3. 简述幼儿园教学活动常用的导入方法。

4. 简述幼儿园教学活动展开部分包括的环节。

5. 简述幼儿园教学活动结束部分包括的环节。

6. 在见习中用所学理论分析一次幼儿园教学活动，体现教学的领域、理念、方法、效果和反思等方面内容。

7. 选择自己感兴趣的领域，结合幼儿的特点和自己所学知识，分别设计一次幼儿园大、中、小班的教学活动，并在实习中找机会进行实践。

8. 分析题：下面是某幼儿园一次教学活动的教学设计，请你结合《3～6岁儿童学习与发展指南》从内容、设计和实施的可行性上进行分析。

大班英语活动"认识整点时间"

一、活动目标

①培养幼儿参加英语活动的兴趣，教幼儿友好地与同伴做游戏。

②培养幼儿倾听并积极回答问题的习惯。

③教幼儿用英语询问和说出时间。

④让幼儿初步认识1:00—12:00整点时间的英语说法。

二、活动准备

可以拨动的自制时钟、老狼的头饰、数字卡片、大时钟。

三、活动过程

①教师走进教室，用"Good morning!"和幼儿打招呼，师幼相互问好。

②教师出示数字卡片，领着幼儿一起复习数字1～12对应的英语单词。

③教师出示时钟教具，询问幼儿"What is this?"，大声说几遍"clock"，然后引导幼儿和教师一起大声说单词。

④教师转动时钟指针，让指针指向1:00，然后问"What time is it?"，并引导幼儿回答"one o'clock"。以此类推。

⑤游戏：时钟报时。

教师让幼儿扮成时钟，然后教师说出时间，幼儿就要根据教师所报的时间来发出声音。例如，教师说"one o'clock"时，大家就一起模仿时钟报时的声音"嗒"；教师说"two o'clock"时，幼儿就说"嗒嗒"。以此类推。（也可以让幼儿说出时间，教师来报时。）

⑥教师出示自制的大时钟，让幼儿做指针。当教师说出时间时，幼儿的手臂

就要变成时针和分针指向教师所说的时间的位置。教师要奖励表现好的幼儿。

⑦游戏：老狼老狼几点了？

教师扮成老狼，让幼儿扮成小动物围成一圈，然后教师站在圈中央。教师让小动物问："Wolf，wolf，what time is it?"老狼回答："It's two/three o'clock…"老狼说"It's time for supper!"时，就去抓小动物。这时小动物要迅速跑回座位，没有跑回座位的幼儿就会被教师抓到，然后扮成老狼。

⑧活动结束时，幼儿与教师说"Goodbye"。

学习反思

云测试：模块七
幼儿园教学活动

学习笔记

关于幼儿园游戏活动的对话

主持人：在幼儿园一日活动中，游戏是怎样开展的？有哪些形式？

园长 A：我园主要结合区域活动的形式开展游戏，并把与儿童的语言、情感、社会性发展等相关的内容融入游戏。每天下午都有，地点也不局限于教室，像走廊等空间都被充分利用起来，扩大了儿童的活动空间。

园长 B：我园主要将游戏与本班课程结合起来。例如，我园这学期开展了"绿色文化·健康生活"主题课程。角色游戏就可以与此主题结合起来，由教师、家长和儿童共同设计服装，然后利用这些服装道具进行角色游戏等。

园长 C：我园对各项游戏的开展都进行了活动记录，以了解每个儿童参与游戏的情绪与行为，促进儿童全面发展。我园每年还会借助各种节日活动，打破班级界限，为全园角色游戏的开展提供互动机会，如开展全园性的"大型超市"游戏，提高儿童的社会交往能力。

园长 D：我园比较注重人性化管理，开展游戏相对来说比较自由，曾经开展的全园互动活动、感统训练、蒙氏活动都渗透了游戏的成分。

主持人：教师在游戏中如何指导儿童？

园长 B：教师要做儿童游戏的参与者、引导者、合作者，首先就要成为一个观察者、记录者。教师只有先去观察了，才能知道什么时候去支持儿童、什么时候去引导儿童、什么时候去干预儿童。同时，教师应少干预、多观察，并能引导儿童讨论遇到的问题，让他们自己探索解决的办法。

园长 C：我们主要加强了对游戏的研究，如周一研究结构游戏，周二研究表演游戏等。对每天计划好的游戏，教师都会给予重点指导，并不限制儿童玩。

园长 A：由于我园游戏是按区域进行的，教师的注意力很难顾及每组儿童，所以教师在每天的游戏指导方面都有不同的侧重点，比如今天主要指导"理发店"游戏，明天则把重点放在"医院"游戏上。[①]

分析：《幼儿园工作规程》要求幼儿园应当将游戏作为对幼儿进行全面发展教育的重要形式。上述

---

① 向海英，林梅梅．玩与学的释义：来自实践的声音[J]．学前教育研究，2007(12)．(有改动)

资料是幼儿园园长和学前教育理论工作者之间有关幼儿园游戏开展的对话摘录。从对话中可以看到，四所幼儿园都将游戏作为幼儿园活动的重要形式，但做法却各不相同。有的将游戏与区域活动结合；有的将游戏同班级的课程结合；有的建立了游戏管理制度，总结了一些开展游戏须遵循的原则与方法，还注意开展相关研究。这说明，游戏已成为学前教育实践领域的一项重要工作，成为幼儿在幼儿园一日生活中重要的活动内容。因此，学前教育工作者必须掌握有关幼儿游戏的理论与实践技巧。诸如，游戏的含义是什么？游戏对幼儿的发展有何意义？游戏有哪些类型？游戏和幼儿园其他教育活动的关系是什么？幼儿园游戏指导有哪些策略？等等。本模块将围绕这些问题展开讨论。

学习目标

了解游戏对幼儿的意义、游戏与区角活动的关系。

理解游戏的含义及各类游戏的特点。

分析各种游戏的指导策略。

思维导图

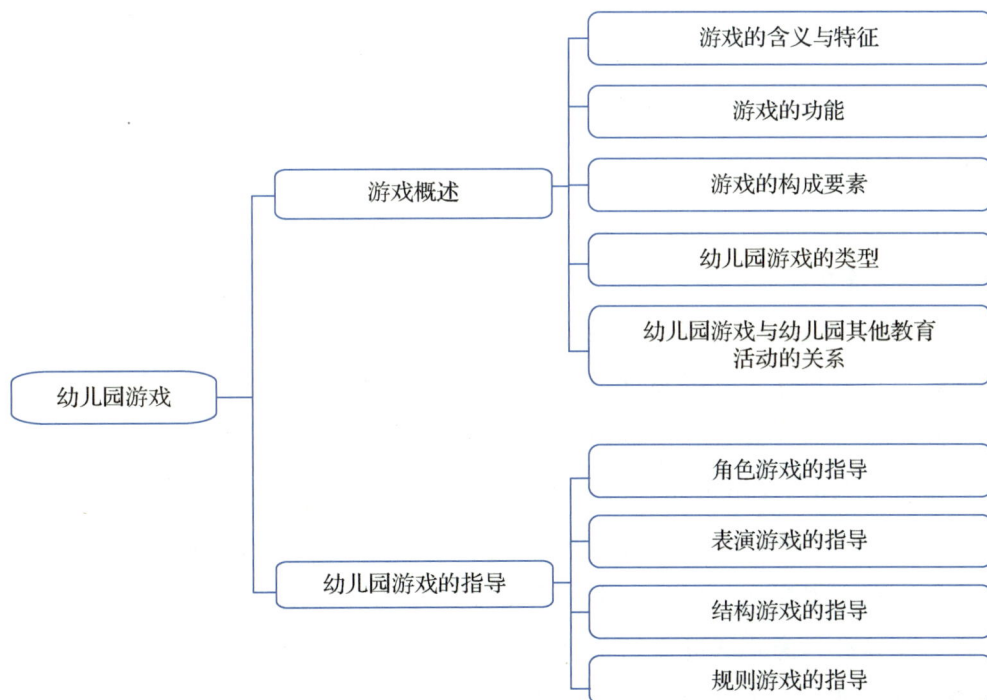

学习笔记

单元 1 游戏概述

▶▶ 一、 游戏的含义与特征 >>>>>>>>

（一）游戏的含义

关于游戏，学者有不同的解释，一般将游戏理解为儿童追求快乐的一种行为，是儿童自愿参加，以娱乐为主要目的，通过模仿和假想反映社会现实生活，并伴有快乐情绪体验的活动。

游戏是一种古老的社会文化现象，有人类就有游戏。原始人群通过扔石头、投掷带尖的棍子等形式展开的休闲娱乐活动，算是游戏的雏形。在参与游戏的主体中，儿童始终是乐于参与游戏的独特而重要的群体，而学前期是独特的游戏期。① 随着社会的发展，游戏的形式和内容不断丰富。生活在各个地域的不同民族发明了不同的游戏。游戏也逐步从休闲娱乐进入了教育、文化等生产生活的各个领域，成为各个学科研究的对象。在学前教育领域，游戏成为学前教育机构实施教育活动的基本途径。

资料卡片 ▶▶▶▶▶▶▶

六种解释游戏产生原因的传统游戏理论

剩余精力说：德国思想家席勒（Schiller）认为动物在生活需要之外还有剩余精力，而游戏就是动物利用剩余精力所进行的活动，目的是从游戏中得到快乐。英国思想家斯宾塞（Spencer）认为，身体健康的儿童除了维持正常的生活外，还有剩余精力，而剩余精力的发泄就产生了游戏。

松弛说：德国拉察鲁斯（Lazarus）、裴茄克（Patrick）认为游戏不是发泄精力，而是在工作疲劳后恢复精力的一种方式，即儿童在紧张的学习后为娱乐而游戏。

生活预备说：德国心理学家格罗斯（Gross）认为，游戏是本能的动作。高等动物的生活条件复杂，幼小时必须经过训练才能适应，所以游戏就是为将来的生活做准备。

生长说：美国阿普利登（Appleton）认为，游戏是幼小儿童能力发展的一种模式，是生长的结果，是机体练习技能的一种手段。美国奇尔摩（Gilmore）认为游戏是生长的内驱力。

复演说：美国心理学家霍尔（Hall）认为游戏是个体再现的祖先的动作和活动。游戏让个体摆脱原始的不必需的本能动作，为当代复杂的活动做准备。

成熟说：荷兰生物学家、心理学家拜敦代克（Buytendijk）认为，游戏是儿童操作某些物品以进行活动的方式，不是单纯的一种机能，而是幼稚动力一般特点的表现。游戏不是本能，而是一般欲望的表现。②

---

① 刘焱．儿童游戏通论[M]．北京：北京师范大学出版社，2004：3.

② 黄人颂．学前教育学[M]．北京：人民教育出版社，1989：239－240.（题目为编者所加）

(二)游戏的特征

游戏作为儿童的基本活动方式,具有以下基本特征。[①]

1. 非功利性

相对于劳动而言,游戏没有社会实用价值,游戏本身就是目的,而不是达到其他目的的手段。儿童参与游戏活动既不是为了学习某类知识,也不是为了获取某种物质利益,更不是为了做给别人看。但是游戏的教育意义内隐于整个游戏过程。儿童在游戏中获得发展且享受快乐,并不需要明确进行游戏的具体目的。此外,教师在游戏评价环节应防止儿童为了迎合教师的标准而导致游戏走向形式主义。

2. 自主性

游戏是儿童自发的行为,即儿童参与游戏活动是出于自己的兴趣和愿望,而非外在命令强迫。该特点不仅体现在游戏开始的动机方面,而且贯穿游戏的全过程,体现在游戏的主题和内容、游戏的伙伴和情节、游戏的时间(包括游戏的开始与结束)和环境等方面。

3. 愉悦性

游戏会给儿童的身心带来愉悦的感受,这是游戏最重要的一个特点。游戏者通常运用"好玩""快活""有趣""放松"等趋于给有机体带来正面体验的词汇来评价游戏活动。没有愉悦性的游戏就不能算是游戏。所谓"寓教于戏",实际则为"寓教于乐"。儿童只有在真正自主、能够自我实现的游戏中才能获得愉快感和满足感。

4. 虚构性

游戏是以模仿现实生活的某一侧面为基础并且加入想象的一种假想性活动。它是现实生活的反映,但儿童游戏所能够反映的是儿童眼中的生活,是儿童已有经验的体现,具有假想性、非正式性的特点。游戏情节的发展、活动方式的选择以及游戏操作材料替代物的使用等均需儿童借助想象来进行。

5. 有序性

任何游戏都是有规则的,这是由游戏所模仿的社会现实的特征所决定的。因此,游戏中的儿童并非完全自由,他们要受模仿的某种行为所固有的规则的限制。在看似忙乱的活动中,他们遵守着一定的规则,体现出一定的秩序,具有有序性。[②]

游戏的特征要求幼儿园教师在组织游戏活动时,要根据游戏的特点进行设计和实施,务必使游戏合乎游戏的特质,真正吸引幼儿主动参与,最大限度地发挥游戏的教育功能。

---

① 朱宗顺.学前教育原理[M].北京:中国广播电视大学出版社,2011:207-208.

② 刘晓东,卢乐珍,等.学前教育学[M].南京:江苏教育出版社,2004:364.

▶▶ 二、 游戏的功能 >>>>>>>

游戏符合幼儿的生活需要，它不仅给幼儿带来了快乐，而且对幼儿身心的和谐发展具有十分重要和独特的作用。

（一）游戏对幼儿身体发展的作用

1. 游戏促进幼儿各器官的生长发育

幼儿的活动性游戏基本上都有跑、钻爬、跳跃、攀登等动作。即使一些非活动性游戏，也包含了一定的生理活动以及机体动作，如呼吸运动、手的运动、精细肌肉的运动等。幼儿积极参加游戏活动，能够促进其身体的新陈代谢，使身体的各个器官及其功能得到锻炼，有助于身体素质的提高。

2. 游戏促进幼儿运动能力的发展

游戏是幼儿喜欢的活动。游戏既有运动量大的活动，也有运动量小的活动；既有全身动作，也有局部动作。游戏给幼儿提供了锻炼身体的机会，保证了幼儿在成长中对运动量的需求，使幼儿的运动能力在游戏中得到不断提高。

（二）游戏对幼儿心理发展的作用

1. 游戏有利于解决幼儿心理上的主要矛盾

幼儿在生活中渴望能像成人一样独立地参加社会活动，而自身能力和经验的局限使他们没有办法独立参加社会实践。这两者之间的矛盾成为幼儿心理发展中的主要矛盾，而解决这一矛盾最有效的途径就是游戏。在游戏中，他们可以根据自己的意愿选择游戏角色，比如扮演"老师""司机""爸爸""妈妈"等角色，尽情地玩"上学""开车""过家家"等游戏，以自己的方式来满足自身参与成人式生活的需求。

2. 游戏有利于幼儿宣泄紧张和负面情绪

游戏是缓解幼儿紧张情绪的有效方式。在游戏中，幼儿是自由和自主的。游戏可以帮助他们实现自己当胜利者和强者的愿望，帮助他们找到心理的平衡点。有的幼儿在玩积木时，会不断地将搭好的积木一下推倒；有的幼儿在玩娃娃家时会打布娃娃的屁股；有的幼儿在玩医院游戏时喜欢给布娃娃打针等。这些游戏都是幼儿宣泄情绪的方式，有利于他们的心理健康。

3. 游戏有利于对幼儿进行心理诊断

游戏不仅可以反映出幼儿对周围现实生活的认知，还是他们表达自己内心情感的方式。因此，游戏能够为幼儿园教师了解幼儿的情绪状态——喜、怒、哀、乐等提供线索。教师在游戏中发现了幼儿出现的心理问题，就可以及时采取有效措施予以解决，以促进他们的心理健康。

(三)游戏对幼儿认知发展的作用

1. 游戏是幼儿智力发展的通道

幼儿在游戏中，通过观察、比较、分类、想象等心理过程，操作各种材料或玩具，从而去接触、探索新事物，了解事物的性能，了解事物之间的关系。他们在游戏中用"行动"思考，靠"感官"学习。游戏成为幼儿智力发展的有效途径。

2. 游戏给幼儿提供了获取知识的机会

幼儿可以从游戏中获取多方面的粗浅知识。在玩水游戏中，幼儿感知水的流动、透明无味、具有浮力等特性，并获得有关容积的经验；在堆积木的过程中，他们学会平衡、等量、大小等概念。游戏所提供的这些经验，使幼儿对周围环境及自己控制环境的能力获得了比较广泛和精确的认知，为他们的进一步学习打下了良好的基础。

3. 游戏是幼儿创造力发展的源泉

游戏是幼儿以虚构、想象的方式反映社会现实的活动。参与游戏能够促进幼儿创造力的发展，有助于他们创造个性和创造性思维品质的形成。比如，在玩雪花片的游戏时，幼儿可以把雪花片想象成"手枪""眼镜""大炮"等各种形象，实实在在地锻炼自己的想象力、创造力。

4. 游戏是幼儿语言发展的途径

游戏为幼儿提供了语言表达和交流的机会，并使他们产生了迫切的言语交流需要。在游戏中，他们商量游戏玩法，确定游戏规则，并用语言协调彼此之间的玩伴关系，解决游戏中的纷争，这一切都能有效促进幼儿语言的发展。

(四)游戏对幼儿社会性发展的作用

1. 游戏为幼儿提供交往机会

游戏是一种社会活动，为幼儿提供了模仿并参与社会交往的平台。在游戏中，幼儿逐步学会认识和区分自己与同伴，并能正确地处理自己和同伴之间的关系，使社会交往能力得到了提高，加快了幼儿社会化的进程。

2. 游戏有助于改善幼儿的自我中心意识

在游戏情境中，幼儿逐渐学会了与他人联系，从中明白了"我"和"你"的区别，在游戏中学会了如何与他人交往，如何满足自己和他人的需要，有助于改善自我中心意识。

3. 游戏有助于培养幼儿的合群行为和遵守规则的能力

幼儿在参加集体游戏时，必须学会相互宽容和谦让，尝试和他人合作，并遵守游戏的规则。只有如此，才能保证游戏的顺利开展。因此，参与游戏能培养幼儿的合群行为和遵守规则的能力。

4. 游戏有助于密切亲子关系并培养亲社会行为和社会交往技能

在家长参与游戏的过程中，幼儿同家长一起游戏，有助于加强亲子联系，密

学习笔记

切亲子关系。而良好的亲子依恋可以帮助幼儿以积极的态度对周围环境进行探索，积极地与人交往，并在交往中逐步体验、学习各种社交技巧，学习如何与人分享、与人合作，培养幼儿的亲社会行为。

资料卡片 ▶▶▶▶▶▶

游戏与幼儿扩散性思维关系的实验

丹斯基(Dansky)和西尔弗曼(Silverman)在 1973 年，首次就游戏对幼儿扩散性思维流畅性发展的作用进行了研究。他们将 4~5 岁的幼儿分成三组，即游戏条件组、模仿条件组和绘画条件组(中立条件组)。在对三组被试进行 10 分钟的实验处理之后，实验者对三组被试就日常生活用品的用途进行了测试。结果发现，不论是在标准用途的反应方面，还是在非标准用途的反应方面，游戏条件组被试的得分都明显高于模仿条件组和绘画条件组。两年之后，丹斯基和西尔弗曼又就游戏对幼儿扩散性思维流畅性发展的一般作用进行了研究。结果发现，游戏条件组的被试对未玩过的物品的用途的反应，也明显好于其他条件组(模仿条件组和课题条件组)。由此，他们得出结论：与这些物品是否在游戏中被玩过无关，游戏有助于引发多样性联想的态度及其心理结构的形成与发展。[①]

✒ 学习笔记

▶▶ 三、 游戏的构成要素 ≫≫≫≫≫≫≫

游戏的构成要素是指游戏本身具有的各个组成部分。分析这些要素，有利于幼儿园教师对游戏进行指导，从而更有效地促进儿童的发展。

(一)游戏的主体

儿童是游戏的主体。在托幼机构中，游戏的主体是学前儿童。儿童与游戏的顺利开展有着直接而密切的关系。儿童自身的素质，比如儿童的经验、能力、兴趣等因素会影响儿童实际的游戏活动，制约儿童游戏的内容和水平。以游戏能力为例，如果一个儿童的观察力、操作力、想象力等智力因素强的话，他就会善于协调组织集体游戏，积极与同伴沟通交流，大胆创造新的游戏情节和玩法，并会合理有效地操作各种材料。游戏能力的高低，一方面，反映了儿童的整体发展情况；另一方面，反映了儿童的游戏水平。总之，游戏的第一要素是游戏的主体。无论简单的游戏还是复杂的游戏，都是儿童独立或协作完成的。没有主体的自主、自愿，就没有游戏。

(二)游戏的主题

游戏的主题是指游戏所反映的对象。儿童游戏的主题是千变万化的。他们在游戏中可能因为场地或环境的变化而改变主题，可能因为目标的不同而改变主题，还可能受他人影响而改变主题，但不变的是他们所熟悉的生活主题。教师在

---

① 王小英. 国外关于游戏功能研究的新进展[J]. 学前教育研究，1998(1).

指导游戏时，既要帮助儿童学会根据自己的生活经验确定主题，也要允许儿童在游戏中自由改变主题。

主题的确定有利于儿童顺利地组织游戏，能较好保证游戏目的的实现。在选择游戏主题时，教师应鼓励儿童按照自己的意愿和兴趣选择，或根据现有材料选择确定。教师可以提出参考主题，但不能强迫儿童选择某种游戏，以保证游戏主体的主动性。

视频：幼儿游戏的指导

（三）游戏的过程

游戏的过程是游戏中最重要的环节，它主要包括游戏的目标、游戏的玩法、游戏的情节和规则等。游戏的过程决定着游戏中儿童行为发展的多样性，决定着儿童在游戏中与同伴的关系。儿童会通过语言把这些过程都表现出来，并反映在实际的游戏中。

（四）游戏的材料和场地

游戏的开展离不开游戏的主体，也离不开游戏的载体——材料和场地。儿童会根据游戏的材料和场地等因素来决定游戏的形式和内容。材料可以是天然的、身边的物品，也可以是专门制作的玩具；场地可以是专门设置的区域如活动室内的区角，也可以是简单的空间。材料和场地的准备和选用，要根据游戏的主题来决定。儿童是使用材料的"天才"，他们会充分发挥材料的显性功能和隐性功能。因此，教育者应为儿童的游戏提供各种各样的成品或半成品材料，并提供宽敞而安全的空间，以充分发挥儿童在游戏中的主观能动性。

（五）游戏的规则

游戏有自身的规则。规则在游戏中起着组织、指导和约束儿童行为的作用。游戏的规则主要分为两种：一种是社会约定俗成的规则，另一种是儿童在游戏前协商形成的规则。因游戏种类的不同，游戏规则的作用也就有所差异。

▶▶ 四、 幼儿园游戏的类型 ＞＞＞＞＞＞＞＞

游戏有不同的分类方式，比如，按儿童认知发展水平可分为练习性游戏、象征性游戏、结构性游戏，按社会性发展水平可分为无所用心的行为、旁观者行为、独自游戏、平行游戏、联合游戏、合作游戏等。我国幼儿园一般根据游戏的特征和教育作用，将游戏分为创造性游戏和规则游戏两大类。[①]

（一）创造性游戏

创造性游戏是幼儿自主地、创造性地反映现实生活的游戏。在创造性游戏中，幼儿根据自己的兴趣、爱好等开展游戏，成为游戏的主人。创造性游戏包括以下三类。

---

① 黄人颂. 学前教育学[M]. 北京：人民教育出版社，1989：253.

1. 角色游戏

角色游戏又称想象游戏、模仿游戏、假扮游戏，是指幼儿通过扮演角色，运用想象和模仿，创造性地反映个体生活经验的一种游戏。该游戏的关键是确定游戏的主题，所以又可称为主题角色游戏。比如，"娃娃家""去医院""开餐厅"等游戏都属于角色游戏。角色游戏有两个明显的特点①：幼儿对现实生活的印象是角色游戏的源泉，因此，角色游戏具有表征性；角色游戏的支柱是幼儿的想象活动，因此，角色游戏具有创造性。角色游戏对幼儿的创造力、想象力以及社会性的发展具有重要意义。

2. 结构游戏

结构游戏又称建构游戏或造型游戏，是幼儿利用积木、黏土等各种结构材料或玩具进行建构或构造现实生活中的各种物品或现象的活动，如积木游戏和玩沙、玩水、玩雪等游戏。结构游戏具有创造性、可操作性和造型性等显著特点。

3. 表演游戏

表演游戏又称戏剧游戏，是幼儿根据文艺作品中的情节、内容和角色，通过语言、表情和动作表现的一种创造性活动。表演游戏具有表演性、自娱性、自创性等特点。幼儿的表演游戏将想象、创造融为一体，对幼儿创造力的培养与发展起着非常重要的作用，还能锻炼幼儿的人际交往能力，促进幼儿合作观念的发展和良好个性品质的形成。

(二)规则游戏

规则游戏又称教学游戏，是教师根据教育目标为发展幼儿的各种能力而编制的用于教学的游戏，规则性和竞赛性是其显著特点。规则游戏包括游戏的目的、玩法、规则和结果四个部分，其中规则是核心。如果说创造性游戏是幼儿创造性地反映现实生活的自发性活动，那么，规则游戏就是由教师依据教育目标编制的一种有组织、有计划的游戏教育活动。因此，规则游戏与幼儿园教学活动密切相关，往往作为教学活动的组织方式。规则游戏更多地包含幼儿的学习活动，其中认识成分占主导地位。我国幼儿园实践一般将规则游戏分为三种：音乐游戏、体育游戏、智力游戏。

1. 音乐游戏

音乐游戏一般是指教师根据音乐教育的任务设计和编制的规则游戏。幼儿在音乐伴奏或歌曲伴唱下，按一定规则和音乐要求完成各种游戏动作。它以丰富幼儿的音乐经验、发展幼儿的音乐能力为主要目的。

---

① 杨枫. 学前儿童游戏[M]. 北京：高等教育出版社，2006：28.

2. 体育游戏

体育游戏又称运动性游戏，是以发展幼儿的基本动作和运动能力为主要目的的规则游戏，具有较强的规则性、竞赛性。在游戏中，幼儿的大肌肉群和小肌肉群都可以得到锻炼。体育游戏有角色、情节和竞赛的规则，因此，对幼儿意志力和自我控制能力的培养，对幼儿体质的增强，对幼儿智力的发展和优良品质的培养，对幼儿进取心和规则意识的培养等都有积极作用。

3. 智力游戏

智力游戏是为发展幼儿智力而设计的规则游戏。这种游戏以生动有趣的形式开展，帮助幼儿在自愿、愉快的情绪中丰富经验、增长知识，增强幼儿的学习兴趣，提高其学习效率。

▶▶ 五、 幼儿园游戏与幼儿园其他教育活动的关系 ▷▷▷▷▷▷▷▷

幼儿园游戏与幼儿园教学活动、幼儿园区角活动都是幼儿园教育活动的重要形式与途径，它们的共同点是为幼儿身心健康和谐发展创造有利的环境，从不同角度、以不同方式促进幼儿发展，但游戏与教学活动、区角活动之间也存在差别。

就幼儿园教学活动和幼儿园游戏的关系而言，首先，幼儿园教学活动和幼儿园游戏的目的有一定差异。幼儿园教学活动主要是教师对幼儿学习活动的有目的、有计划地组织与指导，更关注幼儿情感、态度、经验、知识、能力的发展；而幼儿园游戏更看重活动的过程，更关注他们在活动中自主、自愿、愉悦地参与和体验，其目的就是游戏本身。其次，幼儿园教学活动与游戏也有联系。幼儿园教学活动常常通过游戏的形式开展，即所谓教学游戏化，借助游戏的形式，使幼儿在轻松的环境中增长经验、获得知识。幼儿园教学活动离不开游戏，游戏也能帮助教师完成教学任务。

从幼儿园游戏和幼儿园区角活动的关系看，幼儿园区角活动是幼儿在规划的区域内，利用投放的材料自主建构知识、获得经验的活动，是一种个别化的学习活动。就这一点而言，区角活动与游戏有区别。但是，幼儿在区角活动中的学习，具有很大的自主性，能够满足自身的兴趣和需要，即幼儿可以根据自己的意愿自由选择活动的区角。从这一点来说，区角活动又有游戏的特质，是一种特殊的游戏形式。有的人甚至将区角活动等同于游戏。

云测试：模块八单元1

单元2 幼儿园游戏的指导

▶▶ 一、 角色游戏的指导 ▷▷▷▷▷▷▷▷

（一）角色游戏的结构

角色游戏的结构是指游戏内部包含的组成要素，包括以下几项。

1. 角色的扮演

角色游戏的核心就是角色。幼儿在游戏中常常扮演一个或多个假想的且自认为重要的角色。幼儿的角色常常是幼儿依据自己的情感取向选择的。比如，幼儿在生活中很羡慕警察，于是就在游戏中扮演警察；生活中很害怕医生，在游戏中就扮演医生，从而满足自己的心理需求，为自己创立新地位。幼儿扮演角色对发展自身的想象力和自我意识具有很大作用。

2. 对物品的假想

角色游戏离不开幼儿对物品的假想。游戏会呈现以物代物、以物代人、以人代物、人和物无固定表征的特点。比如，幼儿会把纸条当面条，把树叶当菜叶等。由于幼儿的个体差异，他们对同一物品会有不同的假想。要想保证游戏的流畅、顺利开展，幼儿就必须借助语言提示，把自己的想象表达出来，帮助同伴理解和接受。同时，幼儿对物品的假想可以一物多用，他们常常根据环境和游戏情节需要，变换材料的用法，比如，一会儿拿小椅子当快马，一会儿又拿它当汽车。材料用法的变换，正是幼儿创造想象的表现。

3. 对游戏动作和情节的假想

在角色游戏中，幼儿除了要对物品进行假想外，也要对游戏动作和情节进行假想。他们一般通过对玩具等材料的操作来实现对游戏动作和情节的假想。在幼儿对材料的操作中，游戏情节也随之产生，比如，用玩具吹风机给客人吹头发，用玩具化妆品给客人化妆等。一般而言，幼儿生活经验的丰富与否会影响到他们对角色游戏动作和情节的假想。

4. 游戏的内在规则

角色游戏虽然有很强的表演性，但幼儿在游戏过程中也必须遵守内在规则，才能保证游戏的顺利开展。角色游戏的规则和规则游戏的规则是不一样的。规则游戏的规则具有随意性，既可以预设，也可以在游戏中生成。而角色游戏的规则是内在的，要受角色的制约。幼儿在角色扮演中必须按照社会角色的规范来游戏，不可随意改动。幼儿在角色游戏中要尽可能地按照自己在生活中观察到的真实情况进行游戏。

(二)角色游戏的具体指导

角色游戏指导的中心问题是如何将教师的指导和幼儿在游戏中的主动性结合起来，使教师的指导保证幼儿的主动性得到充分发挥。教师具体应做好以下工作。[1]

1. 制订好工作计划

在开学初，教师应从整体观念出发，统一安排每个月的教学、游戏及其他活动，合理分配各类游戏的时间。由于角色游戏所需时间较长，最好安排在早晨或下午，保证幼儿有充足的游戏时间。

---

① 王金洪. 儿童游戏教程[M]. 北京：北京出版社，2009：90.

2. 丰富幼儿的生活经验

丰富的生活经验是幼儿进行角色游戏的基础和源泉。幼儿的生活经验主要来自家庭和幼儿园。教师可以利用幼儿在园一日生活各环节，通过参观实景、欣赏图片、看书、看电影等方式，引导幼儿观察周围生活，开阔幼儿眼界；同时，还可以指导家长的教育工作，协助家长安排好幼儿的家庭生活，根据幼儿园的活动计划帮助幼儿了解相应的社会生活。比如，家长周末可以带幼儿郊游或逛街，从而丰富和加深幼儿对购物和逛街生活的印象。

3. 做好场地、设备、玩具等的准备和投放

场地、设备、玩具等是角色游戏开展必不可少的物质条件。在给幼儿提供这些物质条件时，教师应注意以下几点。第一，每个年龄班一般应设置一定数量的固定的游戏区域和设备。比如，活动室里的"娃娃家"区角，投放有布娃娃、婴儿床、玩具、餐具等相对稳定的材料。幼儿看到这些材料，就会产生玩过家家游戏的愿望。第二，游戏的玩具、材料应是丰富多样的，尽量满足每位幼儿不同的游戏愿望。同时，游戏所需的玩具、材料，除少数需要形象逼真外，多数应具有可塑性。针对中、大班幼儿，教师还可以为他们提供一些半成品或废旧材料，给幼儿的想象和动手制作留下空间。第三，游戏的玩具、材料应随时更换或增减，满足幼儿的好奇心，激发幼儿的游戏兴趣。同时，玩具、材料应放在便于幼儿自由取放的地方，并培养幼儿使用后放回原处的习惯。

4. 以尊重幼儿的主体性为原则

教师在指导角色游戏时要尊重幼儿的主体性，充分发挥他们的主动性。教师是游戏的指导者而不是指挥者，是游戏的支持者和参与者而不是游戏计划的设计者和实施者。比如，角色游戏的主题应来自幼儿的需要。教师要善于发现幼儿的游戏需要，适当、适时激发幼儿的游戏动机，帮助幼儿确定游戏主题，而不是为他们指定主题。当然，当幼儿在角色游戏中遇到问题时，教师还应给予一定的指导性建议，有时可以以巧妙参与角色游戏的方式给予适当引导。同时，不同年龄段的幼儿有着不同的特点，所以教师的指导还应具有针对性。

5. 以间接指导为主

间接指导是指教师通过适当的中介，间接地传递教育意图，而不以直接教或具体指挥的方式干预和影响幼儿的游戏活动。比如，教师可以采用提示、启发式提问、评论，或适时地出示玩具和游戏材料，或以角色身份加入游戏等方式，来影响幼儿正在进行的角色游戏。比如，当看到娃娃家的一个幼儿把橡皮泥切成条状分放到碗中后，就独自坐在那里，过了一会儿又重复那些动作时，教师可以走过去说："我肚子好饿呀，怎么办呢?"这时，幼儿可能会受启发而玩"开餐厅"的游戏。在这次指导中，教师就使用了间接指导。

学习笔记

6. 加强游戏过程中的现场指导

对幼儿角色游戏的现场指导主要包括对游戏主题的确定、角色的分配、游戏情节的展开、游戏规则的建立和遵守、游戏中的合作与谦让等的指导。在游戏过程中，教师应随时关注游戏，保证游戏安全、顺利、有序展开。

第一，教师应鼓励和启发幼儿按照自己的意愿确定角色游戏的主题。

第二，教师应指导幼儿选择和分配角色。小班幼儿的游戏角色可以由教师协助确定；中、大班幼儿则可以采用点兵点将、轮流等方式和同伴一起商量角色的分配问题。

第三，必要时，教师可以以角色的身份参与游戏，促进游戏情节的发展。比如，在玩"医院"游戏时，当有的幼儿不排队而要求医生看病时，教师可以用角色的口吻说："我也要看病，我排在谁的后面呢？"这样就可以引导幼儿排队看病，遵守游戏规则，保证游戏的有序性。

7. 做好游戏结束时的整理和总结工作

第一，教师要掌握时机，在游戏结束前，以巧妙的方式提醒幼儿做好结束游戏的思想准备。比如，教师面对全体幼儿说"我们要下班了！"或者进行个别提醒"豆豆，准备收拾玩具和场地"，切忌简单地命令停止，应使幼儿自然、愉快地结束游戏。

第二，角色游戏结束时，教师还应鼓励和督促幼儿收拾玩具、整理场地。

第三，教师根据游戏进行的情况和教育要求，可在游戏结束时，组织幼儿评价游戏。教师可以引导幼儿对游戏的情况进行简短、恰当的评价，讨论在游戏中谁会动脑筋、谁能克服困难、以后怎样玩以及还需要哪些游戏材料等，以帮助幼儿提高今后游戏的质量。

资料卡片 ▶▶▶▶▶▶

大班角色游戏指导策略案例

策略一：渗透在环境中的隐性指导。

梓榛在"美食林"门口卖力地吆喝着，因为"美食林"今天推出了"电话预订"和"宅急送"的新业务。有小朋友问："电话是多少？"梓榛挠了挠头，回忆了一下把电话告诉了小雨。

小雨重复着梓榛的话，在玩具柜上找出了一个纸背包，用水笔写上了一串数字。

老师在一边看到了，简单地画了一张写有"宅急送热线电话"的海报贴到"美食林"旁边的墙壁上。梓榛的吆喝吸引了很多孩子的注意，老师的海报更招来了不少用餐的"顾客"。

小朋友们都知道了宅急送电话。小雨随机用来替代外送餐包的纸背包更是受到了孩子们的热捧。他们除了热情地拨打热线电话要求送餐外，还抢着担任义务送餐员，掀起了一场送餐热潮。

策略二：借助观察的参与指导。

小剧场中需要一个报幕员，但是四个孩子你看看我，我瞅瞅你，都不作声。顿了一会儿，嘉豪说："和和，你做报幕员吧。"和和迟疑了一下，说："还是你去吧。"

一直在旁边关注小剧场的老师走过来说："嘉豪的建议不错，和和的声音可好听了，我正想到小剧场看你们的演出呢。和和，你报幕的时候只要声音大一点就好了！"在老师的鼓励下，和和红着小脸，拿着话筒走上了舞台。为了帮助和和顺利地完成主持任务，老师坐在台下做观众的同时，还不断地用手势提示和和。和和的报幕声越来越流畅了。后来，老师还和小朋友们一起商量制作了节目提示卡，于是担任报幕员的小朋友再也不用担心忘记台词了。

策略三：通过讨论的建构指导。

游戏活动评价时，老师请小朋友介绍游戏中最开心的事。宇桐抢着说："我今天休息，先去'银行'领钱，再去'美食林'吃点心，坐上'出租车'去看演出，发现没有带好吃的我就跑到'超市'……我今天太忙了！太开心了！"宇桐一口气说完，然后长长地吸了一口气，鼻尖上布满了细小的汗珠。

老师由衷地说："宇桐今天去了那么多地方，很多地方的工作人员都为你服务，你要谢谢这些忙碌工作的人哦。宇桐玩得很开心，那其他小朋友玩得开心吗？为什么开心呢？"小朋友们纷纷说了起来。有的孩子说："我在'小吃店'做小厨师，学会了自己做馒头，还挣了好多钱，很开心。"还有的孩子说："今天我在游戏中认识了隔壁班的新朋友，这是我最开心的事情……"老师说："每个小朋友玩游戏都很开心，当医生很有趣，做服务员也不错。原来不同的游戏会有不同的开心事，还能让我们学到好多本领。下次我们还要玩游戏。想一想，下次你参加哪个游戏？你怎样做才能既让大家玩得开心，也让自己玩得开心？"①

▶▶ 二、表演游戏的指导 >>>>>>>>

（一）表演游戏的类型与作用

1. 表演游戏的类型

（1）主体表演

主体表演是指幼儿作为游戏主体亲自扮演角色进行表演的游戏。主体表演的形式单一、简单。幼儿会根据自己对童话、故事的理解，相互协商游戏角色、情节、语言和动作，所以每一次的表演都有可能不一样。

（2）桌面表演

桌面表演是指幼儿以桌面为舞台，用小型玩具来代替作品中的角色，通过口头对白或独白，借助玩具的操作来表现作品的内容。这种表演游戏不受场地的限制，但对幼儿讲故事时的语言要求较高，需要幼儿学习用不同的语气、语调来表现多种角色和情节的变化。

---

① 陈丽红．大班角色游戏的指导策略[J]．山东教育，2010(33)．

（3）影子戏

生活中的手影戏、头影戏和皮影戏等都属于影子戏。手影戏是幼儿玩得最多的影子戏，皮影戏则比较具有地方特色。手影戏不需要复杂的设备，只要一烛或一灯，甚至一轮明月，就可以展开巧思，通过手势的变化，创造出种种物象。幼儿喜爱动物，于是兔子、狗、猫等就成了手影戏的主要表现对象。

（4）木偶戏

木偶戏是指用木偶来表演故事的戏剧。表演时，演员在幕后一边操纵木偶，一边演唱，并配以音乐。根据木偶形体和操纵技术的不同，木偶有布袋木偶、提线木偶、杖头木偶、铁线木偶等不同形式。

2. 表演游戏的作用

第一，加深幼儿对文学作品的理解。幼儿通过模仿作品中角色的思想、对话和动作等，可以较好地理解和掌握文学作品的主题和情节。

第二，可以促进幼儿想象力的发展。幼儿所表演的角色是假想的形象，所用的道具也是通过假想设计的。同时，表演中对话、动作、情节等的改动，也需要幼儿充分发挥自己的想象力。

第三，可以促进幼儿语言的发展。幼儿在表演过程中，要熟记作品中的语言，掌握正确的语音，富有创造性地表现符合角色性格特征的语调和表情，这些都有利于提高幼儿的语言表达能力。

第四，可以增强幼儿的集体观念。表演游戏一般需要几个幼儿合作进行，使幼儿有共同的体验、协调一致的行动，有助于培养幼儿的集体观念。在表演过程中，幼儿必须克服害羞、胆小的心理状态，这有助于增强幼儿的自信心和勇气。

第五，能给幼儿带来美的艺术熏陶。表演游戏本身就是一种艺术活动，它有助于发展幼儿的表演才能，给幼儿以美的享受，对培养心灵美的一代新人有积极作用。

（二）表演游戏的具体指导

表演游戏的指导包括对游戏主题的确定、游戏物质条件的准备、游戏角色的分配、游戏过程的调控的指导等。各环节应注意的策略如下。

1. 游戏主题的确定

表演游戏主题的确定主要是选定作品。表演游戏选用的童话、故事等作品应符合下列要求。①

第一，思想内容要健康活泼。所选作品应符合本班幼儿的实际，情节曲折有趣，角色的性格、动作等特征鲜明，语言浅显易学，思想内容健康活泼，是幼儿所喜欢的并符合他们生活经验的作品。

---

① 黄人颂. 学前教育学[M]. 北京：人民教育出版社，1989：272.

第二，有较强的表演性。所选作品应有一定的情境，有一定的戏剧成分。所选作品应有集中的场景，易于布置，且道具可以利用现成的桌椅、大型积木、胶粒拼板等完成。

第三，有起伏变化的情节。幼儿园表演游戏的情节应是简单明确的，不要过于复杂。但为了表演，作品情节还应是有起伏变化的，节奏要快，变化要明显，重点要突出，脉络要清晰，这样才能吸引并激发幼儿的表演欲望。

第四，有较多的对话和明显的动作。所选作品应有浅显易懂的对话语言，且语言有一定的重复性。角色的动作应明显，便于幼儿边说边做动作，以增强表演的趣味性。

2. 游戏物质条件的准备

幼儿园应引导和鼓励幼儿和教师一起为表演游戏准备服装、道具和布景等。对于有的道具，教师可以和幼儿一起利用废旧物品制作。做好的道具等可以摆放在相应的游戏角落，同时教师应为幼儿创设游戏场景，以激发和调动他们开展表演游戏的欲望和积极性。

3. 游戏角色的分配

幼儿在游戏中都喜欢扮演主要角色，而不愿扮演其他角色。教师在指导中应引导幼儿认识到，表演游戏如果缺少任何一个角色，都会令情节不完整，令表演不完美。教师指导角色分配时，要坚持尊重幼儿的原则。一般而言，小班幼儿的角色可以由教师指定或由幼儿自己选择；对于中、大班的幼儿，教师要引导他们理解轮流扮演角色的必要性，指导幼儿采用协商等方式进行角色轮流表演。

4. 游戏过程的调控

第一，示范表演。为激发幼儿参加表演游戏的积极性和主动性，教师可以采用戏剧、歌舞、木偶戏等形式向幼儿进行示范表演，以帮助幼儿积累丰富的表演素材和学习、尝试各种表演技巧。

第二，关注游戏进展。教师应启发和鼓励幼儿积极用语言、动作、体态语等有感情地表演。当幼儿表演有困难时，教师可以以游戏参与者的身份提醒他们，帮助其解决困难。在组织表演时，教师可以先组织部分幼儿进行表演，再组织全体幼儿进行表演，也可以同时组织几组幼儿进行表演，让幼儿轮流担任演员和观众。

第三，游戏结束时的组织。教师提醒并和幼儿一道收拾玩具或道具，整理场地，以培养幼儿的秩序感。

▶▶ 三、 结构游戏的指导 ＞＞＞＞＞＞＞＞

(一)结构游戏的类型与作用

1. 结构游戏的类型

结构游戏根据其使用材料和结构形式，可以分为以下七种。

第一，积木游戏。即利用各种积木或其他代用品作为游戏材料进行的结构游戏。这种结构游戏在幼儿园开展较早，也较为普遍。

第二，积竹游戏。即将竹子制成各种大小、长短的竹片、竹筒等，然后用它们开展的构造物体的游戏。

第三，积塑游戏。即利用塑料制作的各种形状的片、块、粒、棒等部件，通过接插、镶嵌组成各种物体或建筑物模型的游戏。

第四，金属构造游戏。即用金属片为主要的建造材料，用螺丝结合，建造成各种车辆及建筑物模型的游戏。

第五，拼棒游戏。即用火柴棒、塑料管、冰棒棍或用糖纸搓成的纸棍等作为游戏材料，拼出各种图形的游戏。

第六，拼图游戏。即用木板、纸板、塑料或其他材料制成不同形状的薄片并按规定方法进行拼摆的游戏。传统的七巧板就属于这类游戏。

第七，玩沙、水、雪等的游戏。沙是一种不定型的结构材料，幼儿可以对其随意操作。幼儿也可利用水和雪玩划船、堆雪人、打雪仗等游戏。玩沙、玩水、玩雪都是简便易行的结构游戏。

2. 结构游戏的作用

结构游戏具有以下四个方面的教育作用。[①]

第一，发展幼儿的基本动作，促进手脑灵活。在结构游戏中，幼儿不停地用堆砌、排列、组合、拼插等动作塑造新物体。这些操作为幼儿手、眼等器官的活动提供了机会，使幼儿手指、手腕、手臂肌肉的力度和灵活性得到锻炼，使手的控制力得到提高。

第二，发展幼儿的认知能力。幼儿在对结构材料的操作中，具体了解了各种结构材料的性质、形状和用途，获得了物体各部分结构的大小比例和空间方位的知识，有助于认知能力的发展。

第三，培养幼儿良好的个性。在结构游戏中，一个新的结构物体常常需要多个结构素材组合而成，这就要求幼儿不能急躁和马虎，必须要仔细、有耐心，才能顺利完成结构任务。同时，一个结构游戏常常还需要他人的帮助，这又给幼儿提供了更多合作游戏的机会。

第四，培养幼儿的审美能力。在结构游戏中，各种物资材料的颜色和造型都会给幼儿以美的感受，激发他们自由表现美的欲望。

(二)结构游戏的具体指导

在结构游戏的指导中，教师要注意以下工作。

---

① 黄人颂. 学前教育学[M]. 北京：人民教育出版社，1989：274.

1. 激发幼儿参与结构游戏的兴趣

幼儿参加结构游戏常常被结构材料或操作活动本身所吸引。教师在指导过程中，应采用多种方法吸引幼儿的好奇心，以激发幼儿参与结构游戏的兴趣和创作欲望。比如，教师可以用事先构建好的各种结构造型来吸引幼儿的兴趣，或者随时关注幼儿一日生活中的兴趣点，及时把握幼儿随机生成的建构兴趣和需要。

2. 丰富幼儿对周围环境的印象

结构游戏要通过造型来反映物体的外形特征，这就要求幼儿对周围生活环境中的物体和建筑物有比较细致和深刻的认识。教师可以通过组织幼儿走出幼儿园参观或在活动中观看图片、玩具等方式，丰富幼儿头脑中相关物体、建筑物的表象储备。

3. 帮助幼儿了解结构材料和相关操作技能

结构游戏的开展离不开幼儿对结构材料的了解和对初步建构技能的学习。教师指导时应注意以下两点。

第一，教师应引导幼儿识别材料，了解结构材料的大小、形状、凹凸、颜色、材质等特征。

第二，教师应引导幼儿学习和了解基本的结构操作技能，如结构材料的排列组合、接插镶嵌、拼搭连接、穿套编织、黏合造型等技能。

4. 引导和鼓励幼儿的创造性构造

教师在指导幼儿的结构游戏时，应注意用及时提问、适时启发、评价激励等方式引导和鼓励幼儿的创新意识，引导幼儿尝试不同的创造方法，比如，改变某一部分的颜色、布局或形状等，提高结构游戏的水平。

5. 引导幼儿自主游戏

教师在指导幼儿的结构游戏时，应尊重幼儿的建构愿望。当个别幼儿不清楚自己的游戏目的时，教师可以游戏身份进行提示。小班幼儿进行结构游戏时没有一定的目的，不能事先想好要构造的形象，此时教师可以用游戏的口吻引导他们逐步明确游戏的目的。中、大班幼儿进行结构游戏的目的较明确，那么教师可以用提建议和启发的方法，引导他们尝试设计建构方案，创造性地、独立地进行建构，并要求幼儿坚持不懈地完成任务。

沙、水、雪是大自然赐给幼儿的很好的结构材料。许多有条件的幼儿园都创设了玩沙、玩水的设施设备。教师可以在保证安全卫生的前提下，有目的、有计划地组织幼儿进行沙水的结构游戏。

学习笔记

🔗 **资料卡片** ▶▶▶▶▶▶

指导结构游戏三必须

1. 必须有目标意识和条件意识

首先，教师应确定合理的目标，并注意目标的多向性、层次性和阶段性。多向性是指一次结构游戏能指向多个发展目标；层次性是指目标要由小到大，由浅到深，层层递进；阶段性是针对目标的时间跨度来说的。其次，教师要有为幼儿创造良好游戏条件的意识，尽可能为幼儿提供充足、丰富、可塑性强的材料，保证足够的时间，创设宽敞的空间，营造宽松而富有吸引力的游戏氛围。

2. 必须有分层次指导游戏的经验

教师要善于掌握不同年龄段的幼儿游戏的不同层次。例如，小班以模仿为主，大班则以创造为主。每个层次又要注意模仿、命题、创作这一规律。模仿是指幼儿必须习得一定的技能，如接插、镶嵌等。命题是指按一定主题要求来建构。创作是幼儿游戏的高级阶段，指幼儿凭已有经验、能力，充分发挥主观能动性，创造性地开展结构游戏。

3. 必须有处理好几个关系的能力

首先，处理好游戏主题与幼儿动机的关系。在选择和确定主题前，教师应充分体察幼儿的内在动机，尊重幼儿的意向，尽可能使游戏的主题与幼儿的动机一致。

其次，处理好主导与主体的关系。主导是指教师在游戏过程中的导向作用；主体则是指幼儿在游戏中所处的重要地位。教师在结构游戏中要起主导作用，就必须学会激发兴趣、观察、引导、鼓励、评议等指导策略。

最后，处理好过程与结果的关系。注重过程即教师创造条件、提供机会，尊重幼儿用自己独有的学习方式、学习速度来发展自己，鼓励幼儿不断尝试、探索；结果应该是幼儿在原有基础上的发展，并指向预定目标。①

🖋 **学习笔记**

▶▶ **四、 规则游戏的指导** ▷▷▷▷▷▷▷▷▷

(一)规则游戏的教育作用

1. 培养幼儿的规则意识

由于规则游戏里有幼儿协商确定的游戏规则，因此在游戏中人人都必须遵守规则，否则将被同伴从游戏中开除。规则游戏有利于培养幼儿的规则意识，让幼儿在游戏中学会用规则来约束自己的行为，保证游戏的顺利开展。

2. 培养幼儿的智力

规则游戏可以使幼儿利用相关玩具、材料在轻松的氛围中开展学习活动，非常适合幼儿形象性思维的特点，有利于幼儿集中注意力，较快地获得或掌握相关的知识、经验。同时，幼儿在游戏中，能较好地调动已有的知识经验或动作技

---

① 樊碧健. 指导结构游戏"三必须"[J]. 贵州教育，2005(11).

能，从而发展他们的智力。

3. 愉悦幼儿的情绪，培养勇敢、坚毅的品质

规则游戏是活跃、多变的，也是幼儿喜爱的，能引起幼儿极大的兴趣，让幼儿在游戏中获得愉快的体验。同时，对游戏中的规则坚持不懈地执行，也培养了幼儿勇敢、坚毅的品质。

(二)规则游戏的具体指导

规则游戏有利于幼儿主动学习。该游戏的指导应和幼儿园五大领域的教育内容紧密结合，确定明确的教育任务，便于教师制订计划和进行指导。[①]

1. 根据幼儿年龄特点编制适宜的规则游戏

教师要根据幼儿园班级的特点和具体的教育任务，结合幼儿的认知水平和能力大小，为他们选择和编制适宜的规则游戏。同时，游戏的选择和编制还应紧密结合五大领域的教育任务，有机地进行组织，真正做到教学游戏化。

2. 教给幼儿游戏的方法，积极开展游戏

规则游戏有一定的内容和规则，所以幼儿必须学会后才能玩耍，只有这样才能保证规则游戏活泼有序开展。教师应用简洁、生动的语言，结合适当的示范或演示，向幼儿讲解游戏规则，使幼儿清楚理解游戏的规则和意义。在讲解游戏规则时，教师可以在全班教，也可以分小组教，并指导幼儿通过多次的练习和复习，逐步掌握游戏规则，以达到独立游戏的目的。

3. 不同年龄班指导的重点不一样

在小班幼儿的语言活动、体育活动、音乐活动、数学活动中，教师应尽可能多地运用规则游戏，帮助幼儿逐步形成相应的规则意识。对于中、大班幼儿应不断提高游戏要求，教师应为幼儿提供游戏材料，鼓励幼儿自己独立开展规则游戏，并要求他们自觉遵守游戏规则。不管是哪个年龄班的幼儿，教师都应督促他们遵守游戏规则，引导他们以正确的态度对待游戏的输赢，并培养他们诚实、守纪的品质。

学习笔记

云测试：模块八单元 2

📎 资料卡片 ▶▶▶▶▶▶

对游戏规则和规则游戏的认识

游戏有规则是游戏的本质特征。游戏规则是幼儿顺利进行游戏活动、实现游戏性体验的前提，必须严格遵守。一方面，幼儿只有遵守游戏规则，才能开展游戏，实现幼儿自身在各方面的可能性发展；另一方面，幼儿只有真正地沉浸于游戏的情境和游戏的秩序中，才能够对游戏有触及心灵深处的感觉，才能有心灵的"震颤"。幼儿应该在遵守不同于日常生活的游戏规则中，实现游戏的审美追求，创造游戏自身的美，展示游戏自身的魅力。

[①] 刘焱.儿童游戏通论[M].北京：北京师范大学出版社，2004：577—583.

规则游戏不只是教学的工具、手段，也不只是教学的"空白地带"和"候补队员"，它有着自身的魅力和价值。规则游戏是幼儿发展到一定的年龄阶段才会玩的，反映了幼儿的发展水平。教师在指导规则游戏时，一方面，必须依据幼儿的发展水平来选择游戏的类型；另一方面，应注重恰当地开发、提倡、应用规则游戏，以促进幼儿的发展。规则游戏中的规则，是游戏者或创制游戏的人经过深思熟虑而制定的，是为了游戏顺利进行、满足幼儿游戏的需要、达到预期的游戏效果而制定的。因此，它需要智慧，需要知识，需要计划，需要经验，需要统观全局。游戏创制者和游戏者都必须是各方面发展到一定水平的人。当然，这些只是必要而非充分条件，并不意味着幼儿就完全不能。幼儿是发展中的个体，是蕴含着发展的现实性和可能性的个体。幼儿各种发展的可能性中，隐含着游戏的可能性。在成人的指导下，幼儿的"可能发展水平"能够转化为"现有发展水平"，并指向"未来发展水平"。也就是说，幼儿可以在成人的指导下，开展可能的规则游戏，实现超前发展。①

小　结

- 游戏：游戏可以理解为儿童追求快乐的一种行为，是儿童自愿参加，以娱乐为主要目的，通过模仿和假想反映社会现实生活，并伴有快乐情绪体验的活动。游戏具有非功利性、自主性、愉悦性、虚构性和有序性等特征。

- 游戏的功能：①游戏对幼儿身体发展的作用表现为促进幼儿各器官的生长发育，促进幼儿运动能力的发展；②游戏对幼儿心理发展的作用表现为有利于解决幼儿心理上的主要矛盾，有利于幼儿宣泄紧张和负面情绪，有利于对幼儿进行心理诊断；③游戏对幼儿认知发展的作用表现为：是幼儿智力发展的通道，给幼儿提供了获取知识的机会，是幼儿创造力发展的源泉，是幼儿语言发展的途径；④游戏对幼儿社会性发展的作用表现为：为幼儿提供交往机会，有助于改善幼儿的自我中心意识，有助于培养幼儿的合群行为和遵守规则的能力，有助于密切亲子关系并培养亲社会行为和社会交往技能。

- 游戏的构成要素：游戏由游戏的主体、游戏的主题、游戏的过程、游戏的材料和场地、游戏的规则等构成。

- 游戏的类型：游戏有多种分类标准，我国幼儿园游戏一般分为创造性游戏和规则游戏两大类。创造性游戏是幼儿自主地、创造性地反映现实生活的游戏。它包括角色游戏、结构游戏和表演游戏三种。规则游戏又称教学游戏，是教师根据教育目标为发展幼儿的各种能力而编制的用于教学的游戏，规则性和竞赛性是其显著特点。规则游戏分为音乐游戏、体育游戏和智力游戏三种。

- 角色游戏：角色游戏又称想象游戏、模仿游戏、假扮游戏，是指幼儿通过扮演角色，运用想象和模仿，创造性地反映个体生活经验的一种游戏，具有表征性和创造性。指导策略包括：制订好工作计划；丰富幼儿的生活经验；做好场

---

① 吴云. 对幼儿游戏规则的探讨：兼谈幼儿规则游戏[J]. 学前教育研究，2003(1).

地、设备、玩具等的准备和投放；以尊重幼儿的主体性为原则；以间接指导为主；加强游戏过程中的现场指导；做好游戏结束时的整理和总结工作。

● 表演游戏：表演游戏又称戏剧游戏，是幼儿根据文艺作品中的情节、内容和角色，通过语言、表情和动作表现的一种创造性活动。表演游戏具有表演性、自娱性、自创性等特点，有主体表演、桌面表演、影子戏和木偶戏等形式。教师指导时应注意做好：游戏主题的确定；游戏物质条件的准备；游戏角色的分配；游戏过程的调控。

● 结构游戏：结构游戏又称建构游戏或造型游戏，是幼儿利用积木、黏土等各种结构材料或玩具进行建构或构造现实生活中的各种物品或现象的活动，具有创造性、可操作性和造型性等显著特点。教师指导时应注意做好：激发幼儿参与结构游戏的兴趣；丰富幼儿对周围环境的印象；帮助幼儿了解结构材料和相关操作技能；引导和鼓励幼儿的创造性构造；引导幼儿自主游戏。

● 规则游戏的指导：根据幼儿年龄特点编制适宜的规则游戏；教给幼儿游戏的方法，积极开展游戏；不同年龄班指导的重点不一样。

思考与练习

1. 名词解释：游戏、创造性游戏、规则游戏、角色游戏、结构游戏、表演游戏、音乐游戏、区角活动。

2. 简述游戏对幼儿的主要作用。

3. 简述角色游戏、表演游戏、结构游戏、规则游戏的特点及指导要点。

4. 如何理解幼儿园游戏与幼儿园教学活动、区角活动的关系？

5. 当家长认为识字和做数学题比游戏更重要时，你将如何引导家长改变观点？

6. 结合幼儿园的游戏观摩，自主编写一份大班角色游戏活动计划。

7. 结合幼儿园游戏实践，谈谈你对幼儿园教师介入游戏时机的认识。

8. 完成一份幼儿结构游戏的观察记录，并进行分析。

9. 调查一所幼儿园或幼儿园的一个班级组织幼儿开展游戏的时间、内容、形式，并评价其作用。

学习反思

云测试：模块八
幼儿园游戏

我班的环境创设

我园共有 15 个班，每班的布置风格都不同。老师们都追求形式多样化，不千篇一律，突出自己的特色。就拿我班（大恐龙班）来说吧，活动室里到处都充满了老师和孩子们别出心裁的布置。我们根据自然的变化，不断地更新室内环境的内容，以给孩子一个舒适的生活和学习的环境。与此同时，我们还为孩子们提供了丰富的材料，有各色皱纹纸、报纸、蜡光纸、手工纸、图画纸、生字卡、橡皮泥等，组织孩子们搓、捏、折、涂、画、剪、贴，有目的地引导孩子们操作并注意材料的变化。师幼共同操作，既培养了孩子们参加活动的兴趣，又提高了他们动手动脑的能力，使孩子们懂得了任何材料的运用和表现都不是固定不变的，从而为孩子们打开一个千变万化的创造美的窗口，使他们在活动中真正体验到合作成功的喜悦和快乐。

我们还根据孩子们的年龄特点和教学内容，创设活动角并不断补充新的活动内容。例如，观察角、图书角、美工角、语言区、表演区、益智区、探索区等都有自己的特点，都是为孩子们服务的。在观察角，孩子们从家带来了盆花，种植了白菜根、大蒜、豆子，养了金鱼。孩子们给植物浇水，看老师给鱼换水、喂食。他们仔细观察着植物的生长变化，观察着鱼的变化。观察角的创设既美化了活动室，又使孩子们学到了不少知识，还为孩子们创设了一个净化、绿化、美化、充满生机的自然环境。这样的活动激发了孩子们积极操作的愿望，挖掘了他们内在的潜力。孩子们在这样的环境中学习和生活，可以愉悦身心，可以培养欣赏美、爱护美、追求美的情感。①

分析： 上述材料是幼儿园教师对自己创设并利用幼儿园物质环境经验的回顾。案例强调，环境创设拒绝千篇一律，要体现教师个性，要随着时间变化而变化；教师给幼儿提供的活动材料要丰富，特别是在区角材料的提供方面，要及时更新；环境创设要注重师幼互动，通过师幼共同参与的环境创设，为幼儿成长提供一个适宜的环境。从幼儿的发展来说，环境是影响他们成长的重要因素。幼儿园能否创设良好的环境，关系着幼儿园保教工作的质量。《幼儿园教育指导纲要（试行）》明确要求，"环境是重要的教育资源，应通过环境的创设和利用，有效地促进幼儿的发展"。可见，幼儿园教师应该具备幼儿园环境创设的知识与能力。本模块将围绕上述问题展开论述。

---

① 赵旭云.幼儿园的环境创设及功能[J].甘肃教育，2005(10).（题目为编者所加）

📅 **学习目标**

了解幼儿园环境的含义、作用。

理解幼儿园环境的类型及创设的原则。

应用幼儿园物质环境、制度环境及精神环境的创设策略进行环境创设。

思维导图

```
                                    ┌─────────────────────────┐
                        ┌───────────┤   幼儿园环境的含义及类型   │
              ┌─────────┴─────┐     └─────────────────────────┘
              │ 幼儿园环境概述 ├──┐  ┌─────────────────────────┐
              └───────────────┘  └──┤     幼儿园环境的作用       │
    ┌──────────┐                    └─────────────────────────┘
    │ 幼儿园环境 │
    └────┬─────┘                    ┌─────────────────────────┐
         │                 ┌────────┤   幼儿园环境创设的原则     │
         │                 │        └─────────────────────────┘
         │                 │        ┌─────────────────────────┐
         │    ┌──────────┐ ├────────┤   幼儿园物质环境的创设     │
         └────┤幼儿园环境创设├─┤        └─────────────────────────┘
              └──────────┘ │        ┌─────────────────────────┐
                           ├────────┤   幼儿园制度环境的创设     │
                           │        └─────────────────────────┘
                           │        ┌─────────────────────────┐
                           └────────┤   幼儿园精神环境的创设     │
                                    └─────────────────────────┘
```

单元 1　幼儿园环境概述

▶▶ **一、 幼儿园环境的含义及类型** >>>>>>>>

（一）幼儿园环境的含义

幼儿园环境有广义和狭义之分。广义的幼儿园环境是指支持与影响教师与幼儿在园活动的一切外部条件的总和，包括幼儿园内部环境和幼儿园外部环境，其中外部环境包括宏观政策、社区、家庭、自然环境等；狭义的幼儿园环境仅仅是指幼儿园内部环境，即幼儿本身以外的、影响幼儿发展或者受幼儿发展影响的幼儿园中的一切外部条件和事件。① 本模块主要介绍狭义的幼儿园环境。

---

① 朱家雄，华爱华，等．幼儿园环境与幼儿行为和发展的研究[M]．北京：世界图书出版公司，1996：64.

(二)幼儿园环境的类型

幼儿园环境可分为物质环境、制度环境和精神环境三种存在形式。这三个层次的环境互相影响、互相制约：物质环境是环境的表层，制度环境介于表层和深层之间，精神环境是幼儿园的深层环境；精神环境是制度环境的内化产物，反过来指导、支配、制约人类行为；物质环境是精神环境的外化产物，反过来又要求制度环境与其相适应。

1. 幼儿园物质环境

幼儿园物质环境主要是指幼儿园内影响幼儿身心发展的物化形态的教育条件①，主要由园舍建筑、设施设备、活动场地、活动材料、空间布局、环境布置、绿化美化等有形的要素构成，是幼儿园的物质条件和基础。

幼儿园物质环境的层次结构，从环境的范围来看可分为整个幼儿园的环境（宏观环境）、整个活动室的环境（中观环境）、各类区角活动的环境（微观环境）；从三维空间来看可分为地面环境、墙面环境、空中环境；从性质来看可分为自然环境和人工环境。② 其中，区角活动是幼儿园普遍采用的一种教育活动组织形式，于是区角活动的环境创设就成了幼儿园整个环境创设的重要组成部分。幼儿园教师需要根据教育目标、幼儿发展水平以及区角的类型，有目的、有计划地投放各种材料，创设活动环境。

2. 幼儿园制度环境

幼儿园制度环境主要是指那些保证幼儿园得以正常运行的相对稳定的行为规范、价值标准与管理机制等。这些制度一般以书面或口头正式宣布的方式明确规定下来，主要包括面向成人的制度环境和指向幼儿的制度环境。

面向成人的制度环境由规范幼儿园内成人行为的各种规范构成，包括五类：①各岗位职责，包括教学、卫生保健、财务、门卫、厨房等各个岗位的具体职责要求；②行政管理制度，包括学习、会议、办公、考核、考勤、值班、交接班、财务管理、档案管理、家园联系、幼儿接送等制度；③安全工作制度，包括安全防范、大型玩具安全、消防安全、安全会议、门卫巡逻等制度；④教育教学工作制度，包括教研活动、备课听课、业务学习、培训等制度；⑤卫生保健制度，包括卫生保健登记、儿童健康体检、晨检、传染病及常见病的预防与管理、幼儿作息、卫生消毒、膳食管理等制度。

指向幼儿的制度环境由规范幼儿生活和活动的各类规范构成，主要包括两类：①生活制度，即对幼儿在园一日活动的时间与顺序的安排和规定，如对幼儿入园、如厕、进餐、盥洗、户外活动、睡眠、离园的时间及顺序的安排与规定；

---

① 刘焱. 学前教育原理[M]. 大连：辽宁师范大学出版社，2002：128.
② 刘焱. 学前教育原理[M]. 大连：辽宁师范大学出版社，2002：129.

②常规，即幼儿在一日活动中应该遵守的基本行为准则。幼儿园明确一些幼儿在活动中的常规要求，并让幼儿明确这些要求，能使幼儿知道在集体中如何活动，如何与人相处等。从幼儿园常规涉及的范围来看，幼儿园常规可以分为生活常规、区角活动常规、教学活动常规等。本模块主要分析指向幼儿的制度环境。

3. 幼儿园精神环境

幼儿园精神环境主要是指幼儿交往、活动所需的软环境，即幼儿生活于其中的幼儿园心理环境。① 幼儿园精神环境是一种隐性环境，也可以理解为一种气氛、一种感觉。它受幼儿园的物质环境和制度环境、幼儿园教师的观念和行为方式、与幼儿有关的人际关系等因素的影响而形成。幼儿园精神环境虽然是无形的，但却直接影响着幼儿的情感、交往行为和个性发展，且具有广泛性、潜移默化性、持久性的特点。特别是对于正处在身心发展过程中的幼儿来说，精神环境的影响更是潜在而深刻的。因此，幼儿园应重视幼儿园精神环境的创设。

▶▶ 二、 幼儿园环境的作用 >>>>>>>>

幼儿年龄尚小，活动和思维的独立性很弱，还不能自主地、自觉地选择周围环境，因此受特定环境的影响更大。与幼儿接触较多的教师，应努力为幼儿创设适宜的环境，充分发挥幼儿园环境对幼儿身心发展的作用。具体来看，幼儿园环境的基本作用表现在以下三个方面。

(一)陶冶和启迪作用

幼儿园环境经过筛选和控制，具有美化、净化、儿童化和教育化的特征，能陶冶幼儿的情感、态度、个性等，产生潜移默化的有益影响，也有利于启发幼儿的心智，支持、鼓励、吸引幼儿参与活动。在幼儿园，我们时常可以看到以下情境：有的幼儿在家里玩了玩具后不习惯将玩具归位；在幼儿园，虽然教师没有刻意要求幼儿将玩具归位，但他常常会自觉地将玩后的玩具归位。原因很简单，就是他觉得其他幼儿都将玩后的玩具归位了，他也应该这么做。可以这么说，上述幼儿的良好行为，来源于他对环境的"共鸣"，得益于环境的"陶冶"作用。又如，动物饲养区来了好多蚕宝宝。许多幼儿受自身好奇心的驱使，常常会进入这样的环境，观察动物的生长和变化，并提出这样或那样的问题，体现了环境对幼儿认知方面良好的启迪作用。当然，环境的陶冶和启迪作用可以体现在幼儿的知、情、意、行各个方面。比起教师单纯的说教，它们的作用更是潜移默化的，是"润物细无声"的。

(二)限制和导向作用

幼儿园的某些环境或环境中的某些因素对幼儿的行为、情感等诸多方面有明确

① 朱宗顺. 学前教育原理[M]. 北京：中央广播电视大学出版社，2011：225.

的限制和导向作用。例如，大家明明知道要谦让的道理，而且教师开展了一些有关"前面有人等一等，后面有人快一点"的教育和引导，但在洗手或倒水时，幼儿往往会因为拥挤而出现一些这样或那样的状况。一天，银行取款时的"一米线"让教师有了灵感：何不在生活区域也划一个"一米线"呢？于是，教师设计了"一米线"，让幼儿熟悉站在"一米线"后的游戏规则。游戏结束后，教师又将这条游戏规则延伸到平时的盥洗等生活环节。由于有了游戏的规则意识，孩子们在生活活动中，能够有意识地站在"一米线"外，有效地"限制"了盥洗时同伴之间的矛盾的产生，起到了限制和导向作用。

当然，"限制"不是目的，而是利用环境的功能进行教育的一种手段和方法。当环境的设计目的和教育目标一致时，环境对幼儿的发展具有明确的导向作用。例如，天气越来越冷了，教师发现擦完脸后孩子们红红的脸蛋会变得粗糙起来，觉得是该引导幼儿涂面霜的时候了。于是，教师结合"娃娃家"中可爱的梳妆台，收集了一个精巧的废旧盒子，放上几把女孩子梳头的木梳；收集了几种不同品牌的"孩儿面"，供幼儿选择，旁边还放上可抽取的纸巾，在墙面贴上小朋友涂护面霜的图示，还写上"面油香香，让我变得香香的"之类的文字提示，营造了一种宽松、温馨的氛围。几天后，教师惊奇地发现，不仅女孩子对面霜爱不释手，连男孩子们也像模像样地抹起来。当天，教室里满是那股香香的奶油味。接着，教师结合生活教育的内容，引导幼儿了解涂抹面霜要适量，还要均匀。

（三）平衡和补偿作用

有时候，幼儿园环境的创设并不直接指向目标，而是指向幼儿的需要。幼儿的需要是多方面的，也是不断变化和发展的。现实条件不能满足幼儿的需要时，会导致幼儿心态的失衡，这时候就需要教师利用环境的平衡和补偿作用来帮助幼儿缓解内心的失衡。例如，幼儿时常有参与成人社会活动的需要，幼儿园组织的去超市实地购物的活动也深受幼儿的喜爱，但现实环境难以满足幼儿集体去超市购物的需要。此时，教师若能及时创设对应的区域活动环境，如宝贝超市，就能帮助幼儿满足这一需要，实现心态的平衡，增长生活经验。又如，离异家庭的幼儿由于家庭破碎，感到强大的压力，无法合理宣泄。这种不平衡状态如果没有被及时发现、调适，持续时间过长就会超出幼儿的承受能力，对幼儿的身心健康极为不利。这时就需要教师及时给予幼儿真诚的关注，根据具体问题设计灵活有效的教育活动，为这些幼儿创设一个充满爱的环境，帮助他们找回平衡。

需要说明的是，幼儿园环境对幼儿发展的作用是多种多样的，并且这些作用不是固有的，而是需要教师不断去创造和发现的。幼儿园环境作用巨大，故《幼儿园工作规程》要求幼儿园应当将环境当作重要的教育资源。幼儿园教师必须具备足够的环境创设与利用能力。

云测试：模块九单元1

🔗 **资料卡片** ▶▶▶▶▷▷

"作为第三位教师"的环境

瑞吉欧环境的创设与它对幼儿的深层认识非常一致：幼儿是学习者和研究者，是社会人，不断与周围环境发生互动，能进行长时间的调查，解决重要的问题，对美有一种天生的追求。于是瑞吉欧把幼儿园看作一个促进社会互动、探索、学习的"容器"，一个有教育内涵、包含教育信息、充满各种刺激、能促进交互性体验和建构性学习的环境，努力使环境成为"第三位教师"（瑞吉欧幼儿园的班上一般有两位教师）。瑞吉欧的幼儿园到处展示着幼儿个体、小组或集体完成的工作以及大量的记录，洋溢着对美与和谐、对学校文化的基本因素——社会互动的关注，在材料的投放上也颇费心思，以吸引和激发幼儿对周围环境做出敏锐而积极的反应，同时创造一种交流的环境，包括人与人的交流环境、人与物的交流环境，寻求一种"我们的墙能说话"的境界。

瑞吉欧幼儿园的建筑更是与众不同的。教室与教室、教室与艺术工作室乃至厨房、档案室等都通过"中心"（学校中央的一个过道，连接学校内部不同建筑，主要功能在于提供一个聚会和交流的场合）联系在一起。教室内部既有适合不同大小的小组开展合作活动的场所，也有供幼儿独立活动的安静的私人空间。每间教室的隔壁都有一个小艺术实验室，可供各班开展延伸活动。全园还设有一个大的艺术工作室（这是瑞吉欧幼儿园的建筑最有特色的一部分）。它能提供充分的复杂材料和工具，为幼儿运用各种表征、在各种表征之间转换提供机会，让幼儿发现自己擅长用哪种语言进行沟通。它帮助教师理解幼儿学习的过程，发现幼儿的个体差异以及在选择表达方式上的性别差异，回顾和反思幼儿的学习历程，不断地修正自己观察和记录的方法，与其他教师以及教研员共同探讨并发展策略，进行研究并寻求自我发展。它还使家长和学校有了交流的媒介。[①]

单元 2　幼儿园环境创设

▶▶ 一、幼儿园环境创设的原则 ＞＞＞＞＞＞＞＞

幼儿园环境创设的根本目的，是为幼儿提供良好的环境，引发幼儿符合教育目的与要求的行为，使幼儿在原有的发展水平和基础上，得到最大限度的全面和谐的发展。为了达到这一目的，教师需要遵循幼儿园环境创设的原则来创设环境，这些原则如下所示。

视频：幼儿园环境
创设的原则

（一）安全性原则

保护幼儿的安全健康，是幼儿园的基本责任，也是幼儿园贯彻"保教并重"原则的必要措施。幼儿园环境的安全主要包括两个方面。一是物质环境的安全，例如幼儿园建筑及其附属设备（电线、开关、插座等）的卫生和安全，幼儿园活动场地、活动器材和活动材料的卫生和安全等。物质环境的安全是保障幼儿人身安全的基础。

🖊 **学习笔记**

---

① 王春华.瑞吉欧幼教模式述评[J].比较教育研究，2001(10).

二是精神环境的安全，它是保证幼儿获得心理安全的重要条件。幼儿的心理安全感来自舒适的物质环境，但主要来自教师良好的素质，以及在此基础上建立起来的良好的师幼关系、同伴关系及合理的生活制度和常规要求。因此，教师遵循幼儿园环境创设的安全性原则，不仅要创设安全的物质环境，更要创设安全的精神环境。[①]

（二）目标导向原则

幼儿园是特殊的教育环境。为了充分发挥环境的教育功能，幼儿园在创设环境时，必须明确环境的创设目标应该与幼儿园教育目标相一致，并为实现幼儿园教育目标服务。幼儿园教育目标是促进幼儿全面和谐发展的，那么，在环境创设时就应兼顾幼儿的德、智、体、美、劳五育。若教师在创设发展幼儿社会性的环境时，只提供幼儿社会认知的环境，而对幼儿社会情感、社会行为发展的环境考虑很少等，就不利于幼儿的全面发展。在制订学期、月、周、日及每一个活动计划时，当教育目标确定后，教师应考虑：为了达到这些目标，需要有什么样的环境与之配合？现有的环境因素中，哪些因素对教育目标的实现是有用的？哪些环境因素是需要创设的？等等。教师应将这些列入教育计划并积极实施。

（三）师幼共创原则

幼儿园的环境首先是幼儿的环境，只有幼儿自己参与创设的环境，才是幼儿最认同、最关心也最喜欢的环境。遵循师幼共创原则，一是教师可以根据幼儿的年龄特点、能力水平，让幼儿不同程度地参与确定主题、选择材料分工；二是幼儿的参与并不意味着教师可以袖手旁观，相反，教师应该是很好的观察者、支持者和引导者，当幼儿遇到困难时，及时给予指导和帮助，共同创设有利于幼儿发展的、适宜的、富有童趣的环境。

（四）有利于操作原则

有利于幼儿操作的环境，不应只是幼儿园中的摆设，还应有利于幼儿与环境的互动。例如，墙面布置的高度与幼儿的视线应该是匹配的，基本上是1米左右，让幼儿平视即可看到，其实这一细节正体现出幼儿园是否把幼儿当作教育活动的主体来看待。可惜不少幼儿园墙面布置的高度都是以教师为标准的，使幼儿伸手都够不到，更无法使幼儿与墙面互动。又如，存放幼儿玩具的环境，应高低适宜，有利于幼儿取放；活动室中，相互容易干扰的活动区域应间隔开，有利于幼儿活动；户外活动区中，玩沙区经常需要用水，因此，玩沙区、玩水区的设置应该相近，有利于幼儿玩耍等。

（五）经济性原则

幼儿园环境创设要坚持低费用、高效益的经济性原则，因地制宜，就地取材，充

---

① 许卓娅.幼儿园课程理论与实践[M].南京：南京师范大学出版社，2005：217.

分利用社区资源；在保证清洁、卫生的前提下，废物利用，一物多用；不盲目攀比，不追求设施设备的高档化和园舍装修宾馆化。例如，城市幼儿园可用一次性纸杯、果冻盒做花篮、风铃等装饰环境；农村幼儿园可用自然材料高粱秆、麦秸等装饰环境。

▶▶ 二、 幼儿园物质环境的创设 >>>>>>>>

（一）幼儿园物质环境创设的误区

1. 幼儿园物质环境的理解偏差

幼儿园对幼儿园物质环境的理解偏差主要有二：一是理解得过宽，将幼儿园环境的创设等同于物质环境的创设；二是理解得过窄，将幼儿园物质环境的创设主要理解为班级环境的创设，将班级环境的创设主要理解为墙饰，将墙饰主要理解为主（大）墙饰。这种理解偏差，可从有的幼儿园制定的导向性检查标准中看出来，也可从教师把主要精力花在某一方面上看出来。

2. 幼儿园物质环境创设的实践偏差

一是物质环境创设现代化、奢侈化。现在许多幼儿园越建越豪华，而且攀比风气愈演愈烈。社会上"再穷不能穷孩子"的口号，在某种意义上有一定道理，但仔细想想，过度重视物质，忽视教育的实质内容，是不是容易滋生社会浮夸之风？豪华的幼儿园园舍设备，与并不富裕的实际生活，与当地社区文化背景是不是不相宜？这样的环境，会不会使家庭条件一般的幼儿产生对人、对社会价值观的消极看法？片面追求现代化，反而让幼儿园远离自然、远离真实的客观世界，违背了幼儿的天性。

二是物质环境创设形式化。很多幼儿园花钱请专业人士设计和布置环境，一味追求形式上的美观和表面的花哨热闹，使环境只具有观赏性，而缺乏教育性。例如，有的幼儿园有巨幅雍容华贵的壁画，但幼儿对其不感兴趣；有的幼儿园布置，是为了迎接领导的检查，而忽视了幼儿的年龄特征、兴趣爱好和生活实际，只能是摆设。

三是物质环境创设成人化。很多幼儿园教师布置环境往往从自己的主观意愿出发，主要考虑自己想怎样设计，没有站在幼儿的角度去思考；不仅没有让幼儿参与到环境的创设中，还禁止幼儿对装饰材料乱动、触摸，使得幼儿和环境处于分离的状态，忽略了幼儿发现环境、享受环境和在环境中学习成长的重要性。

四是物质环境创设复杂化。有的幼儿园教师片面追求物质环境创设的满、多、闹，使得幼儿周围的环境过于花花绿绿、热热闹闹。这样的环境不仅对幼儿的发展起不到积极作用，而且容易引起幼儿注意力的分散；有些过于复杂、美观的布置，还会引起幼儿烦躁、不安的情绪以及其他不良行为。

📝 学习笔记

📎 **资料卡片** ▶▶▶▶▶▶▶

日本藤幼儿园的独特环境

日本藤幼儿园位于东京都立川市，是日本有名的幼儿园，环境设计独特。

藤幼儿园大部分时间都是开放的，户内户外没有界限，内部是连通的，只有简单的木板和箱子做隔断。幼儿园认为把孩子们放在封闭的空间内容易使孩子们感到紧张，而适度的有杂声的环境更能让孩子们集中注意力。藤幼儿园操场上的草坪没有修饰过，凹凸不平；草也使用真草，秋天草地变黄，第二年又有新芽冒出来。藤幼儿园的教室门外有一排脚丫贴纸，孩子们每次进出都会主动把鞋摆在脚丫图案上，大脚丫图案对应大鞋子，小脚丫图案对应小鞋子。

藤幼儿园的建筑是只有一层的环形结构，被称为"甜甜圈"。屋顶可供孩子们玩耍。屋顶有两棵可以让孩子们爬上爬下的大树和一些下层房屋的天窗。此外藤幼儿园的建筑只有作为建筑本身支撑的方方正正的台体结构。围绕着树干有一张网，窗户上晒着几条秋刀鱼。孩子们聚在一起时，自发排队在方方正正的水泥台爬上跳下，欢乐无穷。

藤幼儿园的草坪边有一处孩子们洗手的地方。洗手池没有水槽，水直接流到鹅卵石上、地面上；水管就是一根普通金属软管，可以改变冲水方向。孩子们会把手伸到水龙头下面等水自己出来，因为他们早已习惯了感应式水龙头，但孩子们很快就知道在这儿要自己拧开龙头水才会来。因为洗手池没有水槽，水溅起来会打湿鞋子，所以孩子们用完会自然地把水龙头关闭。①

(二)幼儿园物质环境的具体创设

🖋 **学习笔记**

1. 幼儿园室内物质环境的创设

(1)室内物质环境的规划

幼儿园室内物质环境主要包括园舍的内部建筑设计、活动室的空间规划、活动区的材料与布置、活动室的设备、活动室的墙饰、活动室陈设的变更等。②精心规划、创设的室内物质环境，能潜移默化地进入幼儿的学习视野，与幼儿相互作用，促进幼儿的发展。怎样才能做到合理规划呢？

第一，规划要合理。有条件的幼儿园，可对室内活动空间进行小型分隔，可划分出不同性质和功能的区域。在活动室里划分不同的活动区角开展区角活动，是目前幼儿园的普遍做法。幼儿园根据教育目标、活动主题、幼儿年龄特点等，可以设图书阅览区、美工区、静息区、表演区、植物角等。活动区角的创设应按由喧闹到安静的顺序，避免将喧闹的活动区与需要安静的活动区安排在一起。③空间紧张的幼儿园，可将区域活动室与可移动的睡眠室合二为一，利用走廊开辟种植区域、动物养殖区域等。

---

① 韩凌菊，张蔚. 日本藤幼儿园环境设施细节设计的启示[J]. 设计，2018(11).（有删节）
② 刘焱. 学前教育原理[M]. 大连：辽宁师范大学出版社，2002：139.
③ 朱家雄. 幼儿园物理环境与空间的设计和布置[J]. 早期教育，1995(2).

第二，规划要科学。幼儿园要充分考虑色彩、光线、声音、通风等要素。例如，色彩可以是鲜亮的，也可以是柔和的。研究表明：明亮的红色调能让人产生兴奋感；深紫色和绿色让人觉得稳定和柔和；黄色也可产生宁静感，它是被婴儿感知到的第一种颜色。[①] 光线对幼儿的影响也是显而易见的。过强和过暗的光线都会使幼儿视力疲劳，影响视力，进而影响幼儿活动的心情。安静的环境可以集中幼儿的注意力。音乐可以使幼儿产生愉快的情绪，提高幼儿学习活动的效率。室内通风设备直接影响室内的温度、湿度、空气流动和空气清新度等，这些因素无时无刻不在影响着幼儿。

第三，规划要有趣。幼儿园活动室内地面、墙面与空间饰物相映成趣，既要有趣味，又要符合幼儿兴趣，体现环境的教育性。如果幼儿园对墙面的教育性功能认识不足，仅仅强调以装饰功能为主，追求环境唯美至上、视觉效果，就会忽视"趣"中所蕴含的教育价值。

（2）室内物质环境的布置

在上述室内物质环境的规划的基础上，教师要着手对室内环境进行布置。良好的室内环境一般符合以下几个要求。

第一，目的性和动态性。无论室内环境布置的内容还是材料的投放，都应围绕教育目的和课程目标，要结合教育目的和课程目标及时补充、更换活动材料，保持幼儿对活动区的新鲜感。其中，地面饰物一般更换次数较少，可作为辅助活动的教具，如帮助幼儿形成规则意识的"小脚丫"，辅助幼儿活动的各色线条、图案等。而墙面与空间饰物则需要根据年龄、季节、主题活动的不同适时更换，且要注意动静互补、平面和立体互补，以免幼儿出现审美疲劳。[②]

第二，安全性和层次性。环境布置涉及的所有材料都应是无毒、无菌、无污染、无尖角的，体现环境布置的安全性，同时本着节约原则的废物利用也要尽可能在保证安全卫生的前提下开展。层次性主要体现在以下两个方面：首先，同一活动区角投放的材料应体现不同层次，使材料能反映幼儿的能力差异，也能反映幼儿的个性差异，使每个幼儿都能找到适合自己的活动内容和材料，都能在适宜的环境中获得发展；其次，幼儿园提供的材料要考虑操作难度，要循序渐进、有层次地投放。

第三，区角活动环境的材料投放要丰富且适宜。保障室内区角活动开展的物质条件即为区角活动环境，主要是通过材料的投放来布置完成的：一是要确保材料的丰富性，根据区角的类别，确保每个区域的活动有足够数量和类型的材料可以利用；二是投放的材料要适合幼儿的年龄特点和区角的要求，数量既要足够，

---

① 彭瑜. 行为影响下的幼儿园环境设计研究[D]. 武汉：湖北美术学院，2010.
② 张世义. 主题活动背景下幼儿园室内物质环境的创设与利用[J]. 教育导刊，2010(11).

又不能太多以致影响幼儿自由探索活动的开展。

（3）室内物质环境的应用

现代心理学的研究表明，环境会自发地对人产生影响。做好了环境的规划、布置，还要及时关注环境的应用，确保幼儿与环境的相互作用。

第一，让室内物质环境不断地与幼儿进行"对话"。环境是会说话的第三位教师。教师可以通过让幼儿参与室内环境布置，让幼儿在与环境的互动中探索、体验、发展，但应注意：墙面布置应考虑幼儿身高，1米以下以幼儿装饰为主，1米以上由师幼共同完成；为方便随时对布置在墙上的材料进行拆除、移动、更换，尽可能使用可变性强的软墙；要充分合理利用楼梯的墙面和地面，如可以布置靠右行走的规则脚印和幼儿作品展览等，同时要保证楼梯的扶手安全及防滑的表面便于清洁；天花板可设置便于悬挂玩具的移动装置。

第二，为室内物质环境预留"行动空间"，即"留白"。许多教师认为，把环境布置得满满当当、不留空白，能给幼儿丰富而全面的刺激，可以让幼儿知道得更多。然而，环境是课程资源，更是活动过程的组成部分，有预设的成分，会随着活动的开展而生成新的内容。预留"行动空间"，便于幼儿参与互动，能给予幼儿更多分享展示、操作练习与探索发现的机会，从而达到"此时无声胜有声"的效果。

资料卡片 ▶▶▶▶▶

活动区案例："小吃店"的演变过程

材料提供：碗、盘子、勺子、筷子、简易点心等。

情况分析：我们的"小吃店"刚开张不久，生意非常冷淡，很少有小朋友愿意光顾。经过思考后，我们认为这可能是由于我们给孩子提供的活动区角环境和材料都较简单、没有新意，吸引不了孩子的目光。于是我们便在"分享快乐"时提出这样的问题："我们的'小吃店'还缺些什么？"这样一来，孩子们纷纷举手发表自己的观点，并提出了不少值得我们去改进的好建议。

增补材料1：自制小笼包、水饺、粽子、馄饨、花瓶、桌布、围裙、调料、价目表、蒸笼等。

情况分析：我们开始在创设"小吃店"的优美环境上下功夫：给店里的桌子铺上了漂亮的桌布，在桌子上放了花瓶，能让孩子们有美的享受；在厨房里增添了可爱的儿童围裙以及用布精心缝制的蒸笼、用粽叶包的粽子、用纸做的馄饨等。形象逼真的点心，让孩子们爱不释手。这样一来，大家都纷纷涌入了"小吃店"。

过了一段时间，我们又发现了新问题：我们"小吃店"里的食物都是现成的，有客人来时，服务员只需拿一下就可以了，这样就导致厨师和服务员没太多事可干，他们只能在那里不停地摆弄那些逼真的食品。

增补材料2：剪刀、皱纸、彩泥等。

情况分析：后来经过讨论，我们给孩子们提供了一些半成品和废旧材料，于是情况就大不一样了。孩子们将食物成品改为泥，自己擀皮包饺子、做点心；厨师又可按客人的口味做各种不同的馅儿。在这个过程中，孩子们的活动需求、创造需求等得到了满足，能力也得到了发展。

活动延伸：现在"小吃店"里增添了不少孩子们自发想象并自制的点心品种，比如蛋挞、鸡蛋饼等。点心品种在"讨论—实践—再讨论"这一过程中不断增加。①

2. 幼儿园室外物质环境的创设

《幼儿园工作规程》规定，在正常情况下，幼儿户外活动时间每天不得少于2小时，寄宿制幼儿园不得少于3小时，高寒地区在冬季可酌情减少。这就要求幼儿园有充足的室外物质环境可资利用。幼儿园室外物质环境主要包括自然生态环境、活动场所、大型玩具及园艺区、种植区、动物区等。②室外物质环境是幼儿户外活动的场所，是幼儿身心健康发展的必经之地。幼儿园室外物质环境的创设要注意以下四点。

第一，合理利用、安排空闲角落与场地。幼儿园应充分利用园内自然物，使幼儿能充分享受到大自然的田园风光，在考虑安全卫生的前提下充分体现绿化、美化和自然化，同时要保证幼儿有足够大的活动场地。一般认为，每位幼儿至少有两平方米的空间，以便于幼儿在户外追逐、攀登、钻爬、跳跃，使身体基本活动能力得到锻炼。

第二，实现室外环境的地质地貌多样化。室外的地质要包括沙地、水泥地、石地、塑料地和草地五类，地面要富有变化：有高有低，有凸有凹，有平面平地，有斜面，有阶梯。幼儿在这样的场地上游戏，易获得自然而均衡的发展。

第三，实现室外场地划分区域化，基本分为器械区、游戏区、沙水石区、休闲区、动物区、植物区、生活学习区和科学观察区。

第四，实现场地设置游戏化。场地上可以放置各种建筑材料以及废旧的设备和材料，最好有一间简易小屋储存各种工具。在这种场地上，教师可以带幼儿开展各种活动，如建造小屋子、垒城堡、种植、挖洞、挖水沟、饲养小动物等。

▶▶ 三、 幼儿园制度环境的创设 >>>>>>>

（一）生活制度的建立

生活制度的建立无论对幼儿还是对教师都有十分重大的意义。对教师而言，生活制度的建立有利于新教师快速熟悉幼儿在园的一日生活环节，有序地开展各项工作。对幼儿而言，生活制度的建立使得幼儿园一日生活趋于规律，有利于培

学习笔记

---

① 戴丽丽. 浅谈角色游戏材料的投放与调整[J]. 新课程研究·学前教育，2011(2).
② 刘焱. 学前教育原理[M]. 大连：辽宁师范大学出版社，2002：134.

养幼儿良好的生活和活动习惯，保障幼儿身心健康发展。教师制定和执行生活制度时应注意以下两点。

1. 生活制度的制定要充分考虑幼儿的身心发育特点，体现针对性

不同年龄阶段的幼儿有不同的身心需求，因此，生活制度的制定要充分考虑幼儿的身心发育特点，科学安排幼儿的一日生活作息时间，保证每日的游戏、户外活动、体育锻炼等的时间，保证幼儿有足够的午睡及午餐时间。幼儿一日作息的安排要遵循动静交替、室内外交替、集体与个别交替、正规与非正规交替的原则。

2. 生活制度的执行可根据实际需要做适宜的调整，体现灵活性

幼儿园应根据幼儿的身心特点、季节特点，灵活执行幼儿生活作息制度，秋冬两季各不相同，及时变换，一切以幼儿为本，有利于幼儿活动和休息。例如，教师可根据春、夏、秋、冬四季以及小、中、大班幼儿的年龄特点适当延长或缩短休息时间；根据天气及气候变化进行室内外活动的调整；根据幼儿活动的实际需要适当延长或缩短活动时间。

(二)常规的建立

1. 建立常规的意义

所谓幼儿园常规是指幼儿在一日活动中应该遵守的基本行为规则，包括生活常规、区角活动常规、教学活动常规等。《幼儿园教育指导纲要（试行）》明确指出："要建立良好的常规，避免不必要的管理行为，逐步引导幼儿学习自我管理。"常规的建立对于班级和幼儿自身发展，都具有积极重要的意义。

第一，有助于幼儿从小建立规则意识。俗话说："没有规矩不成方圆。"良好的班级常规有利于幼儿养成良好的习惯，使幼儿保持良好的情绪，长大后做个遵纪守法的文明公民。

第二，是顺利开展幼儿园一日活动的保证。它是幼儿园一日活动质量的润滑剂，是保证教学工作顺利进行的必要条件，更是有效提高幼儿园教学质量的一项重要工作。在教育实践工作中，社会规则和日常生活规则教育是幼儿阶段社会性教育的重头戏。

2. 建立常规的注意事项

第一，约束、限制不是建立常规的主要目的。常规作为幼儿行为的准则，必然具有一定的限制性、约束性。但约束和限制不是建立常规的主要目的，有效增强幼儿的规则意识、主人翁意识、自我管理意识，让幼儿活泼又有序才是常规教育的主要目的。然而，在班级常规管理过程中，我们不难发现许多教师会认为常规教育的主要目的是约束幼儿，常常对幼儿限制得过严过死以保证幼儿的安全问题。过多的干预、过多的限制和过分的保护，使幼儿变成了教师眼中的"乖乖

儿"，看似良好的常规却牺牲了许多幼儿宝贵的自主活动、自由发展、自我管理的机会，不利于幼儿的长远发展。

第二，建立常规时应考虑幼儿的年龄特点。常规内容和要求要明确易行，同时规则必须是在幼儿现有能力和水平的基础上确定的。幼儿生活经验有限，行为约束力也不强，所以规则不应超越至少不能过多超越幼儿的现有水平。同时，规则制定时应注意项目不要太多，因为太多的规则会让幼儿应接不暇或无所适从。

第三，可让幼儿参与建立常规。规则的建立不应由教师一人包办。对于高年龄阶段的幼儿来说，有些规则可以让他们共同参与制定，这样，幼儿更容易理解规则的重要性、必要性及操作要领。

3. 应用常规管理的策略

第一，常规管理不可"一刀切"。教师都希望把自己的班级常规抓好，但是幼儿之间存在着年龄和生理上的差异，千万不可"一刀切"，更不可急于求成。常规管理必须有一个"序"，有通盘的考虑，即考虑什么常规在什么时候实施才适当，深入到什么程度合适，遇到问题如何去调整等。

第二，寓常规管理于日常各项活动中。常规的内容是很广泛的，包括生活常规、教学活动常规等。生活常规隐含了对幼儿良好的卫生习惯、在园的生活习惯、集体规则意识等的培养。教师要根据幼儿在园一日生活的内容，借助幼儿园一日活动的情境，开展常规管理。

第三，常规管理以正面引导为主。幼儿模仿性强，教师、家长的言谈举止和行为习惯都是他们学习和模仿的榜样。因此，在日常生活中，教师必须时时、事事、处处规范自己的言行，做幼儿的表率，给予幼儿正面引导。同时，同伴间的影响力对幼儿的发展也具有不可估量的作用，所以教师要善于把握好教育时机，让幼儿向幼儿学习，让幼儿教幼儿。

第四，常规管理要抓重点、持之以恒。幼儿的年龄比较小，自控能力比较弱，所以要让幼儿养成良好的常规意识。良好的常规意识的养成并非一朝一夕就能实现的，这就需要我们在教育中遵循幼儿的身心发展规律，讲究培养的形式，持久熏陶、训练，并不断改变形式，以此帮助幼儿养成良好的常规意识。

第五，常规管理要家园配合。常规养成离不开家长的配合。家长要和幼儿园教师一起努力，形成合力，这是幼儿常规养成的关键。教师可通过家长会、家长园地、家园联系册等载体，对家长进行教育。例如，在中班学期结束前，教师将大班幼儿要遵守的常规进行小范围的宣传与实施，初步了解幼儿可能产生的反应；也可在大班开学初召开家长会，告知家长本学期幼儿要遵守的常规有哪些，与家长协商培养措施，并让家长配合指导。

🔗 **资料卡片** ▶▶▶▶▶▶

关于幼儿园常规的几种错误观念

把常规当作开展一切活动的前提。教师总要等到幼儿全部都安静下来才开始活动，希望通过这种强化使幼儿形成自控意识并自觉安静地等待教师"上课"。教师是在常规训练上而不是在如何激发幼儿的学习兴趣与动机方面下功夫。常规在这里不仅被当作工具，而且成了教育目的。

将常规视为对幼儿行为的限制。在幼儿园班级生活中，我们经常听见教师说"不能乱丢玩具""不许大声说话"等限制性话语。教师将常规视为限制，从而使常规失去了对幼儿行为的指引作用，使幼儿的实践缺乏目标感而显得无所适从，甚至引起幼儿尤其是大班幼儿的反感、挫败感。

过于强调规则的利他性。遵守规则，意味着替别人着想，同时意味着限制自己不合规范的行为。在班级生活中，个人的想法或需要与集体或他人的利益相冲突时，按要求个人得放弃自己的想法或需要以免集体或他人的利益受到损害。例如，幼儿园班级生活中"洗手时不要把水洒在别人身上""看到别人有困难要给予帮助"等都是利他性的规则。教师强调规则的利他性，使幼儿认为规则总是有利于别人的，别人需要规则而自己则不需要，于是幼儿最终学会的总是用规则来要求别人，而没有形成遵守规则的自觉性。

教育方法失当。常规教育大多是这样完成的：教师一般首先介绍常规，接着不断地提要求，在幼儿园的教育生活中不断地提醒、督促幼儿，对违反常规的行为进行惩罚。对于幼儿来说，这种要求是外部的。这种常规教育与幼儿以无意学习为主的规律相违背，而且常常引发这样的结果：常规同知识一样，只是需要幼儿接受即"能说出"的东西，而不是需要幼儿去理解、实现即"能做到"的东西。当幼儿觉得常规与自己无关时，任何说教与强制都将难以真正奏效，对幼儿主体性发展的影响是十分消极的。[①]

▶▶ 四、 幼儿园精神环境的创设 ▷▷▷▷▷▷▷▷

🖋 **学习笔记**

良好的幼儿园精神环境是保障幼儿身心健康和谐发展的重要条件。那么，如何创设良好的幼儿园精神环境呢？

(一)幼儿园教师要具备正确的教育观和儿童观

幼儿园教师要热爱学前教育事业，对幼儿有真挚的爱心，因为爱是保证幼儿全面发展的最佳教育模式。教师对教育事业有爱心，才能有动力去爱孩子；对孩子有了爱，才具备创设良好精神环境的前提。教师要以宽广的胸怀去关爱全体幼儿，这种爱是发自内心的、公正的、有理智的和有分寸的，而不只是爱几个孩子，这是一条十分重要的教育原则。

(二)建立民主、平等的师幼关系

师幼关系是幼儿园中的主要人际关系之一。民主、平等的师幼关系是预防幼

---

① 郑三元．幼儿园常规教育的困境与出路[J]．人民教育，2006(11)．

儿产生心理问题的一种必要的条件。建立民主、平等的师幼关系应注意以下三点。

第一，教师对幼儿要持支持、尊重、接受的态度，要善于理解幼儿的各种情趣、情感的需要，不对自己不喜欢的幼儿产生偏见，善于对幼儿做出积极的行为反应。

第二，教师对待幼儿应善于疏导而不是压制。幼儿作为一个独立存在的个体，有自己的思想和看待事物的方法，拥有与成人平等的权利，因此，教师要允许幼儿表达自己的想法和建议。

第三，教师对幼儿要尽量使用多种适宜的身体语言动作，例如微笑、点头、蹲下、注视、抚摸、轻拍脑袋和肩膀等。教师应尽量采用这类"此时无声胜有声"的方式，表达自己对幼儿的关心、接纳、爱抚、鼓励或者不满意、希望停止当前行为等。

视频：积极师幼关系的建立

学习笔记

(三)建立幼儿园教师之间的良好合作关系

教师与教师之间的关系是否和谐、友善，也会在一定程度上影响幼儿的心理。在幼儿园，与幼儿接触的有多位教师，这些教师在教育观念、教学理念、教学方法以及对待幼儿的情感态度上肯定存在一些差别。这就需要教师与教师之间经常进行沟通、交流、讨论和研究，取长补短，采取合作的态度，切不可各施其法、我行我素。如果教师在教育观念、教学理念、教学方法上存在很大的分歧，而没有合作精神，就会使幼儿觉得无所适从，对幼儿的心理产生不良影响。因此，建立教师与教师之间的良好合作关系，是创设有益于幼儿心理健康的幼儿园精神环境很重要的一个方面。[1]

(四)建立幼儿之间良好的同伴关系

同伴关系是指幼儿之间通过相互联系而形成的一种人际关系。与良好的师幼关系一样，友好的同伴关系既能预防幼儿心理问题的产生，也能对幼儿的某些心理问题起到治疗的作用。由于幼儿缺乏交往经验，缺乏适当的交往技巧，因此，教师要引导幼儿建立良好的同伴关系：第一，为幼儿提供与同伴交往、合作的机会，使他们在交往实践中体会交往的乐趣，从而使他们乐于交流、交往，并学习初步的交往、合作的经验与技能；第二，教给幼儿初步的交往、合作的经验与技能，如培养幼儿倾听同伴讲话、尊重同伴意见，使幼儿学会使用"谢谢"等礼貌用语，愿意主动和小朋友分享玩具等；第三，引导幼儿在活动中相互帮助、相互支持，特别是引导幼儿尊重、帮助那些有身心障碍的小朋友。

云测试：模块九单元 2

---

① 彭芝兰. 创设有利于幼儿心理健康的精神环境[J]. 教育导刊，2008(4).

学习笔记

小 结

- 幼儿园环境：广义的幼儿园环境是指支持与影响教师与幼儿在园活动的一切外部条件的总和，包括幼儿园内部环境和幼儿园外部环境，其中外部环境包括宏观政策、社区、家庭、自然环境等；狭义的幼儿园环境仅仅是指幼儿园内部环境，即幼儿本身以外的、影响幼儿发展或者受幼儿发展影响的幼儿园中的一切外部条件和事件。

- 幼儿园环境可分为物质环境、制度环境和精神环境三种存在形式。幼儿园物质环境主要是指幼儿园内影响幼儿身心发展的物化形态的教育条件。幼儿园制度环境主要是指那些保证幼儿园得以正常运行的相对稳定的行为规范、价值标准与管理机制等。幼儿园精神环境主要是指幼儿交往、活动所需的软环境，即幼儿生活于其中的幼儿园心理环境。幼儿园精神环境是一种隐性环境，也可以理解为一种气氛、一种感觉。

- 幼儿园环境的作用：陶冶和启迪作用，限制和导向作用，平衡和补偿作用。

- 幼儿园环境创设的原则：安全性原则、目标导向原则、师幼共创原则、有利于操作原则和经济性原则。

- 幼儿园室内物质环境的创设：室内物质环境的规划要合理、科学、有趣；布置时要注意目的性和动态性、安全性和层次性，并且区角活动环境的材料投放要丰富且适宜；应用时要注意让室内物质环境不断地与幼儿进行"对话"，为室内物质环境预留"行动空间"。

- 幼儿园室外物质环境的创设：合理利用、安排空闲角落与场地；实现室外环境的地质地貌多样化；实现室外场地划分区域化；实现场地设置游戏化。

- 幼儿园制度环境的创设：幼儿园的生活制度是对幼儿在园一日活动的时间与顺序的安排和规定。幼儿园常规是幼儿在一日活动中应该遵守的基本行为规则，包括生活常规、区角活动常规、教学活动常规等。

- 幼儿园精神环境的创设：幼儿园教师要具备正确的教育观和儿童观；建立民主、平等的师幼关系；建立幼儿园教师之间的良好合作关系；建立幼儿之间良好的同伴关系。

思考与练习

1. 名词解释：狭义的幼儿园环境、幼儿园物质环境、幼儿园制度环境、幼儿园精神环境、幼儿园生活制度、常规。

2. 简述幼儿园环境对幼儿发展的作用。

3. 简述幼儿园物质环境创设的误区。

4. 简述幼儿园室内物质环境的规划、布置与应用要点。

5. 简述建立常规的意义以及建立常规应注意的事项。

6. 简述应用常规管理的注意事项。

7. 结合实际理解幼儿园环境创设的基本原则。

8. 结合实际谈谈幼儿园精神环境的创设。

9. 结合实际分析幼儿园常规管理策略。

10. 观察并分析一个幼儿园的环境创设是否符合恰当的原则。

学习反思

云测试：模块九
幼儿园环境

学习笔记

孩子被打后教师和家长怎么办

我们班上有这样一件事：一天离园时分，宝宝想喝水，就从自己的座位上站起来去盥洗室。经过文文的座位时，他轻轻拍了文文一下。文文以为宝宝打自己，就和他打了起来。贝贝见自己的好朋友宝宝被打，就上去帮忙。结果，文文用力一推，贝贝就撞在了墙上。这一幕正好被贝贝的奶奶看到。贝贝的奶奶很气愤，当场就要找文文的家长理论。教师劝住贝贝的奶奶，答应她了解事情的经过后会妥善处理。

当天，教师通过与三名幼儿交谈，了解了事情的始末，并与家长委员会的委员探讨，以了解家长的心理。教师认为，"当自己的孩子被打了或打了人，家长该怎么处理"是一个带有普遍性的问题，于是组织了一次"家长沙龙"，邀请家长委员会成员、三名幼儿的家长以及几名平时容易沟通的家长参加。教师首先叙述了事件的经过，引导家长说出自己的想法，讨论"假如我是某某的家长我会怎么办"。家长委员会成员带头发言，调动了其他家长发言的积极性。我们还邀请了有心理学知识背景的家长来帮助解析幼儿的行为。他们提出，"一般的打打闹闹其实是幼儿之间的游戏""孩子不打闹就不是孩子了"。

通过交流，家长对这件事的认识变得比较客观了。他们提出，家长遇到类似事件要冷静处理：①不要参与孩子的纠纷，不要教孩子"别人打你，你就打别人"；②不要用成人的眼光去评价孩子的行为；③不要为难教师，没有造成大的伤害就不要过于追究。这次以后，家长不仅能更为理性地对待这类事件，而且开始关注幼儿交往的其他问题了。[①]

分析：案例中所发生的这一幕在幼儿园里是常见的。幼儿常常会因为小事相互争吵、打闹。只要教师和家长能把握住不酿成伤害，就不必大惊小怪，这也是幼儿社会化过程中难得的经验。但家长若不依不饶，就会给幼儿园的保教工作带来很大的困难。案例中的教师很明智，先是劝解家长冷静，然后了解情况，再召开家长交流会，并请专家解析。通过交流，家长能够理性地对待这类事件，并极大地改变了教育观念。应该说，这是一个通过家园合作解决幼儿园保教问题的成功案例。事实上，幼儿园作为主要的学前教育形式，不是孤立的，它只有同家庭、社区等方方面面搞好合作与衔接，才能有

---

① 朱清，凌霞，易娟，等 . 探索家园合作的有效形式[J] . 幼儿教育，2008(12) . (有改动，题目为编者所加)

效地促进幼儿身心全面和谐的发展。《幼儿园工作规程》要求"幼儿园应当充分利用家庭和社区的有利条件，丰富和拓展幼儿园的教育资源"。《幼儿园教育指导纲要(试行)》也提出："幼儿园应与家庭、社区密切合作，与小学衔接，综合利用各种教育资源，共同为幼儿的发展创造良好的条件。""家庭是幼儿园的重要伙伴，应本着尊重、平等、合作的原则，争取家长的理解、支持和主动参与，并积极支持、帮助家长提高教育能力。"可见，幼儿园、家庭和社区在幼儿的发展过程中，都发挥着不可替代的作用。幼儿园教师必须认识幼儿园和家庭、社区合作的重要意义，具备开展家园合作、幼儿园与社区合作的知识与能力。本模块将围绕这些问题展开讨论，为合格幼儿园教师的培养奠定基础。

📅 学习目标

了解家园合作、幼儿园与社区合作的含义。

理解幼儿园与家庭及社区合作的意义、内容。

应用幼儿园与家庭及社区合作的策略。

🧭 思维导图

```
                          ┌─────────────────────┐         ┌──────────────────────┐
                          │  幼儿园与家庭的合作    ├────────┤   幼儿园与家庭合作概述    │
                          │                     │         └──────────────────────┘
┌────────────┐           │                     │         ┌──────────────────────┐
│ 幼儿园与家庭 ├───────────┤                     ├────────┤  幼儿园与家庭合作的策略   │
│ 及社区的合作 │           └─────────────────────┘         └──────────────────────┘
└────────────┘           ┌─────────────────────┐         ┌──────────────────────┐
                          │  幼儿园与社区的合作    ├────────┤  幼儿园与社区合作的含义和意义 │
                          │                     │         └──────────────────────┘
                          │                     │         ┌──────────────────────┐
                          │                     ├────────┤  幼儿园与社区合作的内容和方法 │
                          └─────────────────────┘         └──────────────────────┘
```

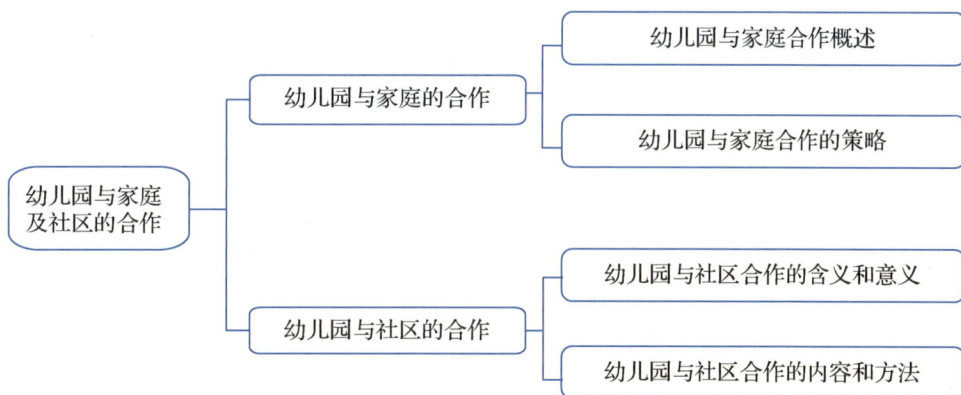

单元 1　幼儿园与家庭的合作

家庭是社会的基本单位，是幼儿出生后的第一个生活与成长环境。家庭学前教育是幼儿接受的第一种形式的学前教育。幼儿园则是现代社会专门化的学前教育机构，有着其他类型的学前教育形式所不可替代的作用。家庭和幼儿园充分合作，是幼儿发展的需要。

▶▶ 一、幼儿园与家庭合作概述 >>>>>>>>>

(一)幼儿园与家庭合作的含义

幼儿园与家庭合作简称家园合作，是指幼儿园和家庭双方积极主动地相互了解、相互支持、相互配合，共同促进幼儿身心和谐发展的活动。家园合作是双向的，但相对而言，幼儿园、幼儿园教师应处于主导地位。这是因为幼儿园是专业的教育机构，同时幼儿园教师是专业的教育工作者，懂得幼儿身心发展的特点和规律，掌握科学的学前教育方法。由于幼儿园教师在家园合作中居主导地位，因此，他们有责任唤起家长的主人翁意识，激发家长积极合作的主动精神与态度。只有家长的主动性被激发出来，家园合作才能有效。正确理解家园合作的含义，需要把握以下几点。

第一，家园合作是一种双向互动的活动。一方面，幼儿园应视家长为支持、促进幼儿成长的积极合作者，帮助家长了解幼儿在园生活的情况，认真考虑家长提出的意见和建议，邀请家长参与幼儿园的教育活动，发动家长为幼儿园教育提供教育资源，并对家长的教养方式和与幼儿园合作的方法进行指导。另一方面，家长要积极向幼儿园提出自己对教育孩子的看法，对幼儿园为孩子提供的一切做出主动回应。

第二，家园合作要考虑幼儿园和家庭双方的需求。家园合作围绕的核心是幼儿，但幼儿园和家庭各自的立场又不完全一致，特别是家庭对学前教育的需求是多样化的。因此，双方的合作，既要考虑幼儿园相对统一的保教制度与措施，又要考虑家庭的具体要求，目的是共同为幼儿的成长创造良好的环境。

第三，家园合作需要合作双方有积极主动的态度。它包括家长对孩子的爱心与责任感、对幼儿园乃至整个教育的信任与支持，也包括教师对家长的热情接纳和信心。

(二)幼儿园与家庭合作的意义

家园合作，既有利于幼儿的成长和发展，也有利于幼儿园的教育工作，同时对于幼儿的家庭和家庭教育也有积极的意义。

1. 为幼儿身心健康发展创造良好的条件

第一，幼儿园与家庭相互合作形成合力。幼儿园和家庭，是幼儿生活和学习的两个重要的环境。幼儿每天从家庭到幼儿园，又从幼儿园到家庭，这两个环境之间就发生了联系。这种联系是否有利于幼儿身心健康发展，取决于这两个环境对幼儿施加的教育影响在方向上是否一致。如果来自不同环境的教育影响在方向上是一致的，那么就可以相互支持，形成影响幼儿发展的合力。如果来自两个环境的教育影响在方向上不一致，就会减弱和抵消各自的教育影响，甚至给幼儿的成长造成负面影响。比如，幼儿初入幼儿园时，面对陌生的环境，再加上幼儿与父母分离，会产生入园焦虑。此时幼儿园和家庭必须合作，帮助幼儿顺利克服焦虑情绪。

第二，幼儿园可以充分利用家庭学前教育的资源。家长是教育幼儿的重要力量，家庭是幼儿学习与发展的重要环境与影响资源。家庭学前教育具有广泛性、潜移默化性、终身性等特点。家长和家庭千差万别，有幼儿园所不具备的独特而丰富的资源优势。幼儿园只有有目的、有意识地和家庭建立良好的合作关系，才能充分利用这些资源有效地促进幼儿身心健康发展。

2. 为幼儿园教育工作创造有利的条件

第一，幼儿园可以利用家庭、家长的资源丰富幼儿园的教育形式、教育内容等。一般来说，家长都很关心子女的教育，乐于支持和配合幼儿园的教育工作。良好的家园合作关系，可以使幼儿园从家长那里获得多种支持，包括人力、物力的支持。家长对幼儿园教育工作的支持，不限于配合教师，即做好对自己孩子的教育工作，保持教育要求的一致性、一贯性，而且可以直接参与幼儿园的教育活动，丰富幼儿园的教育形式、教育内容等。特别是从事不同职业的家长，可以成为幼儿园开展各种相关主题活动的重要教育资源。例如，开展"医院"主题活动时，幼儿园可以请相关职业的家长来讲解医院中各个部门的职能，介绍各种常见的医疗器具以及到医院就诊的注意事项等。幼儿园教师不可能是所有领域的"专家"，而不同职业的家长参与幼儿园的教育活动，可以丰富幼儿园的教育内容和幼儿的学习经验。

第二，幼儿园可以和家长交流教育信息，赢得家长对幼儿园教育工作的支持。通过家园合作，家长了解了幼儿园的教育内容，理解了幼儿园的教育原则与方法，能积极支持幼儿园教育工作，从而使幼儿园教育能够更好地实施，而不受不必要的干扰和影响。比如，面对家长对幼儿园施加压力，要求幼儿园教识字、教计算等，如果幼儿园能够开门办园，让家长参与幼儿园的活动，了解幼儿园的教育内容与方法，就会使家长觉察和理解幼儿园教育内容与方法的意义，也就会使他们逐步改变对教幼儿识字、计算的看法。所以家园合作能够为幼儿园教育赢得更有利的条件。如果没有家长的支持，幼儿园就无法更好地开展保教工作。

3. 可以密切亲子关系，改进家庭教育

第一，家园合作为促进亲子互动和相互了解提供了新的途径。家长参与幼儿园的教育活动，可以了解自己的孩子在幼儿园的生活和学习，更好地认识自己孩子的特点。同时，幼儿也有机会了解自己父母的工作与"本领"，对家长产生敬佩、尊敬的情感。家长和幼儿一起为幼儿园的主题活动收集资料、实地观察，帮助幼儿解决问题，都能促进亲子交往，密切亲子关系。

第二，家长也可以从幼儿园获得科学育儿的知识与能力。家长通过配合幼儿园的教育工作，体验、认识学前教育的真正含义，增强开展亲子教育的能力，改善家庭学前教育的质量。

综上所述，家园合作使家园双双受益，最终最大的受益者是幼儿。家长越关心幼儿的教育与发展，家园合作的效果就越好。

资料卡片 ▶▶▶▶▶

幼儿园教师和家长对家园合作的态度

对某市幼儿园教师及家长对家园合作的态度开展抽样调查。从幼儿园教师对家园合作的态度的调查结果看，大部分教师对家园合作的态度是积极的，甚至是非常迫切的。其中，51.88%的幼儿园教师对家园合作的态度是非常迫切的，42.10%的教师的态度是迫切的，不确定的只占0.60%；表示非常积极地参与家园合作活动的教师占54.14%，37.59%表示积极参加。在家长方面，45.63%的家长对参与家园合作的各项活动是积极的，29.57%的家长的态度是非常积极的。51.50%的家长在与幼儿园合作的问题上，非常渴望与幼儿园进行合作，这说明了随着几年来家园合作的不断开展，家长不断肯定家园合作的价值，希望与幼儿园积极携手共同促进幼儿的发展。但是，仍有一部分家长认为家园合作可有可无。例如，18.30%的家长认为有家园合作也行，没有家园合作也行；更有一些家长对家园合作的态度不积极或者不迫切。这在一定程度上说明了一些家长对家园合作持有淡漠的态度。[①]

▶▶ 二、 幼儿园与家庭合作的策略 >>>>>>>

（一）沟通是家园合作的基础

视频：幼儿园与家庭
的合作共育

幼儿园与家庭的合作是建立在相互尊重、相互信任和相互支持的基础上的，建立这个基础就需要良好的沟通。无论身处一线的教师，还是管理幼儿园全面工作的园长，面对幼儿园的合作者、支持者——家长，首先要学会的就是做好和他们的沟通工作。沟通是一门艺术，也是一项技能。幼儿园教师要想做好它，需要做到以下几个方面。[②]

1. 平等对待每位家长

✎ 学习笔记

第一，双方沟通的关键在平等。在家园交流中，教师在很多时候处于主导地位，但是教师主导不等于可以忽视家长的感受、漠视家长的需要，并不意味着教师的评价是绝对正确的。因为评价一个幼儿进步与否，不仅要进行横向比较，而且要进行纵向评价，同时还应根据幼儿发展的个性差异进行比较，这样才能做出比较客观的评价。而对于这些细节，家长有权利进行评价和总结。所以教师要学会尊重家长，以平等的态度对待家长，尊重他们的人格与观点，耐心、虚心、诚心地听取家长的一些合理有益的建议，努力营造一个平等、轻松、愉快的交流环境，这样家园才能保持协同一致。

第二，把沟通机会均等地给予每位幼儿家长。幼儿是有差异的，家长同样也是有差异的，并且家长之间的差异相对幼儿之间的差异更为明显。对于教师而

① 张韵. 幼儿园家园合作现状研究[D]. 重庆：西南大学，2009.
② 周红. 家园沟通存在的问题与对策[J]. 学前教育研究，2003(2).

言，无论什么样的家长，都是教师的交流对象。不论家长有什么素质，从他将自己的孩子送到教师手中的那一刻起，家长与教师就开始了共同教育幼儿的历程，并且有着相同的心愿，即促进幼儿健康和谐发展。从这个层面讲，幼儿园教师应该学会与每一位家长交流，交流幼儿的在园表现、进步和存在的不足，让每位家长都能感觉到自己受到重视，因为他们知道自己如果受到重视，说明自己的孩子不会被冷落。这就会形成有利于家园合作的氛围。

2. 关爱并肯定每个孩子

第一，诚挚地关爱每个孩子，赢得家长的理解与支持。热爱孩子是教师的职业道德，但这份辛劳却不一定为所有家长所了解。因此，在家园交流中，教师应让家长清楚教师跟家长一样是爱孩子的。让家长理解这一点，有利于融洽家长与教师之间的关系，有利于增强家长对教师的信任，使家长对孩子在园的学习和生活感到放心，有利于家园合作的进一步开展。

第二，肯定孩子的进步，建立家长与幼儿园良好的沟通渠道。每位家长都期望自己的孩子是优秀的，希望得到别人的肯定与赞美。教师对孩子微不足道的肯定，都会让家长感到高兴，而这种高兴的心情会转移到家长对待孩子的态度上，在一定程度上又促进了孩子继续进步。这种肯定每个孩子优点的交流方式，能够使家长以一种轻松的、自信的、愉快的心情去面对教师，并且会主动向教师提及孩子目前仍存在的一些不足，期望得到教师的指点与帮助。这样，家园合作就能收到意想不到的效果。

3. 善用语言交流技巧

善用语言交流技巧能够提升家园交流的效果。①要先扬后抑，即要先肯定孩子的优点，然后再点出不足，这样家长才易于接受。②要避实就虚，即不要一开始就切入正题，而是先谈其他方面的事情，待家长心理趋于平静的时候再引入主题。③要淡化孩子的缺点和错误，即要淡化孩子犯下的错误，不要去给错误定性、定论，关键是与家长交流孩子的不足，目的不是批评，而是希望得到家长的支持，将孩子往合理的方向引导。④当观点产生分歧时，教师应当从为了孩子成长的角度去理解家长，并真诚地表达自己的看法，应尽量避免从消极的角度去评论。

4. 关注家长的需要并给予及时指导和帮助

家长在与幼儿园教师交流的过程中，会就各种困扰他们的问题求教于教师。幼儿园教师，要利用自己所学的专业知识耐心地帮家长答疑解惑，还可做好事件的后续追踪回访，了解家长教育策略的实施情况及幼儿的成长信息，进一步帮助家长做好家庭教育的工作。在幼儿园教师帮助家长答疑解惑的过程中，及时关注与回应是关键，能让家长体会到教师的热情与爱心。教师对家长问题的解答在时间上的延误，可能会造成家长的误会，让幼儿园的工作失去家长的信任和支持，造成不必要的工作损失。

（二）互助是家园合作的内容

家园合作的内容是指幼儿园和家庭利用各自所占据的学前教育资源，相互配合，发挥合作优势，共同促进幼儿健康发展。根据幼儿园开展家园合作的实践，家园合作的内容主要包括两个方面。

1. 鼓励和引导家长直接或间接地参与幼儿园教育

直接参与是指家长参与到幼儿园教育过程之中，如共同商议教育计划，参与课程设置，加入幼儿游戏活动，深入具体教育环节与教师联手开展活动，到园主持一些保教活动等。幼儿园可以在了解家长工作背景的基础上，结合幼儿园主题活动的需要，组织"家长老师"的活动。"家长老师"有自身专业优势，对相关问题的解答会比幼儿园教师讲授的内容更具知识性、趣味性、创造性。以组织"交通工具"主题活动为例，教师可以与家长一起讨论，让家长了解活动的目标、内容、组织形式等，引导家长积极参与；然后利用家长资源，组织孩子参观火车站、机场、轮渡码头、交通岗亭、公安交通指挥中心、消防教育馆、公交公司等；请当交警的家长给孩子讲交通规则，介绍重要路口的交通情况，组织孩子参观交通指挥中心，认识汽车标志，还可组织家长和孩子一起玩"标志游戏"等。[①]

间接参与是指家长为幼儿园提供人力、物力支持，或将有关意见反馈给幼儿园和教师，而自己不参与幼儿园教育各层次的决策和活动。家园合作大多属于这一类。家长虽然不直接参与园方的各项决策和活动，但通过间接的家园合作方式，也能发挥家园共育的作用。例如，家长委员会能够掌握各个家庭的详细情况，有助于幼儿园根据每个家庭的不同情况，指导家庭学前教育的开展。同时，家长委员会还可以充分挖掘每个家庭的学前教育资源，包括家长的人力资源、家庭的物质资源等。

2. 帮助家长树立正确的教育观念，掌握科学的教育方法

家长往往不是专业的教育工作者，在教育孩子的问题上免不了有不当的观念。一般而言，家长会偏重孩子智力、技能的培养，而轻视社会性发展，把幼儿自我表达、与同伴交往、自我评价等都列为不重要的项目。家庭教育的方法一般也比较简单、盲目，而且溺爱、娇惯孩子的现象十分普遍。[②]因此，《幼儿园工作规程》要求幼儿园应当主动与幼儿家庭沟通合作，为家长提供科学育儿的指导，帮助家长创设良好的家庭教育环境。

幼儿园在实践中充分利用幼儿园环境创设、课程资源开发等环节，吸引家长参与其中，直接或间接地帮助幼儿家长感受新的教育观念、体验和学习科学的教育方法。例如，教师可以利用幼儿园班级环境创设的需要，特意在教室中留出一

---

① 周若冰. 家园合作共育新模式的探索[J]. 学前教育研究，2005(10).
② 李季湄. 幼儿教育学基础[M]. 北京：北京师范大学出版社，1999：160.

个区角如分享区角，让幼儿把自己家中的玩具、书籍等物品拿到分享区角来，和其他小朋友一起分享。这一方面可以充分利用家庭资源弥补幼儿园教具的不足，另一方面可以让家长切身感受到学前教育的正确方法和理念。

同时，幼儿园也可以通过组建家委会、设立家长开放日、召开家长座谈会、入户指导、组织亲子活动等多种交流、合作的形式，使家长了解幼儿园教育的情况和要求，促进家庭学前教育观念和方法的改进。

(三)家园合作的方法

1. 家长直接参与的方法

家长直接参与式的家园合作可以有以下方法。

第一，组织家长开放日。幼儿园可定期让家长来园参观或和幼儿一起参加运动会、儿童节大联欢等活动，使家长了解幼儿在园的表现，同时得到和教师沟通的机会。

第二，建立"家长老师"制度。幼儿园可邀请幼儿园班级里小朋友的家长来园充当教师，不定期地来园和教师一起组织活动，扩展幼儿了解信息的渠道，感受家长的魅力，增强幼儿的信心。

第三，开展亲子活动。幼儿园教师通过精心组织、安排，由家长和孩子一同完成各种各样的活动及游戏，在活动中培养家长和幼儿之间的良好协作能力，同时帮助家长增强孩子对家长的信任感和树立良好的亲子关系。

第四，组织家庭派对。幼儿园可以发起并组织幼儿的家长，陪同幼儿一起参加家庭派对，在活动中密切家庭和家庭、家庭与幼儿园的联系，增进家庭对幼儿园工作的理解和信任，帮助家长获得家庭学前教育经验的交流机会等。

第五，组织家长沙龙。以家长为主体，幼儿园组织家长参加，请家长针对家庭学前教育的案例，充分自由地表达自己的观点，通过相互交流、观点碰撞，使家长获得正确的价值观。

🔗 资料卡片 ▶▶▶▶▶▶

轩轩妈妈在亲子游戏中的发现

在亲子活动室里，托班的小慧正和妈妈一起做沙画。小慧做得很投入，把色彩搭配得也很好。轩轩看了也做起了沙画。他刚做了一会儿就不耐烦了，将各种颜色混在一起。他觉得这样很有趣就专心玩起了混色游戏。可轩轩妈妈不乐意了，说："你看小慧，画得多认真啊，每一块只用一种颜色。你看你，把这么多颜色混在一起，难看死了!"轩轩不听，继续埋头玩他的混色游戏。轩轩妈妈生气了，一把夺下他的沙画勺子。轩轩大声哭了起来。

这时一直在旁边观察的张老师走了过来，轻轻地把勺子还给了轩轩。轩轩看看妈妈，又继续玩起了混色游戏。张老师问轩轩："好玩吗？"轩轩点点头，说："好玩，我发现了一个秘密噢。"张老师假装很好奇地问："你发现了什么秘密啊？能不能告诉我？"轩轩小声地贴着张老师的耳朵说："我发现红色的沙子和黄色的沙子混在一起，就变成了橘黄色的沙子，你看！你不要告诉别的小朋友噢！"张老师也小声地对轩轩说："我一定不说。你明天再把这个秘密告诉班上的小朋友吧，他们一定会很佩服你的。"轩轩很高兴地答应了。

张老师起身对轩轩的妈妈说："你瞧，孩子是在玩中发现和学习的，他并不是像你想象的那样无所事事。现在我们的课程理念就是强调互动，重视幼儿在主题探索活动中与物质材料、环境的互动，与教师、同伴的互动，强调学校与家庭、社区的互动，鼓励幼儿在主题活动中探索多种多样表达世界的方式，尤其是视觉语言的表达方式。"轩轩妈妈说："我今天学到了不少科学育儿知识，看来我以前的许多观念都是错误的。家长学校真好啊，可以指导我们如何正确育儿。"①

2. 家长间接参与的方法

学习笔记

（1）个别方式的家园联系

第一，家访。家访多在开学初进行，即教师上门了解幼儿与家庭的情况，以实施有针对性的教育。幼儿园家访工作应常态化，不应只是开学初的工作，而是教师根据幼儿成长的需要及时开展的工作。

第二，建立家园联系簿。这是一种日常的家长工作形式，是教师与家长的对话簿，也是幼儿成长的记录本。

第三，个别谈话。这是家园沟通的渠道，如利用家长接送幼儿之机相互交换意见。

第四，家教咨询。学校设立专门的咨询平台，如留出一部固定电话，每周派出专业的教师轮流接听家长的咨询电话，帮助家长解决问题和困难。幼儿园也可以利用现代化的网络手段，开设家长专用电子信箱、班级微信群，及时由专业人员就家长的问题做出解答。

（2）集体方式的家园联系

第一，设立家长专栏。幼儿园设立"家园之窗""家教须知""幼儿园一周活动或食谱"等专栏，供家长了解幼儿园保育和教育情况，宣传科学育儿知识等。

第二，成立家长委员会。家长委员会由家长民主推选产生，参与和协助幼儿园工作，帮助幼儿园改进教育教学，提高教育质量；同时反映家长的意见和要求，根据家长的需要，及时、适时组织优秀专家进行家长专题讲座以及开展优秀家长家庭教育经验交流等。

① 宋睿. 家、园、社区合作共育的实践研究[D]. 南京：南京师范大学，2008.（有改动，题目为编者所加）

第三，召开家长座谈会。幼儿园根据工作的需要，可以定期地召开家长座谈会，也可以不定期地举行，主要是向家长汇报幼儿园工作，反映幼儿情况，发动家长配合幼儿园工作。家长座谈会最好是 20 人以内，按类型分别召开，如专门针对爷爷奶奶的座谈会、针对外出务工父母的座谈会等。

第四，成立家长学校。幼儿园的专业教师定期就某个主题开展讲座、报告会等，有目的、系统地向家长宣传教育知识，帮助家长树立正确的教育观念、学习正确的教育方法等。

第五，创建家长交流平台。幼儿园利用现代化的网络手段，为家长开通可以畅所欲言的家教经验交流平台如微信群等。这个交流平台也可以成为幼儿园宣传教育政策、教育方法，公布对幼儿进行科学教育的建议和意见等信息的平台。

学习笔记

云测试：模块十单元 1

📎 资料卡片 ▶▶▶▶▶

家长委员会参与"螃蟹"活动

春天到了，中二班的家长委员会决定组织亲子游活动。几名幼儿在小山坡的水沟里捉到了几只小螃蟹，其他幼儿特别感兴趣，都在那儿说着新发现：螃蟹是横着爬的，有两个大螯。教师和家长发现孩子兴趣这么浓，便设计了"螃蟹"主题教育方案。家长委员会又临时召开全体家长会，向家长宣传主题教育方案，请教师介绍活动设计意图和目的。家长都非常感兴趣，也积极配合开展活动。

家长和幼儿一起把捉来的螃蟹带回园内放在园西墙角的水池中，又上街去买了好多种螃蟹一起放到水池中，并收集了好多有关螃蟹的书籍、画册等置于图书角内供幼儿阅读参考。自由活动时，幼儿老爱跑去观察。有几个幼儿对着水中的螃蟹指指点点地说："螃蟹为什么一直吐泡泡？"教师没有马上回答，而是把幼儿没说到的"螃蟹如何呼吸"的问题留给他们。此后，幼儿通过问家长、逛书城、请教专家等多种方法收集资料，发现了许多未知的东西。教师也与幼儿同时收集资料，"做"研究，"写"小论文(收集图片或利用废旧材料制作图片，让家长配上文字或剪贴一些小资料)，让幼儿互相传阅、交流，把自己知道的信息介绍给同伴们。教师的兴趣随着幼儿探索的深入而不断增强，幼儿也因为教师的参与而更加投入。

从这次活动可以看出，家长委员会起了非常重要的组织与策划作用。尽管家长的教育方式各不相同，但他们共同拥有教育孩子健康成长的心。幼儿、教师及家长都在此次活动中学到了很多东西。①

---

① 宋睿. 家、园、社区合作共育的实践研究[D]. 南京：南京师范大学，2008.(有改动，题目为编者所加)

单元 2　幼儿园与社区的合作

▶▶ 一、 幼儿园与社区合作的含义和意义 >>>>>>>>

(一)幼儿园与社区合作的含义

幼儿园与社区合作是指幼儿园与其所处的社区密切合作，共同为幼儿的健康成长服务。

所谓社区是由聚居在特定区域内互相联系着的，具有共同归属感的人群所组成的社会生活共同体。[①]它包含三个要素：特定的区域、一定数量的居民、共同的认同心理和归属感。特定的区域可以大至城市社区、农村社区，也可以小至街道、居委会。此处特指居民生活的同一区域。幼儿园作为服务家庭、服务幼儿的教育机构，总是以某一个有相对明确范围的居民居住的社区为依托的，与社区有着不可分割的联系。

幼儿园与社区的合作是相互的、双向的。一方面，幼儿园要和所在社区沟通、合作，从社区那里获得物质、精神的支持，充分利用社区的丰富资源开展幼儿园的教育活动等。另一方面，社区也在合作中从幼儿园那里获得支持，丰富社区的教育和精神资源，提升社区的文明水平。

(二)幼儿园与社区合作的意义

1. 幼儿园可以利用社区资源更好地开展幼儿园教育

幼儿园开发与利用社区资源，为幼儿身心全面健康发展创造更好的保育和教育条件。首先，幼儿园充分利用社区环境中富有教育意义的自然和人文景观等，不仅可以扩大幼儿园教育的空间，更可以丰富和深化幼儿园教育的内容。其次，社区作为一个生产功能、生活功能、文化功能兼备的居民生活小区，能为幼儿园提供所需要的人力、物力、财力等多方面的支持，如社区的场地可以成为幼儿园的活动场所。最后，社区文化无形地影响着幼儿园教育。优秀的社区文化更是幼儿园教育的宝贵资源。一般来说，文明程度较高的社区，其幼儿园的园风相对较好，教育质量相对较高，这说明社区的影响无疑是一个重要因素。

2. 幼儿园能为社区提供教育和文化的支持

幼儿园作为社会专门的教育机构，拥有丰富的教育资源，在全社会都在重视早期教育的今天，应该发挥自己的优势，与社区主动合作，向社区辐射自己的教育功能，为社区提供教育和文化的支持，促进社区的精神文明建设，共创幼儿发展的良好社会环境。

第一，为社区每个家庭乃至社区的全体成员提供优生、优育、优教方面的服务

---

① 叶忠海，朱涛. 社区教育学[M]. 北京：高等教育出版社，2009：23.

和指导，尤其是为社区开展早期教育指导。《幼儿园教育指导纲要（试行）》明确要求幼儿园要在充分利用自然环境和社区教育资源的同时，为社区的早期教育提供服务。

第二，结合社区居民的实际需要组织富有地域特色的各种保健、教育与服务活动，提高社区的教育服务水平。

第三，参与、支持社区的文化活动。幼儿园可以利用自身优势，如艺术教育优势，参与社区的文化演出等活动，发挥幼儿园的教育和文化功能。

▶▶ **二、 幼儿园与社区合作的内容和方法** >>>>>>>>

(一)幼儿园与社区合作的内容

幼儿园与社区合作的内容是指幼儿园在社区支持下，充分利用所在社区的物质资源和人文资源开展幼儿园教育活动，在促进幼儿身心健康发展的同时，服务所在社区。幼儿园与社区合作，首先需熟悉社区资源，对资源进行分类，然后才能有效开发利用。根据社区资源的不同类型，幼儿园与社区合作的内容主要有以下两个方面。[1]

1. 幼儿园开发利用社区物质资源

社区有丰富的物质资源，可以为幼儿的学习提供生动、鲜活的教材、教具，有效丰富幼儿的直接生活经验。要想对社区物质资源加以开发，幼儿园就要先对社区所拥有的物质资源进行调查，通过记录、整理、归类，绘制详细的资源地图。比如，幼儿园对社区的超市、医院、邮局、银行、书店、居委会、物业管理中心、派出所、老人活动中心等进行统计，做到心中有数，既要让幼儿园教师清晰地把握这些社区教育资源，也使社区的家长能进一步明白幼儿园课程的来源。当然，社区资源只是潜在的教育资源，只有经过幼儿园的分类和筛选，并根据幼儿发展的需要与幼儿园课程相整合，才能成为幼儿园的课程内容。例如，在每年的植树节，幼儿园可以组织幼儿观察社区的花草树木，并请社区的园艺工人来幼儿园为幼儿讲解社区植物的种类、名称、生长过程，让幼儿学会爱护和保护植物，学会美化身边的环境，从小树立环保意识。

2. 幼儿园开发利用社区人文资源

社区是由相对稳定的居民组成的，有不同程度的人文资源的积累。人文资源主要是指本地所具有的文化特色、风俗习惯、建筑景观等，这是幼儿园可以利用的潜在资源。例如，幼儿园可结合传统节日举办相应的社区活动，如重阳节时可以组织幼儿参观社区养老院、文化活动室，为老人们表演节目，展示敬爱老人的风貌。在这样的活动中，教师引导幼儿学会用实际行动尊重老人，继承中华民族的传统美德。幼儿园还可以组织家长同盟建立玩具交换中心，将家里的玩具在交

---

[1] 李岩，李晶晶. 幼儿园对社区教育资源的开发和利用[J]. 基础教育研究，2009(19).

换中心进行交换。这样，社区的孩子们之间有了更多互相接触的机会，有了更多的新玩具，还可以找到有共同兴趣爱好的小伙伴，体验分享的快乐。上述活动的开展，可以在社区形成一种文明友好、互帮互助的氛围，在润物细无声的过程中提高社区家长的人文素质。对社区人文资源的开发需要幼儿教育工作者做有心人，做有敏锐感受力的人，这样他们才会发现社区中有益的资源，为幼儿的发展提供真正的养料。

（二）幼儿园与社区合作的方法

幼儿园与社区合作的方法主要有两种：一是幼儿园要"请进来"，积极有效地利用社区人力、物力开展幼儿园教育活动；二是幼儿园要"走出去"，主动融入社区，与社区资源相衔接。

1. 请进来

第一，请社区成员参与幼儿园教育活动的设计。幼儿园可以将各种教育教学活动、管理活动利用网络向社区公众公布，征求社区公众对幼儿园工作的意见，然后根据社区群众的反馈，积极采纳合理的意见。社区群众的参与，更能保证活动的顺利开展，同时能更好地展示活动的教育意义。

第二，将社区资源引入幼儿园教育活动。幼儿园主要通过"家长老师""亲子游戏""家长辅助教学"等形式，鼓励家庭和幼儿园互动，将社区资源中可移动的部分"请进"幼儿园；对于不能移动或不便移动的，采取绘画、录音、录像等方式，将社区的影音图像带入教学情境，从而使社区资源真正走进幼儿园教育活动。

第三，和社区成员互动。幼儿园可以利用一些节假日向社区开放园内活动，将社区活动和园内教育活动有机地结合起来。例如在重阳节，幼儿园可以邀请幼儿的爷爷、奶奶、姥姥、姥爷来园，组织幼儿为他们表演节目，并帮助幼儿自制礼物送给他们，同时让这些祖辈们对幼儿开展孝道教育。这既延伸了幼儿园教育，又丰富了幼儿的日常生活。

幼儿园通过"请进来"的办法，让社区的力量、资源加入幼儿园教育活动，丰富、激活幼儿园的课程。这种方式生成的活动带有浓厚的生活气息，让幼儿乐于参与，同时还能为不同能力的幼儿提供不同的发展空间，促进幼儿素质的普遍提高，增进幼儿对社区的了解和依恋。

🔗 资料卡片 ▶▶▶▶▶▶

利用社区资源强化园本课程

我们在幼儿园课程中增加了有关家庭生活和社区问题的内容，使幼儿有更多的机会认识家庭和社区，培养幼儿的社区意识，增强幼儿的本土情感。

参观各种场所。这是我们实施园本课程的一种重要形式。我园周围有许多公共场所和便民服务设施，如公园、各类超市、邮局、学校、美容美发店、小商品市场等。我们围绕着这些资源，开展了各种各样的参观活动。例如，我们带领幼儿到商场去，观察保安、导购员、收银员是如何接待顾客的，感受、学习这些工作人员热心为顾客服务的精神。

成立"社区友好小组"。这是我们实施园本课程的一种独特形式。我园充分利用家庭和社区的资源，组建了"社区友好小组"，即在同一社区里，根据家庭居住条件的差别、家庭结构的不同、家长职业的差别以及幼儿的年龄大小和性别，将不同家庭进行适当的搭配，划分活动小组。接着，教师牵头，家长参与，民主协商推选出一位小组长。然后大家相互交换地址，拟订活动计划，组织开展各项活动。教师和小组长每月通过"家园之窗"向家长公布"社区友好小组"的活动内容和形式。活动内容主要是幼儿园主题教育活动的延伸，然后年级教师和小组长对此进行适当的调整，开展相应的活动。例如，结合幼儿园"合理消费"的主题活动，教师指导"社区友好小组"在玩具店开展了"今天我当家——自选购物"活动；结合幼儿园"爱家乡"的主题活动，教师引导"社区友好小组"在西湖开展了"游新西湖，夸新西湖"的活动；结合幼儿园"我爱小动物"的主题活动，教师引导"社区友好小组"在动物园进行了"小动物吃什么"的探究活动。①

2. 走出去

第一，幼儿园教师主动走进社区，了解社区资源。要想利用社区资源，幼儿园教师就要有主动走进社区的意识，通过接触社区的管理者、居民，掌握社区的资源情况，了解社区的文化景观、生活设施设备、人员构成、家庭情况等，为利用社区资源做准备。

第二，幼儿园组织幼儿走出去，感知社区生活，培养幼儿的社会情感和技能。幼儿对社会生活的认识，对集体生活的态度与情感，在社区生活的实际能力，都可以在幼儿园教师组织的走进社区的各种活动中得到实际锻炼。幼儿园充分利用社区的环境资源，组织幼儿参观社区的菜市场、超市，观察马路、信号灯、交通岗亭，认识社区生活环境；组织幼儿到公园游玩、逛超市，参观医院、邮局、消防队、工厂等，丰富幼儿的社会生活经验，增强幼儿的社会情感。幼儿园通过引导、组织幼儿走进社区，使他们体验大自然，了解自己成长的环境。②

学习笔记

云测试：模块十单元2

小　结

• 家园合作：家园合作是指幼儿园和家庭双方积极主动地相互了解、相互支持、相互配合，共同促进幼儿身心和谐发展的活动。家园合作是双向的，但相对而言，幼儿园、幼儿园教师应处于主导地位。

---

① 王连. 社区教育资源在我园的开发与利用[J]. 山东教育，2004(7/8).
② 许晓蓉. 幼儿园整合社区教育资源策略探微[J]. 学前教育研究，2006(7/8).

学习笔记

- 家园合作的意义：为幼儿身心健康发展创造良好的条件；为幼儿园教育工作创造有利的条件；可以密切亲子关系，改进家庭教育。

- 家园合作的策略：沟通是家园合作的基础；互助是家园合作的内容；家园合作的方法有家长直接参与和家长间接参与两种。

- 幼儿园与社区合作：幼儿园与社区合作是指幼儿园与其所处的社区密切合作，共同为幼儿的健康成长服务。

- 幼儿园与社区合作的意义：幼儿园可以利用社区资源更好地开展幼儿园教育；幼儿园能为社区提供教育和文化的支持。

- 幼儿园与社区合作的内容：幼儿园开发利用社区物质资源；幼儿园开发利用社区人文资源。

- 幼儿园与社区合作的方法：请进来，即请社区成员参与幼儿园教育活动的设计，将社区资源引入幼儿园教育活动，和社区成员互动。走出去，即幼儿园教师主动走进社区，了解社区资源；幼儿园组织幼儿走出去，感知社区生活，培养幼儿的社会情感和技能。

思考与练习

1. 名词解释：家园合作、社区、幼儿园与社区合作。

2. 简述家园合作的含义与意义。

3. 简述家园合作的内容与方法。

4. 幼儿园教师如何在家园合作中做好与家长的沟通工作？

5. 简述幼儿园与社区合作的意义与内容。

6. 简述幼儿园与社区合作的方法。

7. 幼儿园与社区合作除了"请进来""走出去"的方法外，你还能想到什么方法？

8. 了解并整理一所幼儿园与家庭、社区合作的成功案例。

9. 调查你所在社区的物质和文化资源，然后设计一次幼儿园与社区合作的活动，要求有详细方案。

云测试：模块十
幼儿园与家庭
及社区的合作

学习反思

模块十一
幼小衔接

小学一年级新生的适应问题

教师 W：开学第一天，很多家长都不放心孩子，会把孩子送到教室门口。大部分学生能安静地坐着和新同学互动，但每年都会有学生哭着不想来上学，有的只哭一天，有的哭了一个星期后才能自己从校门口走到教室。原因可能是家长在孩子面前把小学描述成了一个规矩很多、老师很严厉、作业比较多的地方，让孩子产生了恐惧感。

教师 C：一群小朋友在小花园正玩得起劲，上课的预备铃响了。大家非常不情愿地停下游戏，往教室里走，但是走进教室后还不急着坐下来，有的走到饮水机处倒水喝，有的和同桌打打闹闹，有的走到纸篓处扔垃圾，更有的还报告说要去上厕所。这时候老师只能皱着眉头喊："铃声响，要安静！"

教师 S：学生小×一节课里连 5 分钟都坐不住，一会儿敲铅笔，一会儿翻课桌里的课外书，还有几次扭得太厉害从凳子上摔了下来。我开始讲题目了，可是他连书都还没有打开。他还经常找同桌讲话，讲的都是与上课内容无关的事情。[①]

分析： 上述情境，在每年小学新生入学时是常见现象。幼儿园教育与小学教育虽然同属基础教育，但两个教育阶段却有着明显的不同特点：学前儿童以游戏为主要活动形式，在相当宽松的环境中，在成人的保护、养育下自由成长；而小学阶段的儿童则以正规的课业学习为主要活动，并在严格的学习与作息制度下，过着以学习为主要任务的生活。这一变化，对儿童来说无疑是他们生活历程中的重要转折。学前儿童能否顺利地从幼儿园过渡到小学，直接影响他们入学后的适应和今后的健康成长。案例中的儿童因不适应小学环境而"闹人"一幕，暴露了幼儿园和小学的衔接出现了问题。毫无疑问，学前儿童到了学龄前的末期，应当做好入小学的准备。幼儿园应担负起这一任务。因此，幼儿园教师必须了解幼小衔接的意义，认识幼儿园教育与小学教育的差异，掌握幼小衔接的方法与策略。本模块将围绕这些内容展开讨论。

---

① 桂烨．小学一年级新生学校生活适应现状的研究[D]．南京：南京师范大学，2016.（有改动，题目为编者所加）

学习目标

了解幼小衔接的含义与意义。

理解幼小衔接面临的问题。

分析幼小衔接的策略。

思维导图

```
                                              ┌─── 幼小衔接的含义和意义
                         ┌─── 幼小衔接概述 ───┤
                         │                    └─── 幼小衔接的发展
                         │
            幼小衔接 ────┤
                         │                    ┌─── 我国幼小衔接面临的问题
                         └─── 幼小衔接的策略 ─┤
                                              └─── 幼小衔接的具体策略
```

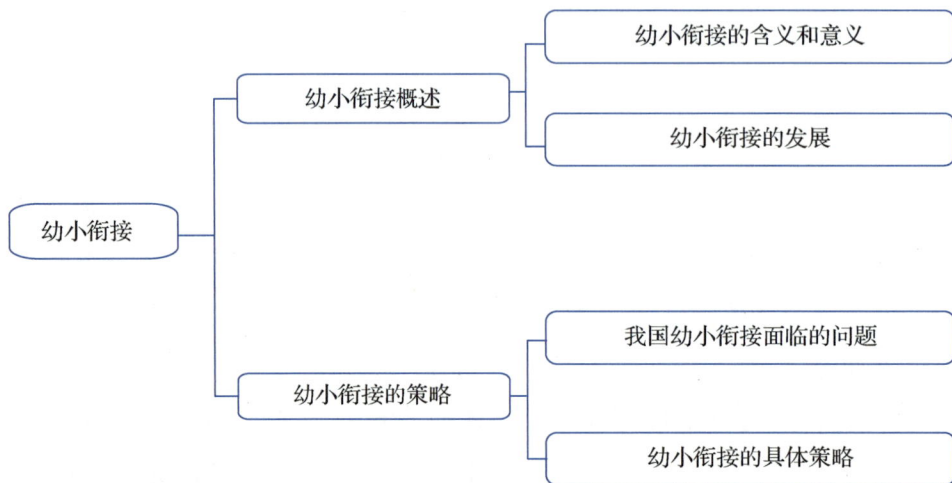

单元 1 幼小衔接概述

▶▶ 一、 幼小衔接的含义和意义 >>>>>>>>

学习笔记

（一）幼小衔接的含义

幼小衔接是指幼儿园与小学根据儿童身心发展的阶段性和连续性规律及儿童可持续发展的需要，做好两个教育阶段的衔接工作，使儿童顺利适应小学学习生活，并为其今后的发展打好基础。

幼儿园教育和小学教育是两个不同的教育阶段，在任务、目的、方法等方面存在较大差异，因此，儿童从幼儿园进入小学，其生活的变化是巨大的，表现为：①主要活动方式的变化，即幼儿园的主要活动是游戏，而小学的主要活动是课堂教学；②社会角色的变化，即儿童从被照看的对象变为要承担一定社会义务的小学生；③人际关系的变化，即儿童从受成人保护乃至依附成人到拥有更多的独立性；④生活环境的变化，即从生动活泼、灵活多变的生活化、游戏化的环境到相对严肃整齐的环境；⑤社会及成人对儿童的要求和期望的变化，即从相对宽松的要求到较高的期望。

由于幼儿园和小学的生活、学习方式差异巨大，因此，学前儿童进入小学时往往会感到不适。概括起来，这种不适应主要表现在如下四个方面。

第一，活动形式的不适应。学前儿童的主体活动是游戏，入学后改为以上课学习为主，要系统地掌握人类的知识经验。游戏很有乐趣，所以儿童乐于参加，而课堂知识教学带有强制性，不随儿童的意愿而改动。入学后的学习对儿童的知觉、注意、记忆和思维都是一种挑战，要求儿童做出个人意志的努力。

第二，人际关系的不适应。儿童入学后面对新环境、新教师、新同学，要克服对教师和同学的陌生感和恐惧感，并能适应和融入集体生活。

第三，组织纪律的不适应。小学的学习生活需要儿童按时到校，遵守严格的学习时间和各种组织纪律，上课时必须按要求端正而安静地坐着，用心听讲，不能随意说话和走动等。而幼儿园的生活、学习和游戏的常规，以形成良好的活动习惯为主，所以很多儿童进入小学后无法适应这些严格而繁多的纪律。

第四，学习方面的不适应。儿童学习方面的不适应主要表现在学习兴趣、学习主动性、学习习惯、注意力等方面，例如注意力不集中，经常发呆，上课做小动作，随意讲话和走动，不举手就插嘴，对教师布置的任务边做边玩，不能收拾好自己的学习用具，学习疲劳，不能按时完成作业等。

鉴于上述种种不适应，幼小衔接就是要帮助学前儿童做好适应小学生活的准备。衔接的实质是保持儿童在身体、心理发展上的连续性不被突然中断和打乱。

📎 资料卡片　▶▶▶▶▶▶

解决好六个断层的连接问题

德国的哈克教授认为，从幼儿园到小学，不仅是学习环境的转换，也包括教师、朋友、行为规范和角色期望等因素的变化。他根据观察和研究指出，处于幼小衔接阶段的儿童，通常存在下列六个方面的断层问题。①关系人的断层。儿童入学后，必须离开"第二个母亲"角色的关系人即幼儿园教师，去接受严格要求、学习期望高的小学教师，这给予了儿童压力和负担。②学习方式的断层。小学中正规的科目学习方式与幼儿园的自由游戏、探索学习和发现学习方式有较大区别，要求儿童必须有适当的时间加以适应。③行为规范的断层。通常在幼儿园被认为理所当然的个人要求，在小学不再被重视，所以儿童入小学后，必须学会正确地认识自己、融入集体。他们以往的感性将渐渐被理性和规则所控制。④社会结构的断层。儿童入小学后与幼儿园的同伴分离，重新建立新的人际关系，结交新朋友，寻找自己在团体中的位置并为班级所认同。⑤期望水平的断层。家长和教师都会对上了学的儿童给予新的期望和压力，为了学业而减少儿童游戏、看电视的时间等。⑥学习环境的断层。学前期的自由、活泼、自发的学习环境转换为学科学习、有作业、受教师支配的学习环境，使儿童容易陷入不注意状态或学习障碍。以上断层使德国30%的小学生有不适应现象，导致儿童学习兴趣低落、恐惧、焦虑、攻击性强。因此，解决好这六个断层的连接问题，是做好幼小衔接工作的关键。[①]

---

① 朱征平，汤国平．关于幼小衔接问题的研讨[J]．幼儿教育，1999(5)．

学习笔记

(二)幼小衔接的意义

幼儿园与小学的衔接直接影响儿童入学后的适应，并对儿童今后的健康成长和可持续发展造成持续性影响。

1. 有利于儿童身心健康

根据世界卫生组织的界定，身心健康包括生理、心理和社会适应能力的完满状态。幼小衔接减缓了幼儿园与小学之间的坡度，使儿童能根据环境条件的变化，积极、主动、有效地进行身心调整，消除环境变化所导致的主体与环境失衡的现象，减轻压力，使儿童在新的环境中仍能保持稳定的情绪和愉快的心情，促进儿童身心健康发展。

2. 有利于儿童良好习惯的养成

学前儿童正处于人生的初始阶段，可塑性强，自控能力较差，迫切需要养成良好的习惯。但是习惯的养成并非一朝一夕的事情，很多习惯一般要到小学甚至中学阶段才真正形成，如生活与卫生习惯、学习习惯、语言习惯、社交习惯、劳动习惯、道德行为习惯、审美习惯等。做好幼小衔接，有利于儿童养成良好的行为习惯，特别是良好的学习、人际交往的习惯。

3. 有利于增强儿童的人际交往与社会适应能力

人际交往是个体适应环境、适应生活、适应社会，形成良好个性的必要途径，是个体社会化的起点。人际交往可以促进个体的社会化发展，实现个体的社会化和人格成熟。幼儿园、小学与家庭形成教育的合力，帮助儿童适应新环境、新集体、新学习生活。在相对稳定与一致的环境中，儿童乐于与教师、同学交往，在谦让、友善的交往中体验友情，形成良好的校内人际关系。

4. 有利于增进儿童入学后的学业

小学时期是儿童发展历程中的一个重要时期，是儿童开始学校生活的第一个阶段，是儿童学习掌握各种基本技能、人类科学文化的基本知识并为进一步学习打基础的时期。儿童能否适应从幼儿园到小学的生活，会影响儿童入小学后的学业成绩。适应好的儿童，会较快进入小学的学习状态，取得较好的学业成就；反之，儿童出现学习困难的概率就会增大。

由此可见，幼小衔接对于入小学的儿童尽快适应学习生活相当重要，对于儿童的终身发展有重要的意义。当然，幼小衔接不仅仅是幼儿园和小学的事情，而是需要幼儿园、小学、家庭及社会等多方面共同努力。

▶▶ 二、 幼小衔接的发展 ≫≫≫≫≫≫≫

幼小衔接的问题从福禄贝尔建立幼儿园开始就引起了人们的注意。福禄贝尔主张在幼儿园和小学之间建立"中间学校"，帮助幼儿顺利过渡。随着学前教育的发展，幼小衔接成为各国必须面对的问题。第二次世界大战后，各国幼小衔接大致经历了入学准备、幼小衔接两个阶段。[①]

(一)入学准备阶段

20世纪50年代以来，各国充分认识到学前教育在国家发展中的重要作用，越来越重视学前教育，从政策及财政上支持学前教育事业。学前教育也将提高教育质量、注重儿童知识技能的掌握、注重课程的难度作为主要目标。幼小衔接要求学前儿童能够具备升入初等教育的知识与能力。入学准备强调儿童在知识及能力等方面对初等教育特点的适应，即强调学前教育对初等教育的准备，使学前儿童具备进入初等教育机构的知识与能力要求，从而为其顺利接受初等教育做好准备。从入学准备的指向性来说，更多的是学前教育向初等教育靠拢。

(二)幼小衔接阶段

20世纪90年代以来，人们认识到仅仅追求儿童智力的发展是远远不够的，教育要以人为本，以儿童为根本出发点，重视儿童的个性，重视儿童的身心特点及全面发展。幼小衔接越来越重视儿童在知识、技能、心理、情感等方面的和谐发展与过渡，注重学前教育与初等教育在各个方面的合理衔接，打破了入学准备在衔接内容与形式上的单一性，并逐渐以幼小衔接代替了入学准备。从入学准备的指向性来看，幼小衔接强调学前教育与初等教育双向的适应与融合，它不仅仅使学前教育在儿童的知识与能力等方面适应初等教育的要求，也要求初等教育在教学内容、教学方法等方面努力与学前教育的特征形成很好的衔接，使儿童在这种融洽的环境中顺利实现过渡。

单元2　幼小衔接的策略

▶▶ 一、我国幼小衔接面临的问题 >>>>>>>>

幼小衔接对于儿童发展的重大影响已经受到了家长、教师及社会相关人士的普遍重视。幼儿园、小学、家庭及一些相关社会培训机构，都开展了多种形式的幼小衔接。但是，由于人们对幼小衔接的认识存在一定的片面性，我国目前幼小衔接的开展面临一些问题。

(一)幼小衔接"小学化"

所谓幼小衔接"小学化"是指为了减缓幼儿园和小学之间的坡度，幼儿园增加小学课程内容，提前教授小学知识，并按照小学的作息制度、教学形式、学习环境等开展学前教育教学活动。"小学化"的幼小衔接是超前教育，其本质是反衔接的。

学习笔记

云测试：模块十一
单元1

---

① 申恒苗.从教育政策看英国幼小衔接[D].上海：上海师范大学，2010.

学习笔记

1. 将幼小衔接等同于小学知识的提前教育

（1）幼小衔接内容以小学知识为主

我国幼儿园教育的内容相对划分为健康、语言、社会、科学、艺术五个领域。各领域相互渗透，从不同角度促进幼儿情感、态度、能力、技能等方面的发展。但在实践中，有的幼儿园违背《幼儿园教育指导纲要（试行）》和《3～6 岁儿童学习与发展指南》的精神，把幼小衔接等同于小学知识的衔接，特别是有关小学数学、语文等知识教学的衔接，忽视学习兴趣、学习能力、学习习惯的衔接和生活经验的积累。

（2）幼儿园简单移植小学教学形式

有的幼儿园通过简单移植小学教学形式开展幼小衔接，要求学前儿童像小学生那样听课、写作业。幼儿园教师组织活动以灌输知识为主，并要求学前儿童在课后完成相应作业。作业的形式通常是要求学前儿童将一个字母或一个汉字抄写10 遍甚至一页；作业的内容涉及计算、英语、常识等，且作业量较大。幼儿园以学知识为主，套用小学教学形式，增加了学前儿童的学习负担，不仅会危害他们的身心健康，还会导致他们厌恶学习，加剧儿童身心发展与教育之间的冲突，不利于儿童身心健康成长和良好学习品质的养成，对发展儿童的非智力因素极为不利。

2. 以小学生的标准要求学前儿童

（1）幼儿园以小学生的标准规范学前儿童的行为

为了让学前儿童适应小学教育，幼儿园以小学生的标准规范学前儿童的行为。不少幼儿园将小学对学生的行为规范要求搬到幼儿园，往学前儿童身上"套"。比如，幼儿园要求学前儿童对教师要绝对服从，要听话，不许顶嘴，不许辩解；上课要专心听讲，不许开小差、做小动作、说话，坐姿要端正，精神要集中，回答问题要举手；课间要休息或做游戏。

（2）幼儿园以评价小学生的方式评价学前儿童

幼儿园教育评价应注重过程性评价。但在开展幼小衔接的过程中，有的幼儿园对学前儿童的评价强调结果性评价，即以学前儿童认识了多少字、会做多少算术题等知识要求为评价的主要依据，忽视过程性评价，忽视评价的个体化与纵向性，缺少对儿童在学习活动过程中各种表现的关注。评价对象单一，以学前儿童是否像小学生一样以学为主，不注重对学前儿童综合素质的评价。

总之，幼小衔接变成幼儿园教育小学化，不仅不能解决幼小衔接问题，反而将严重危害学前儿童的身心健康，扼杀学前儿童的天性，与社会要求背道而驰，不符合社会发展的需要，对儿童今后的发展带来极大的负面影响。

资料卡片 ▶▶▶▶▶

幼儿园"小学化"治理工作的五项任务

1. 严禁教授小学课程内容。对于提前教授汉语拼音、识字、计算、英语等小学课程内容的，要坚决予以禁止。对于幼儿园布置幼儿完成小学内容家庭作业、组织小学内容有关考试测验的，要坚决予以纠正。社会培训机构也不得以学前班、幼小衔接等名义提前教授小学内容，各地要结合校外培训机构治理予以规范。

2. 纠正"小学化"教育方式。针对幼儿园不能坚持以游戏为基本活动，脱离幼儿生活情境，以课堂集中授课方式为主组织安排一日活动；或以机械背诵、记忆、抄写、计算等方式进行知识技能性强化训练的行为，要坚决予以纠正。要引导幼儿园园长、教师及家长树立科学育儿观念，坚持以幼儿为本，尊重幼儿学习兴趣和需求，以游戏为基本活动，灵活运用集体、小组和个别活动等多种形式，合理安排和组织幼儿一日生活，促进幼儿在活动中通过亲身体验、直接感知、实践操作进行自主游戏和学习探究。

3. 整治"小学化"教育环境。对于未按规定创设多种活动区域（区角），未提供充足的玩教具、游戏材料和图书，缺乏激发幼儿探究兴趣、强健体魄、自主游戏的教育环境的，要调整幼儿园活动区域设置，合理利用室内外环境，创设开放的、多样的区域活动空间，并配备必要的符合幼儿年龄特点的玩教具、游戏材料、图画书；要充分利用本地生活和自然资源，遴选、开发、设计一批适宜幼儿的游戏活动，丰富游戏资源，满足幼儿开展游戏活动的基本需要。

4. 解决教师资质能力不合格问题。对于不具备幼儿园教师资格的，要督促其参加专业技能补偿培训并通过考试取得幼儿园教师资格证，仍不能取得教师资格的，要限期予以调整。对于不适应科学保教需要，习惯于"小学化"教学，不善于按照幼儿身心发展规律和特点组织开展游戏活动的，要通过开展岗位适应性规范培训，提高幼儿园教师科学保教能力。

5. 小学坚持零起点教学。对于小学起始年级未按国家课标规定实施零起点教学、压缩课时、超前超标教学，以及在招生入学中面向幼儿组织小学内容的知识能力测试，或以幼儿参加有关竞赛成绩及证书作为招生依据的，要坚决纠正，并视具体情节追究校长和有关教师的责任，纳入规范办学诚信记录。①

(二)以学前班代替幼小衔接

1. 学前班成为小学预备班

学前班是我国学前教育的一种特殊类型。根据规定，学前班的教育应以游戏为主，适当采用上课的形式，每课时不得超过 30 分钟，每周不超过 12 课时，不得搬用小学一年级教材，不要求学前儿童书写汉字、笔算数学题等，不得给学前儿童布置书面家庭作业，不允许任何形式的书面测试和考试等。②但是近些年来，

---

① 节选自教育部网站《教育部办公厅关于开展幼儿园"小学化"专项治理工作的通知》(2018-07-04)。

② 中国学前教育研究会. 中华人民共和国幼儿教育重要文献汇编[G]. 北京：北京师范大学出版社，1999：321.

社会教育机构以各种名义租小学校舍办学前班，小学改名换姓办学前班，幼儿园为了生源、为了营利办学前班。这些学前班的班级人数、教育内容、教育形式已经偏离了我国设置学前班的初衷。比如，几乎每一个学前班所用的教材都不相同，但几乎每一个学前班都开有语文、数学、英语等和小学相同的学科，甚至都教拼音、汉字、10以内以及20以内的加减法。学前班的教育内容基本上是小学一年级的翻版，于是学前班变成了小学预备班。

2. 幼小衔接班代替学前班

随着我国经济的发展和社会的转型，在城市地区，幼儿园已基本能满足学前儿童入园的需求。教育部门为规范学前教育，近十年来逐步出台了相关政策要求城市幼儿园和小学取消学前班。但相当多的单位为了"规避"有关部门的管理，以幼小衔接班、实验班、特色班、潜能开发班等众多名称来办班。在一些民办幼儿园里，学前班还被称为"大班"。这些形式不同的班级，都打着幼小衔接的旗号，以识字、计算、拼音为教育的主要内容，严重缺失游戏、户外活动，其实质就是提前教授小学一年级课程的"学前一年班"。这些代替"学前班"的幼小衔接班，其教学内容和教学形式复制小学教育，违背了学前教育规律。

(三)幼小衔接中的师资力量薄弱

1. 教师缺乏切实可靠的幼小衔接方案

对于幼小衔接，大部分教师树立了一种正确的观念，即帮助幼儿做好从单纯知识的准备到生活习惯、学习习惯、学习能力、自理能力、规则意识、任务意识、身体素质等方面的全面综合的准备。但是，认识方面的提高并不等于教育行为有了转变，因为缺乏切实可靠的幼小衔接方案，教师的教育行为仍然会以形式上的衔接——知识的学习、纪律的强调为主。

2. 幼儿园教师、小学教师专业素养割裂

我国幼儿园教师与小学教师的培养途径是彼此独立的。幼儿师范院校是幼儿园教师的主要培养基地，小学教师主要由普通师范院校培养，两类院校专业课程的设置基本无共同性。因此，大多数幼儿园缺少既熟悉学前教育特点又了解小学教育规律的教师，而小学教师基本不了解学前教育的基本规律、特点。幼儿园教师与小学教师对彼此的课程标准、教学活动、工作方法等都不了解。

(四)单方面开展幼小衔接

1. 小学幼小衔接比较滞后

在幼小衔接中，幼儿园积极地开展学前儿童的入学准备工作，主动向小学靠拢，在教学要求、教学内容、教学方法等方面尽量靠近小学。但小学很少考虑初入学儿童的特点，不能主动与幼儿园对接，形成衔接上的单边化、一边倒。小学教师很少与幼儿园教师联系。在小学初期，小学也很少调整教学内容和教学方

法，忽视低龄儿童的心理特点，按照小学的一般规律组织教育教学活动。由于小学对于协调工作的忽视，新入学的儿童有着或多或少的学习压力、交往压力，甚至难以适应小学的学习节奏和方式，进而出现抗拒心理。

2. 家长较少参与幼小衔接

家庭是儿童成长的重要环境，它无时无刻不在发挥着它的教育功能，并且它具有广泛性、持久性等特点，特别是家长与儿童之间具有不可替代的由血缘、情感等构成的亲子关系，决定着家长在儿童的教育工作中起着重要的作用，尤其是在幼小衔接工作中。但我国大多数家长认为教育就是学校的事，对自己在教育中所发挥的作用，尤其是在幼小衔接中的作用没有足够的认识，使幼小衔接成为家庭教育的盲区，变成幼儿园单方面的事情。

（五）家长的幼小衔接观念不当

1. 家长重视知识教育，忽视全面发展

由于传统的教育观念与教养态度等多方面的偏差与不当，很多家长重视技能、技巧的训练而忽视学前儿童的全面和谐发展，重视短期成效而忽视学前儿童的终身发展，甚至有的家长过急而超前训练，竟将小学一年级的课本内容提前教给学前儿童。他们认为入学前应该让儿童学会读和写，学会做数学题。他们关注的是孩子在幼儿园是否学会了写字、拼音和算术，关心的是孩子是否聪明、注意力是否集中、能不能大胆回答问题，致使学前儿童在入学后出现这样一种情况：入学初感觉学习很轻松，出现上课不专心、做作业不认真等现象，形成了不良的学习态度和习惯；随着学习难度的增加，用完了"储备知识"，其优势逐渐消失，劣势日益突出，致使学习成绩落后于人。[①] 故而，这些家长给幼儿园、小学的教学活动带来了压力，使幼小衔接难以顺利进行。

2. 家长缺乏对儿童规则意识和任务意识的培养

规则意识和任务意识在家庭学前教育中没有得到足够重视。家长在日常生活中给孩子分配事情和任务时往往缺乏明确而严格的要求，常常会认为孩子小，不放心让孩子独立完成某一项任务，或有布置无检查，造成学前儿童的任务意识淡漠；并且在日常生活中由于孩子年龄小，家长在生活上给予相当的呵护与关爱，使孩子的依赖心理严重，没有一定的规则意识和任务意识。入小学后，儿童每天要按时做作业，要参加考试，上课不能随便喝水、去厕所等，也使儿童出现不适应。

▶▶ 二、 幼小衔接的具体策略 ＞＞＞＞＞＞＞

幼小衔接的目的是解决儿童入学以后的适应问题，即社会适应和学习适应两个方面的问题。因此，对学前儿童进行以能力为重点、适应学前儿童年龄特点的

---

① 苑璟．幼小衔接存在的问题及对策[J]．广州广播电视大学学报，2017(6)．

全面系统的衔接教育，循序渐进地促进学前儿童适应能力的持续发展，使学前儿童身心和谐发展，是解决幼小衔接问题的实质所在。做好幼小衔接，使学前儿童尽快适应小学的生活，是一个较为复杂的问题，仅仅依靠幼儿园的力量是难以解决的，需发挥幼儿园、小学、家庭等多方面的积极性，形成和谐的教育环境，让学前儿童在良性环境中顺利过渡。

2021年，《教育部关于大力推进幼儿园与小学科学衔接的指导意见》的出台，及《幼儿园入学准备教育指导要点》《小学入学适应教育指导要点》的颁布，明确了我国幼小科学衔接的路径和策略。

(一)幼儿园开展幼小衔接的策略

儿童进入小学前必须达到一定的身心发展水平，才能适应小学的学习和生活，而学前儿童的身心发展水平在很大程度上取决于幼儿园的保教质量。因此，幼儿园必须通过各种保教手段提高学前儿童各方面的素质，增强他们的环境适应能力。

1. 依据幼儿园教育原则开展保教工作

幼小衔接从学前儿童入园起就已经展开。幼儿园根据《幼儿园工作规程》和《幼儿园教育指导纲要（试行）》的要求，保教结合，促进学前儿童身心和谐发展，持续地为学前儿童入小学打下坚实的身心基础，主要从以下四个方面入手。

第一，细致做好保育工作。幼儿园要保证学前儿童有充足的营养和休息时间，防治疾病，注意安全，确保学前儿童身心健康。

第二，重视体育活动。幼儿园要引导学前儿童积极锻炼体格，增强体质；使学前儿童坚持生活制度的规律性，健全神经系统的正常发展，关心学前儿童的情感和自我调节能力；保护和训练学前儿童的感官，特别是视觉、听觉器官，充分锻炼学前儿童小肌肉的能力，培养学前儿童的独立生活能力，如能独立进餐、如厕、游戏、劳动、整理学习用品等。

第三，发展学前儿童的智力。有意注意是学前儿童进入小学后顺利开展学习活动的基本条件。幼儿园应引导学前儿童能在一定程度上控制自己，使精神集中，并能随年龄的增长适当延长有意注意的时间；发展学前儿童的思维和语言能力，能对常见的事物进行初步的分析、归类、比较，形成简单的概念，在集体中能大胆讲话，发音正确，口齿清楚，语句完整连贯；培养学前儿童动手操作的能力，在教师指导下学会使用简单的工具、文具。

第四，重视学前儿童非智力因素的培养。幼儿园不仅要用生动形象的内容来吸引学前儿童，更重要的是激发学前儿童的学习兴趣，使他们有学习新知识的要求和愿望，从学习中得到满足，从而产生学习的主动性、积极性，进而得到可持续发展。

2. 做好幼儿园大班后期工作

学前儿童进入大班，离入小学就越来越近，因此，幼儿园大班应更集中、更直接地对学前儿童进行入学准备教育，为学前儿童做好体力、智力、品德、意志和生活习惯等各方面的入学准备。幼儿园教师要向学前儿童介绍小学情况，并创设条件，使学前儿童能与小学有直接接触的机会，可以从以下四个方面入手。

第一，组织学前儿童参观附近小学，帮助学前儿童逐步熟悉小学环境，观察一年级上课情况，激发学前儿童上小学的欲望。

第二，组织学前儿童适当体验小学的集体活动。例如，组织学前儿童参观并体验少先队活动，树立戴红领巾的光荣感；组织学前儿童和小学生一起春游、开联欢会或进行其他活动，请一年级小学生回园谈学习体验与收获，增进学前儿童和小学生之间的友谊。

第三，向学前儿童提出要求，逐步培养小学生应有的良好行为习惯和学习能力。如按时休息，按时上学，认真学习，严格遵守上课纪律，注意力集中，不做小动作，不随便讲话，积极思考问题并发言，爱护书籍、文具，文明礼貌，乐于助人，尊敬师长。教师有计划地指导学前儿童阅读，使学前儿童学会从左到右、从上到下有顺序地看书。幼儿园大班还可以改变环境布置、调整作息时间、延长活动时间至 35 分钟，适当增加各种智力活动，加快学前儿童适应小学生活的步伐。

第四，巧用学前儿童毕业离园活动开展幼小衔接。幼儿园举行毕业典礼，可邀请小学教师或小学生代表参加，对毕业儿童表达美好祝愿并提出希望。中班小朋友可向哥哥姐姐表示祝贺或赠送自己制作的礼物，会后还可拍照留念，使整个典礼在热烈的气氛中进行，使学前儿童感到欢乐和自信，进而迎接新生活。

3. 与家长、小学教师保持密切联系

《幼儿园教育指导纲要（试行）》要求：幼儿园要定期和不定期与家长交流育儿知识，帮助家长提高育儿素质；经常保持联系，做好家长工作，引导家长走出家教误区，使家园教育一致。幼儿园可以通过家长学校、幼儿园园报、家园联系栏、家长开放日等多种宣传途径使家长与幼儿园统一认识、统一方法；充分发挥家长学校的作用，聘请心理学教授、幼教教研员以及对幼小衔接颇有研究的教师、有较多经验的教师或家长做专题讲座；引导家长正确评价自己的孩子，调整好家教计划，全面认识学前儿童的发展。同时，教师可以记录下学前儿童在幼儿园的情况，根据学前儿童的实际情况，向家长提出有针对性的学前儿童教育方案。

幼儿园教师要主动与小学教师联系，如通过个别访谈、参观活动、座谈会等倾听意见，不断调整教学内容、教学方法，为小学一年级教师准备一份较为详细的学前儿童各方面发展情况表，以便小学教师全面系统地了解学前儿童，有针对性地开展教育工作。

(二)小学开展幼小衔接的策略

1. 合理调整低年级儿童的作息时间

幼儿园与小学在作息时间上差异较大，因此，为减缓幼小衔接的坡度，小学应

专门为低年级儿童设计作息时间表，科学、合理地安排儿童一天的学习，注重动静结合。

第一，缩短课堂教学时间。目前我国小学的作息时间比较统一，无论高低年级，每节课的时间一般为 40 分钟，没有充分考虑年级差异。刚入学的儿童集中注意力的时间比较短，所以 40 分钟的教学时间会使儿童身心疲惫，增加他们的学习困难。小学一、二年级的课堂教学时间以 30 分钟为宜。

第二，增加户外活动时间。幼儿园每天有大量的户外活动时间，但小学的课与课之间一般只有 10 分钟休息时间，且除了体育课之外较少安排户外活动，所以儿童大部分时间待在教室里，以安静活动为主。因此，小学应每天安排至少一节课的户外活动，减少在教室里进行的安静活动。

第三，延长午睡时间。儿童入学后睡眠时间明显减少，难以保证足够的睡眠，不能充分地休息。因此，小学低年级应安排儿童午睡，并适当延长午睡时间。

2. 注重教育教学活动的延续性

儿童发展的连续性决定了教育教学活动必须具备延续性，即小学低年级的教育教学活动与幼儿园的教育教学活动要有较多的共同点。

第一，小学要重视环境创设。在儿童刚就读小学一年级的时候，小学可以布置一个充满童趣又能体现小学生学习特点的小天地，减少儿童离开幼儿园的心理反差；注意为儿童创设良好的心理氛围、融洽的师生关系、宽松愉快的学习气氛，让儿童在文明、安全、和谐、愉快、充满爱与尊重的良好精神环境中生活。

第二，小学应尽量配合儿童长期在幼儿园生活形成的习惯。例如，小学可以允许儿童有更多的自由空间，适当调节课堂节奏，使儿童上厕所的时间较自由，配合多种课间、课外活动；在学习上，暂时降低难度，以减轻新生的压力，以缩短儿童的适应时间，从而让他们尽快适应小学的学习节奏和方式。

第三，小学教师要了解学前儿童的身心发展和教育的规律。小学教师要注意关爱每位儿童，尊重理解他们学习、生活上的个性化要求，尽可能地与每位儿童交流和沟通，增强亲和力，在对儿童的学习习惯和行为规范的要求上切忌简单急躁，要循序渐进，对儿童多些理解与宽容。同时，小学教师可以主动了解幼儿园教育的内容、方法，增强幼小衔接的主动性。

第四，小学要重视游戏，帮助儿童积累各种各样的感性经验。游戏是学前儿童的基本活动，因此，小学低年级应该顺应儿童的特点，在教学中善于将游戏引入课堂。在教学上，小学低年级应注重形象、直观教具的使用，力求把难以理解的内容变为通俗易懂的内容，把儿童的兴趣引导到主动学习中，引导儿童主动学习，使儿童顺利度过不适应期。

（三）家长参与幼小衔接的策略

1. 对儿童提出合理的期望，增强儿童的自信心和适应力

"望子成龙"是人之常情，但是父母的期望和要求如果超出儿童的能力，对儿童来说反而是一种压力和负担。家长依儿童的能力、志向和兴趣提出合理的期望，增强儿童的自信，能提高儿童对新环境的适应能力。家长要经常鼓励和肯定儿童，对儿童做出恰如其分的评价，多倾听儿童的心声，创设环境供儿童体验成功的乐趣，尊重儿童，信任儿童，在充分了解儿童的基础上确定合理的目标，并尽可能地分解目标，然后逐步提高要求。

2. 激发儿童上小学的兴趣

为了让儿童尽快适应小学生活，激发其上小学的兴趣是关键。大多数儿童在进入小学之前，对小学充满着兴趣，主要表现为渴望背书包、系红领巾，对学习用品和校园环境充满了兴趣。家长要保护儿童对小学的兴趣，要善于利用儿童对小学的好奇心，帮助他们做好成为小学生的身体和心理等方面的充分准备，激发儿童内心产生想成为小学生的强烈愿望，帮助他们把这种兴趣转移到学习上来。[1] 家长可以跟儿童讨论将来进入小学后他们会做哪些功课，或和他们一起读一些有关入学的材料，分享一些他们即将就读的小学举办的有意思的活动，联系一些居住在同一个社区的小学生同他们交流、游戏，与他们讨论幼儿园和小学的不同之处。

3. 调整好儿童的生活规律

入小学后，儿童的生活不能再像以前那样，所以家长要给儿童建立稳定的作息制度，让儿童慢慢有时间概念，形成有张有弛的生活节奏。家长应从开学前两周开始调整儿童的作息时间：一般情况下可以让儿童早晨 6 点半起床，晚上 8 点左右睡，总之至少要保证 10 小时的充足睡眠；中午，最好让儿童有 1 小时的午睡时间。家长可以和儿童一起选购一款他喜爱的小闹钟，使儿童对时间概念有比较直观的了解，学会掌握时间，以后上学不迟到。家长可以按照儿童入小学的标准制定作息制度，和儿童一起制作一张表格贴在床头，并监督儿童执行，使儿童形成良好的生活规律。

4. 培养儿童的生活自理能力

生活自理能力是儿童入小学的重要条件。家长注意培养儿童的生活自理能力有利于增强儿童对小学生活的适应能力。儿童生活自理能力可以分为自我服务能力、自我管理能力与自我保护能力三类。[2] 比如大班时期，家长就要注意让儿童自己整理图书、玩具，收拾小书包和生活用品等。同时，家长要帮助他们在实际

① 马娥，马亚玲. 基于幼儿当下幸福的幼小衔接问题研究[J]. 内蒙古师范大学学报(教育科学版)，2018(1).
② 李娟. 家园校捆绑 为科学衔接搭桥[N]. 中国教育报，2018-11-25.

行动中克服困难，而不要代替他们克服困难，当他们遇到困难时，要不断鼓舞他们，使他们具有较强的信心和决心。此外，家长还要在克服困难的方法和技术上给予适当的指导。家长培养儿童的生活自理能力应该从生活中的每一件小事做起，如留给儿童一片自己的小天地，指导他们学会收拾自己小天地中的器物，指导他们学会穿衣、洗脸、叠被、端饭、擦桌子、扫地等。

5. 创造良好的家庭学习环境

入小学后的儿童以知识学习为日常生活的主要内容。为了让儿童适应日渐紧张的学习生活，家长应在家里为儿童创造良好的学习环境。家长要让家里的环境适合儿童学习，给儿童预备固定的学习地点，这样容易使儿童形成专心学习的习惯。房间布置要适合儿童学习，应简洁、明快，摆放物品不能太多太杂。墙壁以淡色为好，不要张贴很多东西。有的家长让儿童自己编写格言、警句贴在墙上，这个办法可以借鉴。房间布置应适当考虑儿童的个性特点。比如，有的儿童特别好动，那么房间就应减少大红大绿、花色斑驳的东西，以免助长其不稳定的情绪；有的儿童过于内向、沉闷，那么房间布置则要热烈、活泼一些。在儿童学习时，家人应尽量保持安静，最好不开电视机、收音机；如果在不同的房间，应把门关好，把电视机等的声音调小；说话不应大声，尤其不要吵架。家人应有共同学习的时间，可以约定一个时间全家人同时学习，可以读书、看报、写东西。这样的家庭气氛最能促进儿童专心学习。

6. 对儿童进行安全教育

入小学后，儿童自主、独立活动的空间和时间增多，这要求儿童有较强的自我保护的意识与能力。家长对儿童的安全教育要全面：饮食卫生安全方面，要让儿童懂得在放心的地方购买食物，尽可能只用个人的餐具，不随便吃陌生人给的食物等；体育运动安全方面，因小学的体育场地及器材与幼儿园的差异较大，要提醒儿童在进行体育运动前熟悉体育场地，要听从教师的安排等；交通安全方面，在马路上行走要靠右走，在街道上行走要走人行道，红灯亮时要耐心等待，绿灯亮了才穿越马路，尤其是不能在马路上追逐嬉闹等；教给儿童紧急情况下的自我保护知识等。只有让儿童懂得这些道理和规矩，安全系数才会增大，儿童才能适应相对复杂的小学生活。

云测试：模块十一
单元 2

资料卡片 ▶▶▶▶▶

芬兰的幼小衔接教育

芬兰幼儿园为儿童升入小学所做的一系列准备，值得我们思考与借鉴。

1. 学前教育单列，政策灵活公平

芬兰打破常规，在幼儿园和小学之间单列出一个学前教育阶段，时间为一年（6～7 岁），并将其主要教育任务确定为"为入学做好准备",帮助儿童更从容地从游戏学习过渡到学科学习。芬兰进行了两次重大改革:第一次在2001年,政府开始提供免费的学前教育,让家长自愿选择是否参与;2015年进行了第二次改革,政府正式将学前教育纳入义务教育体系。这为确保全体儿童(尤其是处境不利儿童)接受学前教育提供了坚实的法律保障,是提高入学准备质量的前提。

教育机构的选择是灵活的。实施学前教育的机构可以是小学,也可以是日托中心,由家庭自主选择。无论是在小学还是在日托中心接受学前教育,儿童的学习生活形式都是两种形态(小学教育形态和日托教育形态)并存的,大大减小了幼小过渡的坡度。

2. 注重核心素养,倡导"现象教学"

2014年,芬兰最新版本的《国家学前教育核心课程》提出了培养儿童"横贯能力"的目标,即在不同情境中综合运用所学知识和技能的能力,主要分为六种:思考、学习能力;文化识读和自我表达能力;自我照顾和基本生活能力;多元识读能力;信息与通信技术能力;参与、融入能力。传统的分科教学难以发展这些能力,所以芬兰要改革教学方式,进行各学科有机结合的"现象教学"。芬兰在学前教育阶段采取的这些举措,旨在培养儿童的核心素养,为下一阶段的小学学习做充足的准备。

3. 增强学科学习,预防学习困难

芬兰3~6岁班强调的是"在游戏中学",每天早餐后会有30分钟左右集体阅读交流的时间,每周也会开展1~2次集体外出和游戏活动,但并没有十分正规的读、写、算活动。而学前班强调的是"学科学习",每天上午都有2~3节小学式的教学活动。学前班的学习兼具幼儿园和小学的学习特点,既具体形象又注重学科知识,可以支持儿童顺利实现由游戏学习向学科学习的过渡。芬兰学前教育中,还有一个现象特别值得关注,那就是政府在帮助儿童进行入学准备时,强调一个都不能落下。[1]

小　结

- 幼小衔接:幼小衔接是指幼儿园与小学根据儿童身心发展的阶段性和连续性规律及儿童可持续发展的需要,做好两个教育阶段的衔接工作,使儿童顺利适应小学学习生活,并为其今后的发展打好基础。

- 幼小衔接的意义:有利于儿童身心健康;有利于儿童良好习惯的养成;有利于增强儿童的人际交往与社会适应能力;有利于增进儿童入学后的学业。

- 幼小衔接的发展:幼小衔接的问题从福禄贝尔建立幼儿园开始就引起了人们的注意。福禄贝尔主张建立"中间学校"帮助幼儿过渡。第二次世界大战后,各

---

[1] 王芳,滕珺. 芬兰的幼小衔接教育[J]. 北京教育(普教版),2018(6).

国幼小衔接大致经历了入学准备、幼小衔接两个阶段。入学准备强调儿童在知识及能力等方面对初等教育特点的适应，即强调学前教育对初等教育的准备，使学前儿童具备进入初等教育机构的知识与能力要求。幼小衔接强调学前教育与初等教育双向的适应与融合，它不仅仅使学前教育在儿童的知识与能力等方面适应初等教育的要求，也要求初等教育在教学内容、教学方法等方面努力与学前教育的特征形成很好的衔接。

• 我国幼小衔接面临的问题：幼小衔接"小学化"；以学前班代替幼小衔接；幼小衔接中的师资力量薄弱；单方面开展幼小衔接；家长的幼小衔接观念不当。

• 幼小衔接的策略：幼小衔接需发挥幼儿园、小学、家庭等多方面的积极性。幼儿园要依据幼儿园教育原则开展保教工作，做好幼儿园大班后期工作，与家长、小学教师保持密切联系。小学要主动开展幼小衔接，合理调整低年级儿童的作息时间，注重教育教学活动的延续性。家长要对儿童提出合理的期望以增强儿童的自信心和适应力，激发儿童上小学的兴趣，调整好儿童的生活规律，培养儿童的生活自理能力，创造良好的家庭学习环境，对儿童进行安全教育。

思考与练习

1. 名词解释：幼小衔接、幼小衔接"小学化"。

2. 简述幼儿园教育和小学教育的差异。

3. 简述幼小衔接的意义。

4. 比较入学准备与幼小衔接的差异。

5. 我国的幼小衔接存在哪些问题？

6. 幼儿园如何做好幼小衔接？

7. 小学做好幼小衔接有哪些策略？

8. 家长如何帮助儿童解决幼小衔接问题？

9. 收集幼儿园开展幼小衔接的个案材料，并加以分析。

学习反思

云测试：模块十一
幼小衔接

参考文献

[1]步社民. 幼儿园教师成长论[M]. 北京：新时代出版社，2005.

[2]陈帼眉，冯晓霞，庞丽娟. 学前儿童发展心理学[M]. 北京：北京师范大学出版社，1995.

[3]陈鹤琴. 家庭教育：怎样教小孩[M]. 北京：中国致公出版社，2001.

[4]黛安·E. 帕普利，萨莉·W. 奥尔兹. 儿童世界：从婴儿期到青春期[M]. 北京：人民教育出版社，1981.

[5]丁海东. 学前游戏论[M]. 济南：山东人民出版社，2001.

[6]傅建明. 学前教育学[M]. 北京：中央广播电视大学出版社，2007.

[7]傅蕴慧. 幼儿园保教工作入门[M]. 北京：新时代出版社，2008.

[8]高杉自子. 与孩子们共同生活：幼儿教育的原点[M]. 上海：华东师范大学出版社，2009.

[9]格温·斯奈德·科特曼. 幼儿教师88个成功的教育细节[M]. 上海：华东师范大学出版社，2010.

[10]顾明远. 教育大辞典（第1卷）[M]. 上海：上海教育出版社，1990.

[11]桂景宣. 学前教育概论[M]. 北京：高等教育出版社，2007.

[12]杭梅. 幼儿教育学[M]. 北京：高等教育出版社，2009.

[13]何东昌. 中华人民共和国重要教育文献（1998—2002）[M]. 海口：海南出版社，2003.

[14]红缨学前教育集团. 快乐生活：孩子和我的100个小故事[M]. 杭州：浙江大学出版社，2008.

[15]华爱华. 幼儿游戏理论[M]. 上海：上海教育出版社，1998.

[16]华东七省市、四川省幼儿园教师进修教材协编委员会. 幼儿教育学[M]. 上海：上海教育出版社，1987.

[17]黄瑾. 幼儿园教育活动设计与指导[M]. 上海：华东师范大学出版社，2007.

[18]教育部基础教育司. 《幼儿园教育指导纲要（试行）》解读[M]. 南京：江苏教育出版社，2002.

[19]劳拉·E. 贝克. 儿童发展[M]. 南京：江苏教育出版社，2002.

[20]李季湄. 幼儿教育学基础[M]. 北京：北京师范大学出版社，1999.

[21]李全华. 幼儿园环境创设[M]. 杭州：浙江大学出版社，2007.

[22]李生兰. 学前教育学[M]. 上海：华东师范大学出版社，2006.

[23]李生兰. 幼儿园与家庭、社区合作共育的研究[M]. 上海：华东师范大学出版社，2003.

[24]丽莲·凯兹. 与幼儿教师对话：迈向专业成长之路[M]. 南京：南京师范大学出版社，2004.

[25]联合国教科文组织国际教育发展委员会. 学会生存[M]. 北京：教育科学出版社，1996.

[26]梁志燊. 学前教育学[M]. 北京：北京师范大学出版社，2000.

[27]刘晓东. 儿童教育新论[M]. 南京：江苏教育出版社，1998.

[28]刘焱. 儿童游戏通论[M]. 北京：北京师范大学出版社，2004.

[29]刘焱. 学前教育原理[M]. 大连：辽宁师范大学出版社，2002.

[30]刘焱. 幼儿教育概论[M]. 北京：中国劳动社会保障出版社，1999.

[31]马丁·洛森. 解放孩子的潜能[M]. 北京：人民文学出版社，2006.

[32]麦少美. 学前卫生学[M]. 上海：复旦大学出版社，2009.

[33]尼尔斯·托马森. 不幸与幸福[M]. 北京：华夏出版社，2004.

[34]倪敏. 幼儿园课程与教育活动设计[M]. 北京：中国劳动社会保障出版社，2001.

[35]潘庆戎，李凤杰. 幼儿教育学[M]. 南京：河海大学出版社，2005.

[36]彭瑜. 行为影响下的幼儿园环境设计研究[D]. 武汉：湖北美术学院，2010.

[37]秦金亮. 儿童发展概论[M]. 北京：高等教育出版社，2008.

[38]邱云，林少玉. 学前教育学[M]. 福州：福建教育出版社，2001.

[39]汝茵佳. 幼儿园环境与创设[M]. 北京：高等教育出版社，2006.

[40]申恒苗. 从教育政策看英国幼小衔接[D]. 上海：上海师范大学，2010.

[41]史静寰，周采. 学前比较教育[M]. 大连：辽宁师范大学出版社，2002.

[42]宋睿. 家、园、社区合作共育的实践研究[D]. 南京：南京师范大学，2008.

[43]唐淑，王雯. 学前教育思想史[M]. 苏州：苏州大学出版社，2004.

[44]屠美如. 向瑞吉欧学什么：《儿童的一百种语言》解读[M]. 北京：教育科学出版社，2002.

[45]王春燕. 幼儿园课程论[M]. 北京：新时代出版社，2005.

[46]王道俊，王汉澜. 教育学[M]. 北京：人民教育出版社，1999.

[47]王金洪. 儿童游戏教程[M]. 北京：北京出版社，2009.

[48]王玉美. 全纳教育理念下幼儿教师素质培养研究[D]. 济南：山东师范大学，2008.

[49]王振宇. 学前儿童发展心理学[M]. 北京：人民教育出版社，2004.

[50]魏建培. 学前教育学[M]. 北京：科学出版社，2008.

[51]吴式颖. 外国教育史教程[M]. 北京：人民教育出版社，1999.

[52]许卓娅. 幼儿园课程理论与实践[M]. 南京：南京师范大学出版社，2002.

[53]阎水金. 学前教育学[M]. 上海：上海教育出版社，1998.

[54]杨翠. 幼儿眼中的"好老师"：幼儿视角的教师素质研究[D]. 重庆：西南大学，2010.

[55]杨枫. 学前儿童游戏[M]. 北京：高等教育出版社，2006.

[56]叶立群. 幼儿教育学[M]. 福州：福建教育出版社，1996.

[57]叶忠海，朱涛. 社区教育学[M]. 北京：高等教育出版社，2009.

[58]虞永平. 学前教育学[M]. 苏州：苏州大学出版社，2001.

[59]约翰·洛克. 教育漫话[M]. 北京：人民教育出版社，1979.

[60]张韵. 幼儿园家园合作现状研究[D]. 重庆：西南大学，2009.

[61]赵中建. 教育的使命：面向二十一世纪的教育宣言和行动纲领[M]. 北京：教育科学出版社，1996.

[62]浙江省《幼儿园课程指导》编写委员会. 教育活动设计（中班上册）[M]. 北京：新时代出版社，2009.

[63]郑建成. 学前教育学[M]. 上海：复旦大学出版社，2007.

[64]中国学前教育史编写组. 中国学前教育史资料选[M]. 北京：人民教育出版社，1996.

[65]中国学前教育研究会. 中华人民共和国幼儿教育重要文献汇编[G]. 北京：北京师范大学出版社，1999.

[66]朱家雄，华爱华. 幼儿园环境与幼儿行为和发展的研究[M]. 北京：世界图书出版公司，1996.

[67]朱家雄，汪乃铭，戈柔. 学前儿童卫生学[M]. 上海：华东师范大学出版社，2006.

[68]朱慕菊. "幼儿园与小学衔接的研究"研究报告[M]. 北京：中国少年儿童出版社，1995.

[69]朱宗顺. 学前教育概论[M]. 北京：高等教育出版社，2015.

[70]朱宗顺. 学前教育原理[M]. 北京：中国广播电视大学出版社，2011.

附录：3～6岁儿童学习与发展指南

　　《3～6岁儿童学习与发展指南》是幼儿园教师应该掌握的重要内容之一。请需要阅读其全文的同学扫描右侧的二维码阅读全文。

《3～6岁儿童学习与发展指南》